CHEERS

湛庐

耐克

Nike: Better is Temporary
精彩总在刷新

[美] 山姆·格拉韦 Sam Grawe   著

程旸 傅婧瑛   译

浙江教育出版社·杭州

湛庐CHEERS

出品人	韩焱　陈晓晖
总编辑	董寰　季阳

特约策划	周弘安平
特约编辑	周弘安平　戈云
版式设计	宋欣蔚
封面设计	ablackcover.com

投稿方式	publishing@cheerspublishing.com
营销合作	marketing@cheerspublishing.com
商务合作	BD@cheerspublishing.com
数字产品合作	learning@cheerspublishing.com
销售咨询	sales@cheerspublishing.com 010 5667 6359

法律顾问	北京市盈科律师事务所 崔爽　律师

序言　正和游戏

约翰·多纳霍（John Donahoe）

对我来说，体育从来不只是一项运动。我的整个人生，都是被体育塑造出来的。我在高中和大学期间都打篮球，我们的球队成员并非个个天赋异禀，但我们注重团队合作，互相配合，所以赢得了许多比赛的胜利。那时，我就意识到团队所具有的强大力量。

当我步入商界，体育精神依然影响着我。做第一份工作时，我经历岗位变动，新的岗位需要我承担更大的责任，我的老板看出我害怕失败，有一天，他把我拉到一边，用棒球做比喻来开导我。他说一个人在少年棒球联盟打出 0.900 的打击率难度不大。可到了美国职业棒球大联盟，这样的打击率是不可能实现的。0.350 的打击率就是最好的成绩了，你被三振出局的概率是 2/3。尽管成功的概率这么低，但棒球运动员还是会做好挥棒的准备。他们知道，想在任何领域成为顶级人物，失败就是不可避免的副产品。

耐克公司的历史也证明了这一点。我们的经历通常被当作终极成功案例，确实如此，因为我们的故事证明，挫折能够带来伟大的成就。成功需要经历一个复杂的过程。成功需要艰苦的努力，需要做出艰难的抉择，需要做出牺牲和冒险，也会经历失败。无论作为公司 CEO，还是生活中的个人，我都明白这一点，这本书中提到的多次创新就是证据。这也是耐克公司反复在实验和技术上做出投入的原因。并非所有投入都能立刻取得成功，可每一次尝试都能带给我们未知的经验和教训，而正是因为这些经验和教训，才让我们意外地获得足以改变现实的能力。

和人生一样，创新是一段不完美的旅程。最终获得积极成果才称得上是成功，但我们知道在那之前，创新之路充斥着怀疑、错误和压力。在 30 多年的职业生涯中，我从不敢保证自己一直正确，但我对过程的坚持和信心，让我有勇气去尝试新事物、解决新问题并最终取得成功。归根结底，成功属于那些能够把握机会，或者能够从失败中吸取教训的人。以任何一场世界杯比赛为例，冠军球队与被人遗忘的普通球队之间的差距，通常只是一个球，球员们都在等待那个进球的机会。体育运动带给我们的乐趣是，虽然对自己能够取胜要充满信心，但不到最后一刻又无法确定自己能否取胜。

从勒布朗·詹姆斯（LeBron James）到萨拉·莱纳特森（Sarah Reinertsen），我们的运动员反复证明了这一理念。他们不仅不断获得胜利，而且都在无畏地直面挫折。从比尔·鲍尔曼（Bill Bowerman）和菲尔·奈特（Phil Knight）发现新型跑鞋具有市场潜力的第一天开始，耐克公司便始终无畏地直面挑战，同时通过创新把握机遇。这是一个了不起的故事。

　　所有冠军都知道，过去有效的战术，放在未来不一定会产生同样的效果，比赛永远在进化。用这种说法描述我们的世界再合适不过了。数字时代带来的快节奏变化要求我们迅速、及时地做出创新。整个世界面临的大量社会、文化和环境问题，也对我们提出了同样的要求。这正是我对耐克公司的下一阶段充满信心的原因，因为在逆境中更能取得进步。

　　耐克公司关注的焦点一直是提供性能上的创新，以帮助运动员发挥出最强的个人实力。如今，为全世界提供体育服务也意味着拥有前所未有的机会。我们正迅速扩充并加速数字平台的应用，以触达世界各地的运动员。我们为社区赋能，以打破更多壁垒。同时，我们也在强化与全球消费者的深度联系。这不仅能提高运动员的体育成绩，同时也能促进体育事业本身的发展。我们的目标是让体育进一步全民化，去做看似不可能的事情，让每一个人都能获得胜利。

　　因此，追求进步的过程并非坦途，我们要允许自己进行反直觉的尝试，避免从预设立场出发，允许自己偶尔失败，甚至不断经历失败，直到取得成功。我们要用这样的方式，去重新定义什么是"可能"。每一天，我们都要踏上崎岖的旅程，投身于复杂的过程，并在接下来的旅程中迎接我们的成功。

马克·帕克（Mark Parker）

这些年来总有人问我："创新与设计之间的关系是什么？"在我看来，创新能解决真正的难题，可以改善生活的体验；设计可以赋予物体人性，从而创造出一种情感，甚至是精神上的联系。我一直认为，想做好这两方面，强大的合作关系（能够交换经验和专业技能）是基础。

在耐克公司，创意流程的核心是各个团队的紧密合作。我们几乎没有线性流程，而是让设计师、生产者、编程人员、工程师和科学家通力合作，这样可以让他们保持好奇，为一个产品或平台构思出大量创意。这些创意一开始可能会因为难以实现而被放置在办公桌一角，有时会一放好几年，但是一旦有机会，或者有合适的工具使之成为现实，这些创意就能被带向全新领域。关键在于，我们要保持心态开放，保持态度灵活。在这种紧密合作中，这些可以自然而然地发生，但同样重要的是，我们需要积极创造机会，让不同观点发生碰撞。在我们的创意工作空间、研究实验室，以及和运动员在一起的每一天，我们都能看到这种场景。毫无疑问，在耐克公司，探索都是通过团队合作完成的。

我们也很幸运，灵感总能源源不断地涌现。作为体育界的设计师，我们从不缺少灵感，因为需要我们解决的问题总是在变化，比如，运动员的速度提高了，身体变得更加强壮，训练方式也发生了改变等，与此同时，我们的技术也在进步。正是这些变化创造出了新的需求，给予我们新的理解，最终带来产品的创新。这是一个良性循环。

事实已经证明，耐克公司团队和世界顶级运动员的彼此信任会促成伟大的事情。我们的团队如此特别，原因在于我们能将运动员的反馈变为创新思想，同时将他们的精神分享给全世界。只有当我们了解了产品背后的人的因素，产品真正的个性才会显露出来。比如，对运动员来说，哪些事件对他们的人生产生巨大的影响？赛前他们有哪些固定仪式？他们之间会说哪些互相鼓劲的话？哪些创意能吸引他们？体育之外，他们是否拥有更广阔的平台？挖掘所有的事实需要时间，但更重要的是需要信任。

这本书讲述的是耐克公司与运动员共同走过上述旅程的故事。双方的合作有时源自多年的友谊，而有时，因为一见如故合作就像闪电一样随即发生。

在我有幸合作过的所有运动员中，大概没有谁能像科比·布莱恩特（Kobe

Bryant）那样，拥有如此清晰的观点。他不但能提出有深度的问题，而且有着明确的个人意见，在每一个项目上都能推动我们进入新的领域。双方合作设计出"Kobe IV"这双具有革命性的低帮篮球鞋即是这种强烈信念的最佳证明。科比小时候在欧洲生活，他学习过足球。耐克公司的埃里克·阿瓦尔（Eric Avar）长年担任科比的设计师，科比向这位合作者表示，为什么足球运动员不穿高帮球鞋？篮球运动员和足球运动员一样都需要急走和急停。而实际情况是，在世界范围内，一些优秀的足球运动员选择的是具有最少保护功能的低帮球鞋。"我想证明，脚踝周围不需要那些东西支撑保护，穿低帮鞋也能发挥出最高水平。"他告诉阿瓦尔："我认为市场也需要改变。"这个项目，将耐克公司团队最优秀的资源集于一处。科比说："这是我的洞见，是我的感受，是我想尝试的东西。"我们用相关研究数据支持了科比的观点。我们和科比一起向前推进这个项目，他是一个充满激情、极具创意的人。低帮设计彻底改变了运动员的传统习惯，为篮球鞋的设计带来了全新的美学观念和自然运动模式。

科比和我们的设计团队，特别是和我个人之间的关系，随着时间的推移不断加深。虽然他总是提出各种要求，但满足科比的期望，让所有人都变得更好了，这一点毋庸置疑。他是上天的馈赠，我们都很想念他。

在接下来的内容中，你会看到我们与艺术家、音乐家，以及在众多互惠合作关系中创造的价值。我一直认为，对世界保持开放心态，拥有好奇心，可以帮助我们产生创意，同时，也能够激励创意文化的发展。当其他人解读我们的品牌时，我们也能从中有所收获。

这些年来，桑迪·博德克（Sandy Bodecker）一直致力于为耐克公司构建社区。20 世纪 90 年代中期，他接受了挑战，让耐克公司在足球界站稳脚跟。他通过一次次稳扎稳打的胜利让耐克公司从足球界的旁观者变为引领者。他在面对每个人时，都能够保持真诚以赢得尊重，在实现最终目标前，也能够保持低调。几年后，在创建滑板社区时，他也采用了同样的方法。桑迪和耐克公司 SB（skateboarding）团队赢得了店主与运动员的信任。桑迪可以让其他人相信他的话，是因为他自己深信耐克公司与滑板界合作能让彼此变得更好。事实证明他是对的，桑迪后来和我们的创新团队一起加入了一个特别项目团队，打造新产品，让运动员的运动表现显著提升，这就是后来著名的"破 2"（Breaking2）马拉松项目。这是他和耐克公司有史以来最有野心、最励志的作品之一。

让人心情沉重的是，从 2018 年末到 2020 年初的 15 个月里，我们先后失去了桑迪和科比。他们两个人都拥有学习热情，并带着不断精进的心态面对生活，两个人也都以导师的角色专注于释放其他人的潜能。他们均珍惜与团队合作的机会，都是慷慨的合作者。

　　我希望这本书能够告诉人们，体育是多么的人性化。体育中充满与友谊相关的故事，也有很多携手合作攻克难关的故事。归根结底，是人与人之间的强烈联系点燃了耐克团队的创意反应链。在耐克公司，只要拥有正确的要素，就能带来更好的结果。

目 录

引言 "破 2" 马拉松

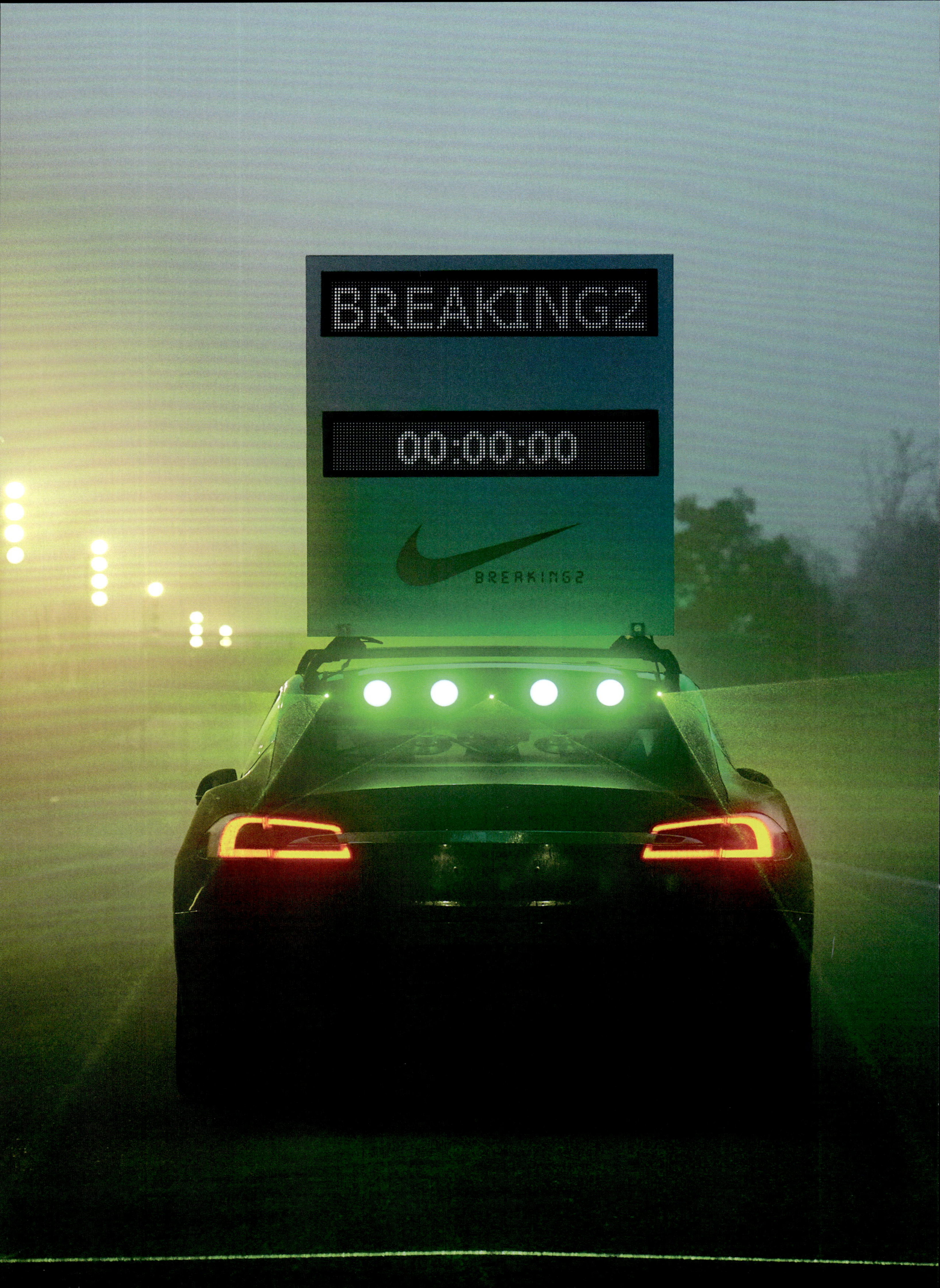
BREAKING2
00:00:00
BREAKING2

天气微凉，并不寒冷。黎明前的静谧时刻，一片低云飘浮在意大利米兰北部阿尔卑斯山脚下的平原上空。蒙扎赛道（Autodromo Nazionale Monza）是世界上速度最快的一级方程式（F1）赛道之一，赛道地面上小块梯形白色沥青区域被一辆领跑车发出的绿色光芒照亮。穿着防风衣的工作人员四处小跑，时刻注意着无线电对讲机里传出的声音，与此同时，一小群人则站在场外观望。尽管听不到发动机的空转声，维修区也没有任何工作人员，但空气中明显弥漫着赛前的紧张气氛。凌晨 5 点 45 分，汽笛声响起，象征现代体育界最大胆的一项实验正式开始，将世界顶尖体育用品制造商历时 4 年多的幕后研究、开发及设计活动推向了高潮。

2017 年 5 月 6 日，世界上最优秀的 3 名长跑运动员正在进行一次大胆的尝试，他们要在 2 小时内跑完马拉松。耐克是一家市值数千亿美元的公司，而今天，公司要完成的任务就是将这 3 人带到蒙扎赛道完成比赛。这个做法有可能被外界斥为公关噱头。无独有偶，那一天距离罗杰·班尼斯特（Roger Bannister）第一次用不到 4 分钟时间跑完 1 英里（约 1.6 公里）恰好过去了 63 年。让我们透过现象看本质，回到 2014 年，当 2 小时内跑完马拉松这个远大目标第一次出现时，也是在明确而直接地表述耐克公司的宗旨："将创新和灵感带给世界上的每一位运动员。换句话说，只要还有一口气，人人都是运动员。"此外，如果其他商业公司愿意像耐克公司一样挑战不可能，那么它们也可以开展这样的活动。

通常，大企业让人难以捉摸。在外界看来，它们是一个统一而庞大的实体，通过明确自身的 Z 定位，提供 X 产品以及 Y 服务而被外界熟知并赚取利润。如今，人们身处数字通信24小时不间断的大环境下，消费者对品牌越来越了解，上述趋势只会越来越明显，因为一家公司的一言一行都会立刻暴露在高压环境中，哪怕是小小的失误，都有可能引发连锁反应，因此维持品牌特点至关重要。但是，当你走出企业小圈子后，你会看到一幅熟悉的场景：人与人之间的交往。在这方面，耐克公司和它的竞争对手没有区别，人们去那里工作，带去了独特的经验、人脉、创意、创造力和激情。而不同寻常之处，则是一家公司如何整合人力资源，使之发挥出大于各部分相加之和的威力。这些年来，如同那天早上在蒙扎赛道举办活动一样，耐克公司并未被企业组织架构所局限，取得了卓越的成就。

这个被命名为"破 2"马拉松的大型体育活动，吸引了 1 200 多万观众在线上观看直播，这场活动在意大利也动用了大量资源。我们很难想象耐克公司团队为了突破马拉松 2 小时极限所投入的巨大精力，也很难想象在一个拥有 7 万多名员工的大公司中，这一切均源自一个人的远见与决心。在 2014 年，作为在职业生涯中取得过多次第一的资深管理人员，桑迪决定支持耐克运动研究实验室（NSRL）内一个研究创新的小团队的想法，其成员一直为长跑运动员设计新跑鞋，这次想进行一次更大胆、更冒险的尝试。实验室应用研究及数据收集技术已经有几十年时间，它们为耐克团队的创新提供了关键性指标和见解。在桑迪的推动下，预算问题解决了，团队重新做出调整，将目标集中在 2 小时的壁垒上。"马拉松的 2 小时壁垒属于极为罕见的类型，一旦被打破就能改变一项运动，"桑迪表示，"那会改变跑者对长跑及人类潜能的看法。"将"1:59:59"文在手腕上的桑迪，本身就是这个使命的化身，可将当时的世界纪录"2:02:57"缩短近 3 分钟，这意味着每英里的配速需达到 4 分 34 秒，才能让马拉松全程 26.2 英里（约 42.2 公里）的每英里用时减少 7 秒。生理研究学者早已明确了 2 小时内跑完马拉松所需的步骤，但团队很快就意识到，要把这种可能性变为现实，只靠数学计算和新跑鞋是远远不够的。

在伊姆斯工作室（Eames Office）1972 年拍摄的电影《设计快问快答》（*Design Q & A*）中，20 世纪中期的著名设计师查尔斯·伊姆斯（Charles Eames）只是把设计描述为"为实现特定目的而安排因素的计划"。耐克公司团队也采用了相似的广角式方法，成员们仔细考察并推断每一个因素在马拉松中的作用，以此设计出完美的比赛方案。他们为整体性问题开发出一个大框架，以解决有关运动员选拔、训练、营养和比赛优化等问题。尽管距离实现目标仍然有很长的路要走，但团队开始相信，各种边际收益叠加在一起，"不可能"就会变成"可能"。

第一项议程就是寻找合适的跑者。生理学家布拉德·威尔金斯（Brad Wilkins）博士和布雷特·柯比（Brett Kirby）博士是耐克运动研究实验室的主要成员，也是主持这个项目的科学家，他们研究了从 5 公里到马拉松在内的耐克公司赞助的所有跑者，以寻找速度和体能的最佳组合。最终研究人员邀请了 18 名候选人，前往实验室参加严密的生理学测试。需要评估的主要因素有 3 个：耗氧量、跑步效率和持续速度。用汽车作比喻，就是发动机大小、平均油耗和保持发动机转动的能力。研究团队通过设计一个模型预测出 2 小时内跑完马拉松所需的上述 3 个因素的阈值后，得出了每名跑者从数据统计上实现目标的可能性。然而，即便在做出选择前有大量数据可供参考，但团队明白，跑出好成绩需要突破的心理障碍和生理障碍一样大。团队把目标集中在拥有强大内心和充足动力的人身上，因为这些是赢得比赛的必需特质，并最终锁定了 3 名世界顶尖长跑运动员：一位是埃塞俄比亚的选手勒利萨·德西萨（Lelisa Desisa），他在 3 人中年龄最小，于 2013 年赢得波士顿马拉松冠军后，因为当天发生了波士顿马拉松恐怖袭击事件而把奖牌还给了波士顿市。他的速度不像其他运动员那么快，测试表明，他的耗氧量特别大。另一位是厄立特里亚的选手泽森内·塔德塞（Zersenay Tadese），他是该国首位奥运奖牌获得者，在 2004 年雅典奥运会上获得 10 000 米铜牌，并以 58 分 23 秒的成绩保持着半程马拉松世界纪录。测试结果表明，他的跑步效率极高。最后一位是肯尼亚的选手埃鲁德·基普乔格（Eliud Kipchoge），他在极短的时间内成为世界上最具竞争力的长跑运动员，曾获得芝加哥、柏林和伦敦马拉松冠军，自 2004 年起赢得过多个奥运会奖牌。他的测试得分不是很高，部分原因在于他不喜欢在跑步机上跑步，不过团队判断，他拥有获胜的特质。

选出合适的跑者后，威尔金斯和柯比开始着手解决系统问题，希望设计出一场完美的比赛。为了设计个性化的补水方案，研究团队让运动员在可以调节天气变化的实验室里训练，以此测试他们的汗液损失并建模。研究团队还开发出了个人营养项目，以确定运动员需要摄入哪种类型及多少剂量的碳水化合物才能更好地跑完全程马拉松。当运动员返回各自国家训练时，他们也需要继续分享详细的实时生物统计数据和个人感受，让威尔金斯和柯比在比赛前为他们制订训练计划。

与此同时，跑鞋的研发也在快速地进行，以帮助运动员在 2 小时内抵达终点。长跑装备的设计关键通常是越轻越好，然而耐克公司鞋类研发（Footwear Innovation）副总裁托尼·比格内尔（Tony Bignell）和耐克运动研究实验室前生物机械学家罗耕（Geng Luo）博士领导的团队发现"什么重量最合适"更为关键，才使得这个项目取得了突破。在一场马拉松比赛中，运动员大约需要完成 2 万次抬脚落地动作，而每一步的力量是其自身体重的 3 倍。鞋类研究团队开始了解一种为医疗行业开发的特殊高弹性轻质泡棉：ZoomX 泡棉，把这种材料放在脚下可以将接收到的 80%～90% 的能量反弹回去。跑鞋的开发有了新的进展，研究团队使用了大量 ZoomX 泡棉，在只略微增加重量的同时，为跑者提供卓越的缓震性与舒适性。研究团队将勺型碳板嵌入泡棉后，又取得了一个突破。加入碳板不仅能加强跑鞋的硬度，也能将跑者每次脚部落地时消耗的能量更多地反弹回去。对样品进行外部测试时，研究团队发现运动表现在不同速度范围内和不同类型跑者中均得到了 4% 的提升。正式比赛的测试结果同样可观，运动员们穿着这款新设计的跑鞋赢得了 2016 年里约奥运会马拉松项目的金、银、铜 3 枚奖牌，其中金牌获得者就是基普乔格。

运动表现的提升可以被量化是耐克运动研究实验室所有研究人员和创新人员梦寐以求的目标，其意义远不止于"破 2"马拉松项目。"我们现在很有信心，只要打开一个橙色盒子，穿上鞋，你就能立刻变得更好，"耐克运动研究实验室副总裁马修·纳斯（Matthew Nurse）博士表示，"可能你不想让速度提高 4%，但你的效率会提高 4%。如果你只有半个小时可以用来跑步，你能感受到自己的疲劳度减少了 4%，或者跑动距离增加了 4%，具体怎么样计算取决于你。你的肌肉损伤也可以减少 12%，第二天的感觉就会更好。"

最终的成品跑鞋 Zoom Vaporfly Elite 通过电脑计算进一步微调以满足每名运动员的不同特点。根据大量实验室测试结果，研究团队对内嵌碳板的硬度做出了定制化调整。为了保证独特区域的支撑性和透气性，打造出适合不同需求的跑鞋，这款跑鞋采用 Flyknit 编织技术制成的鞋面，具体的缝制方式也会根据运动员脚面的三维扫描结果做出调整。

除跑鞋外，服装研究团队也开发出了一种从头武装到脚的跑步套装，希望能够解决诸如身体温度调整、空气动力学等一系列已知问题，力图进一步提高运动员的运动表现。研究团队将目标明确为打造一款不会黏附于身体且不会因为吸收汗液而增加额外重量的服装后，继而开发出了一种使用轻质纱线制成的无袖上衣。这款上衣的开孔结构是通过计算设计而得出的，在运动员身体发热时能提供更好的透气性，又能在运动员需要保温时实现保温作用。

对运动员的身体进行扫描后，设计师可以去除衣服多余的纤维，从而进一步减少风阻。独立编织的袖套与手腕很贴合，肘部又很灵活，这为运动员提供了可调整的保护与舒适性。研究团队制作了大量短裤样品，最终将长度确定在小腿中上部。这样的服装既可以压迫腘绳肌和股四头肌，又能为臀部活动提供最大程度的自由。研究团队也开发出了五指袜，防止袜子在鞋内脱落的同时，为脚背提供更强的透气性。每一套装备都是针对不同运动员的偏好及适用度而量身定制的。

虽然在运动员训练和装备上投入了这么多的精力，但成功举办比赛面临的几个重大的问题仍未得到解决。整个活动能否成功，没有比赛事本身的环境更重要的因素了。尽管耐克团队很早就决定不会寻求国际田径联合会（IAAF）的批准，使比赛成绩成为一项正式的世界纪录，但他们同样决定不采用有损人类成就的做法，比如用巨大的风扇推动运动员跑步，或者用有机玻璃挡风。耐克团队也知道，他们需要找到一条平坦的赛道，需要同时具备温度低、风阻小和湿度低的特点，蒙扎赛道的初级赛段完美符合这些要求。此外，与传统马拉松赛道不同，2.4 公里的环形赛道使得研究团队可以开发并设置配速和支持策略，事实证明，这起到了至关重要的作用。

通常，配速员的作用是帮助运动员以理想的速度跑动，但在"破 2"马拉松项目中，他们起到了一个更为重要的作用：挡风。尽管在大多数业余比赛中风阻不会给成绩带来太多影响，但在一场以速度论成败的马拉松比赛里，消除逆风则有可能让运动员节省一分多钟的时间。耐克团队的配速策略也是他们决定不寻求国际田径联合会认证的重要原因。按照国际田径联合会的规则，所有运动员都需要从起跑线出发，在实现理想的配速后，配速员一般会散开，而"破 2"马拉松的策

略则要求每一圈都安排配速员按照一定顺序陪跑。

位于北卡罗来纳州达勒姆县的新罕布什尔大学（University of New Hampshire）里，有一个为跑步及自行车运动员设计的风洞，威尔金斯和柯比在此处试验了无数种排列方式，最终发现由 6 名配速员组成的箭头形队列能产生最佳效果。关于比赛，耐克公司招募了 30 名配速员，其中一些还是世界顶尖长跑运动员，比如萨姆·切兰加（Sam Chelanga）、阿伦·基弗尔（Aron Kifle）、伯纳德·拉加特（Bernard Lagat）和洛佩兹·拉蒙（Lopez Lomong），每名配速员均需要领跑 2 圈。这个经过严密设计的策略要求 3 名配速员每跑完 1 圈就要退出比赛，跑在最后的配速员这时要跑到最前方，新的配速员将从后方加入，在这个过程中，他们要在德西萨、塔德塞和基普乔格前方保持箭头形队列。挑选配速员时，耐克公司团队看中的就是他们能够平静地且在彼此距离很近的情况下可以无缝衔接奔跑的能力。一辆时速固定为 21.1 公里的领跑车车尾发出激光，帮助配速员在马拉松运动员前方保持正确的队形。

凌晨的蒙扎，比赛开始，一切都在按计划进行。在近 1 个小时的时间里，灰蒙蒙的天空逐渐变亮，配速员娴熟地跑进跑出，跟在后方的德西萨、塔德塞和基普乔格均保持着高速。第一个麻烦出现在 17.7 公里处，德西萨掉队了。跑到半程时，塔德塞也掉队了，所有压力都落在了基普乔格身上。他的脸上露出放松而平静的表情，在接下来的 40 分钟里，他的速度没有任何减慢的迹象。还剩最后 2 圈了，但剩余时间越来越少，基普乔格的落脚节奏，也从起初如节拍器一样的稳定变得有些几乎不可察觉的波动。进入最后 1 圈时，为了突破 1:59:59 秒大关，他必须达到每英里 4 分 17 秒的配速。4 年的信念与努力集于那一刻，可即便是对世界上最伟大的长跑运动员之一的他而言，这个挑战也太过艰巨。基普乔格跨过终点线时，时间定格在了 2 小时 25 秒，比当时的世界纪录快了 2 分 32 秒。基普乔格躺在跑道上，脸上洋溢着微笑。

虽然"破 2"马拉松最终没有实现理想中的目标，但这个项目本身绝非失败。尽管想法大胆的团队当时很难过，可是基普乔格还是将之前的个人最短成绩 2 小时 3 分 5 秒减少了 2 分 40 秒，不论从什么角度看，这都是相当突出的成就。在基普乔格穿过终点线，脸上露出大大的微笑时，他一点儿也不失望。相反，他意识到跑进 2 小时的梦想越来越接近现实。"对我来说，现在少用 25 秒很难，"他表示，"但我觉得也许对于另一个人来说，少用 25 秒应该不难。"两年多后，实现目标的那个人就是基普乔格自己。2019 年 10 月 12 日，基普乔格在奥地利维也纳举办的一场比赛中跑出了 1:59:40 的成绩，而他穿的正是 Zoom Vaporfly Elite 第四代跑鞋 Air Zoom Alphafly NEXT％ 和为"破 2"马拉松项目设计的服装。对于耐克公司而言，"破 2"马拉松为解决整体性问题提供了一种全新模式，这个模式可以应用于未来的任何领域。对于一家靠着"下一个是什么"理念而繁荣发展的公司而言，"破 2"马拉松也提出了大量"如果"式问题。"我们在努力达成目标的过程中收集到了大量数据和深刻见解，并且从这些努力中收获了大量经验，"桑迪表示，"这为我们划定了未来多年的创新、探索与发明的领域，最终能让我们为所有运动员提供更好的产品与服务。"

桑迪的这番话可能也是对耐克公司近 50 年创新与设计的总结。"破 2"马拉松可能是耐克公司历史上最大胆的冒险活动之一，但这个活动却与耐克公司的其他活动一样，建立在同一个基础之上。这个基础就是：耐克公司始终追求提高运动表现，愿意深度倾听运动员的声音并与其合作，永不停歇地寻找待解决的新问题，拥有一个可持续实践的根基，通过产品与沟通积极地表达耐克品牌精神。

对耐克公司来说，"破 2"马拉松只是前行路上的一个站点。耐克公司的发展轨迹表明，不管是类似 2 小时马拉松这样的大胆尝试，还是以更轻松的方式穿上鞋这种小事，下一个有待探索的领域永远位于前方。"不存在运动能力达到巅峰这种说法，"首席设计师约翰·霍克（John Hoke）表示，"我相信难度会越来越大，但不意味着存在巅峰。它意味着你还需要一次机会，再进行一组训练，再做一次改进，就能让你再提高一点儿。"随着运动员不断推动体育向前发展，耐克公司对体育的推动也会越多。换句话说：所谓最好，只是暂时的。

感谢以下 30 名配速员的努力，使得"破 2"马拉松这个项目得以顺利进行：

科林斯·伯明翰（Collins Birminghan），澳大利亚

恩古塞·特斯法尔德特·安洛森（Nguse Tesfaldet Amlosom），厄立特里亚

阿伦·基弗尔（Aron Kifle），厄立特里亚

古伊特姆·基弗尔（Goitom Kifle），厄立特里亚

泰克勒马里亚姆·维尔德斯拉西（Teklemariam Weldeslassie），厄立特里亚

伊塔亚尔·阿特纳弗（Yitayal Atnafu），埃塞俄比亚

阿比内·阿依尔（Abyneh Ayele），埃塞俄比亚

塔杜·阿巴特·德米（Tadu Abate Deme），埃塞俄比亚

德杰内·德比拉·贡法（Dejene Debela Gonfa），埃塞俄比亚

格塔内·塔米尔·莫拉（Getaneh Tamire Molla），埃塞俄比亚

塞莱蒙·巴雷加·希尔塔加（Selemon Barega Shirtaga），埃塞俄比亚

斯蒂芬·欧米索·阿里塔（Stephen Omiso Arita），肯尼亚

维克托·楚莫（Victor Chumo），肯尼亚

斯蒂芬·科斯盖伊·基贝特（Stephen Kosgei Kibet），肯尼亚

诺亚·基普肯博伊（Noah Kipkemboi），肯尼亚

吉迪恩·基普凯特（Gideon Kipketer），肯尼亚

拉班·科里尔（Laban Korir），肯尼亚

摩西·库荣（Moses Kurong），肯尼亚

阿卜迪·纳基耶（Abdi Nageeye），荷兰

亚历克斯·克里奥·奥罗伊提普提普（Alex Korio Oloitiptip），肯尼亚

菲利蒙·洛诺（Philemon Rono），肯尼亚

斯蒂芬·桑布（Stephen Sambu），肯尼亚

斯蒂芬·莫库卡（Stephen Mokoka），俄罗斯

朱利安·万德斯（Julien Wanders），瑞士

波拉特·凯姆博伊·阿里坎（Polat Kemboi Arikan），土耳其

安德鲁·邦巴罗（Andrew Bumbalough），美国

萨姆·切兰加（Sam Chelanga），美国

克里斯托弗·德里克（Christopher Derrick），美国

伯纳德·拉加特（Bernard Lagat），美国

洛佩兹·拉蒙（Lopez Lomong），美国

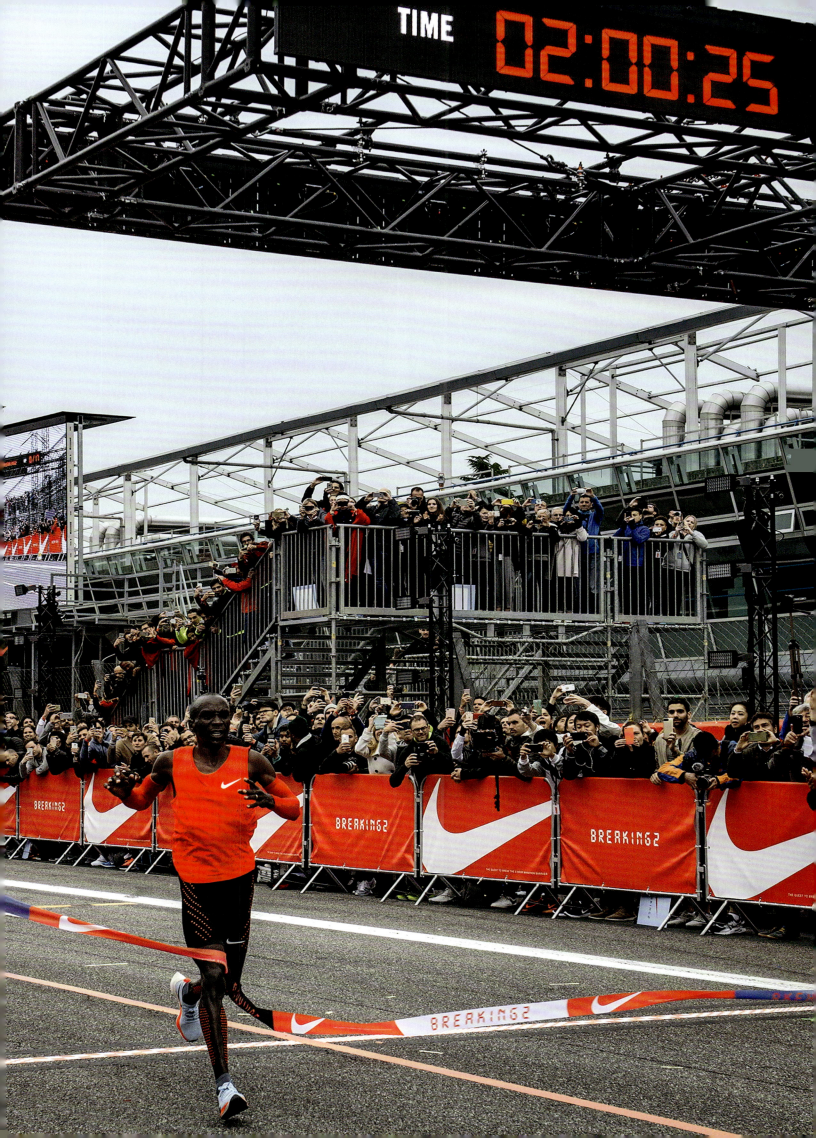

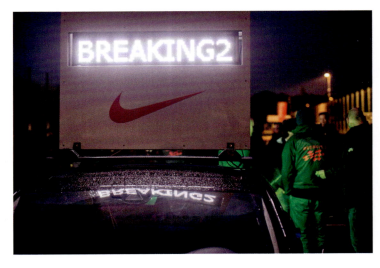

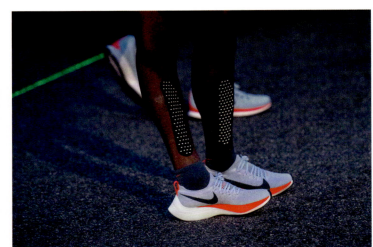

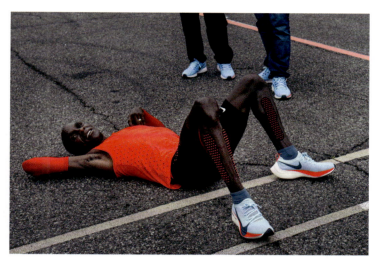

"破2"马拉松尝试：比赛日	意大利，蒙扎，蒙扎赛道	2017 年 5 月 6 日

　　2017 年 5 月 6 日黎明前，夜雾笼罩下的意大利蒙扎，人们依稀可以看到蒙扎赛道上发出的微弱灯光。体育场灯光下，地面上映出了已经完成热身的运动员的倒影。就在天开始变亮时，一声刺耳的声音响起，一辆领跑车发出的光线照亮了一级方程式赛车车道。几秒钟后，汽笛声在凌晨 5 点 45 分准时响起，埃鲁德·基普乔格（红色上衣）、泽森内·塔德塞（淡蓝色上衣）和勒利萨·德西萨（白色上衣）跟在 6 名身穿黑色服装的配速员组成的箭头形队列后方起跑。运动员们正在追逐一个似乎不可能实现的目标，即在 2 小时内跑完马拉松。周围一些满怀期待的观众发出了欢呼声，比赛当天穿着金色外套而非常显眼的桑迪，就站在人群中间。

　　作为"破2"马拉松幕后的设计师，当耐克公司满怀野心地提出打破马拉松 2 小时壁垒的计划时，桑迪正在担任特别项目部的副总裁。那时的他已经是在耐克公司工作了 35 年的老员工，而且在职业生涯中创造了众多具有重大影响力的第一。他主导了耐克公司的第一个全球足球业务（Global Football），打造了滑板业务，也担任过耐克公司全球设计部（Global Design）的首任主管。桑迪痴迷于创造纪录，手腕上"1:59:59"的文身就是最好的例子。在桑迪看来，2 小时内跑完马拉松是一个划时代的胜利，这不仅能重塑跑步这项运动，也能改变公众对人类潜能的现有观念。他一直在大力推动这个项目，直至 2018 年 10 月去世。在他去世一年多后，基普乔格在奥地利维也纳进行了第二次尝试，这一次，基普乔格终于突破了 2 小时的纪录。

| "破 2"马拉松配速员训练营 | 意大利，蒙扎，蒙扎赛道 | 2017 年 5 月 1 日—5 日 |

埃鲁德·基普乔格为"破 2"马拉松接受训练时表示："我个人再优秀也比不上整个团队的力量大。"尽管基普乔格、塔德塞和德西萨是"破 2"马拉松的核心，可这项大胆的尝试，却是团队合作的典范。从生物机械学家、营养师、体育心理学家和生理学家提出的大量意见，到设计师、材料开发人员和工程师发挥创造力，还有教练和全体训练营成员的努力，各种专业技能及努力汇聚在一起，才让"破 2"马拉松拥有了光明的前景。这种共同协作的文化，在比赛日的 30 名配速员身上得到了最好的体现。这些配速员都是世界顶尖的长跑运动员，因为速度稳定且性格沉稳而被选中。从头衔中可以看出，传统配速员的任务就是保持稳定的跑动速度，但在"破 2"马拉松上，配速员的主要作用却是减少风阻。从理论上看，这里的配速员起到的作用，相当于让后面的马拉松运动员在倾斜度为 2.5 度的下坡路上跑动，理论上能节省超过 60 秒的时间。为了确保最佳状态，配速员赛前提前 5 天抵达蒙扎，每天训练，彼此熟悉"破 2"马拉松创新的配速队形及换位方式。6 名配速员跑在 3 名运动员前方，形成具有革命性意义的箭头形队形，领跑的配速员位于领跑车后，与领跑车相隔 6 米，黑色的特斯拉 Model S 领跑车会用绿色的激光在沥青路面上指示出配速员的位置。2 圈过后，配速员 3 人一组、小心地切换位置，每组有 30 分钟休息时间，以减缓配速员的疲劳，应对身体变化。尽管完美执行策略能最大程度提高效率，也能节省时间和精力，但也导致比赛的成绩无法获得国际田径联合会的认可，但耐克公司并不在意。因为"破 2"马拉松关注的不只是创造世界纪录，而是挑战并颠覆既有认知。

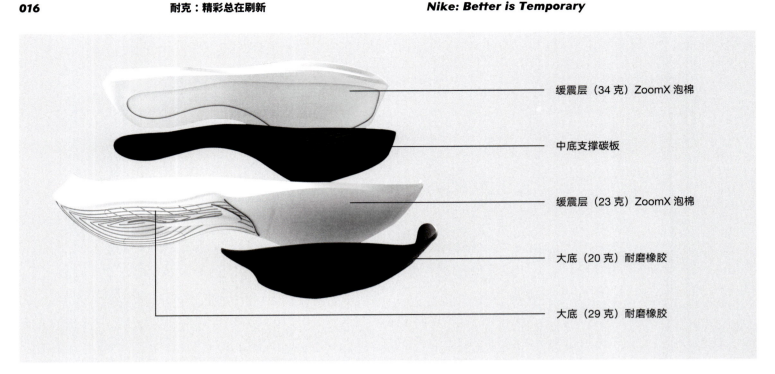

缓震层（34 克）ZoomX 泡棉

中底支撑碳板

缓震层（23 克）ZoomX 泡棉

大底（20 克）耐磨橡胶

大底（29 克）耐磨橡胶

Zoom Vaporfly Elite 1:1 制作工具系统	2017 年

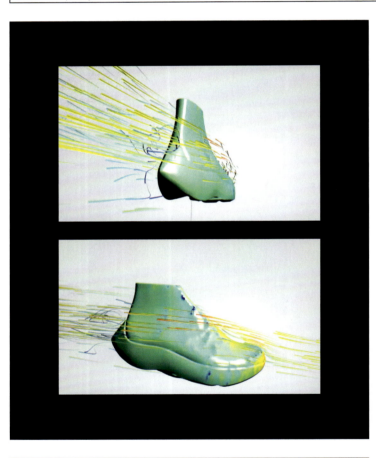

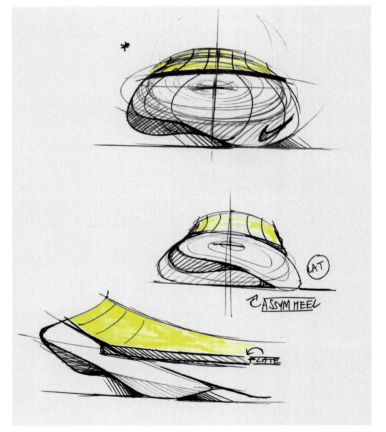

空气动力学模型测试	2017 年

空气动力学中底和碳板草图	2015 年

　　耐克公司于 2016 年 12 月 12 日正式宣布了"破 2"马拉松项目，并公开声明："尽管许多人认为，将现有马拉松世界纪录缩短近 3 分钟是不可能的，但耐克公司认为所谓'不可能'本身正是一个展望体育未来的机会。"

　　耐克公司"破 2"马拉松项目团队利用科学技术分析，重新思考运动表现的各个方面，而后开发了一个 4 层原型鞋制作工具系统。

　　由缓震、中底和大底这些重要部件组成，耐克公司的设计师采用了一种"形式必须遵循功能"的理念，重新设计了传统长跑鞋的每个元素。

　　为了使还处于概念阶段的跑鞋，能够充分适应 3 名参与"破 2"马拉松项

目的运动员个人生理指标，耐克公司团队分析了这 3 位跑者双脚的三维扫描图和足部压力图，绘制了他们的脚部与地面撞击的力学热力图，并监测了他们的肌肉消耗情况。

　　该团队将这些信息转化为比赛日的定制鞋款，兼具保护性和透气性。

　　通过对运动员身体的数据追踪，比如识别跑步时空气的流动特性，服装的舒适性、支撑性、保暖性和不同部位的空气流动，指导了马拉松服装的定制开发。此次针对 5 个关键领域进行改进：重量、贴合度、舒适度、疲劳度和对皮肤的抓紧度。

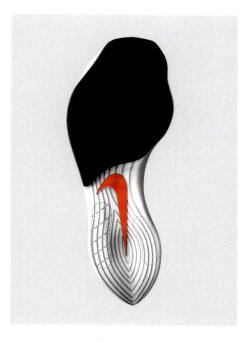

| Zoom Vaporfly Elite 大底 | 2016 年 |

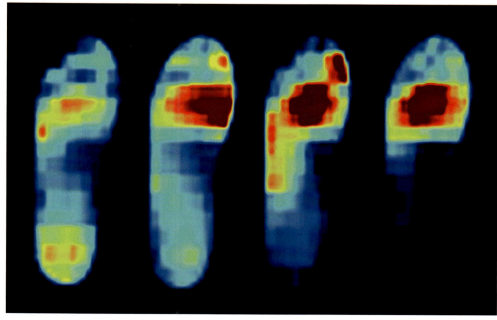

| 用于优化 Zoom Vaporfly Elite 鞋垫的足底压力图 | 2015 年 |

| "破 2"马拉松比赛日服装 | 2016 年 |

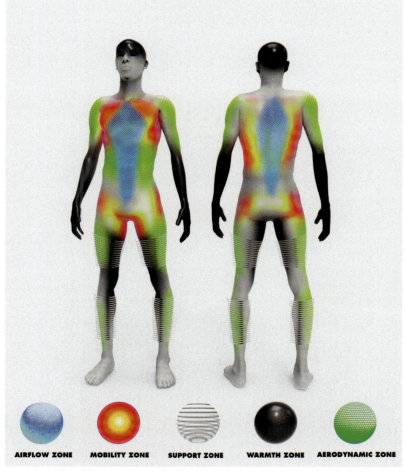

AIRFLOW ZONE　　MOBILITY ZONE　　SUPPORT ZONE　　WARMTH ZONE　　AERODYNAMIC ZONE

| 用于设计"破 2"马拉松比赛日服装的人体区域图 | 2015 年 |

除了优化"破 2"马拉松的产品性能外，科学技术也成功地激发了运动员的雄心壮志。因为数据表明运动员选择的项目是适合他们的。

耐克公司挑选的 18 名顶级长跑运动员的生理指标表明，基普乔格、塔德塞和德西萨是最有希望的突破型选手。

耐克运动研究实验室前生理学家布拉德·威尔金斯博士和首席研究员布雷特·柯比博士采集了每位跑者的生物特征。

对运动员的能量消耗和转化情况进行了监测，并创建了个人补给计划，以此定制了所需的碳水化合物。测试数据显示，他们应该每跑 2.4 公里或每完成一圈蒙扎赛道进行一次补给。

相较他们以前的补给模式，这次变化非常明显，其中包括每小时不到 60 克的碳水化合物。同样，气候实验室的测试使耐克团队能够模拟运动员的汗水流失，并制订有针对性的补水计划。

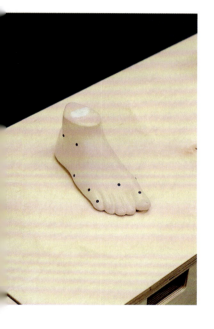

在耐克运动实验室为"破2"马拉松选手进行生物分析及足部特征采集	俄勒冈州,比弗顿市,耐克全球总部	2016年

通过对关键跑步数据的记录,如最大耗氧量、临界速度(长跑运动员能保持的最高速度),并通过耐克运动研究实验室评估、训练营参观、GPS手表和心率监测器以及随身的远程报告实时性能和进度胸带发射器对这些数据进行监控。

这些分析为相关的算法提供了信息,这些算法构成了不断改进、精心制订的训练计划,旨在增强每位运动员的独特优势,发现其潜在弱点。对德西萨来说,这意味着提升耐力。当他开始每周跑322公里时,团队规定了特定的田径场训练来提高速度。塔德塞则相反,首先,他需要注重速度训练,使他熟悉比赛节奏;后来,他被要求进行32~40公里的长距离跑,这将提高他的耐力,并在更长的距离内培养速度。

基普乔格的数据和表现几乎没有改进的余地,这导致团队制订了一个完全不同的训练计划,将长时间耐力跑和详细的速度训练与他的常规训练紧密结合。

基普乔格、德西萨、塔德塞定制款 Zoom Vaporfly Elite	冰蓝 / 亮深红 / 大学红 / 蓝狐色①	2017 年

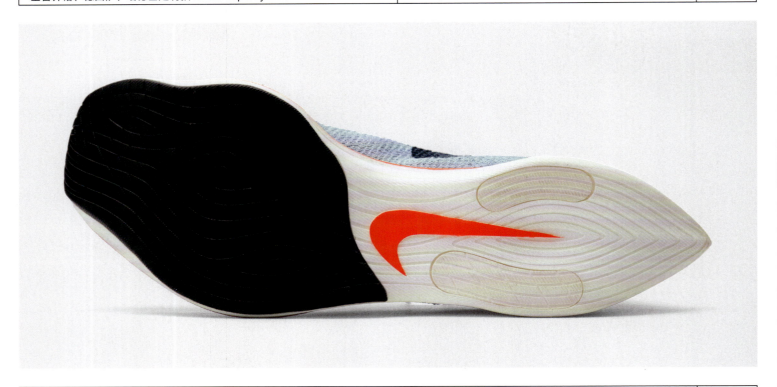

Zoom Vaporfly Elite 大底	2017 年

　　Zoom Vaporfly Elite 是 "破 2" 马拉松项目中基普乔格、塔德塞和德西萨的专属定制鞋款，基普乔格穿着它在意大利蒙扎赛道跑了 17.5 圈。

　　在这次活动中，每位运动员的冰蓝加亮深红配色的跑鞋都是定制的，其中融入了全新的创意设计、性能和个性化信息：基普乔格在鞋子上写着他的个人口号 "超越极限"（Beyond the limits），德西萨向他的父母致敬，而塔德塞则标注了他妻子的名字。

　　自 2013 年 6 月启动研发以来，该系统包括两项基本技术：一项是 ZoomX 泡棉，它是一种高弹性轻质泡棉，能够提供 80% ~ 90% 的能量回弹；另一项是全掌碳板。碳板采用勺子的形状，增加了硬度，提供了推进感，提高了每一步的效率，并最大限度地减少了能量损失。鞋跟采用空气动力学设计，可减少跑步时向上提拉的阻力。Flymesh 鞋面搭配动态足弓支撑带，在不增加重量的前提下提供的防护让运动员可以安心跑步。从整体上看，这些功能提升了 4% 的跑步效率，与之前耐克最快的跑鞋相比，这些功能可以减少多达 12% 的肌肉损伤。鞋类研发副总裁托尼·比格内尔领导了 Zoom Vaporfly Elite 的设计工作，敦促他的团队继续不停地改进方案。

---

　① 本书由于图片拍摄角度无法展示鞋的所有颜色。——编者注

BREAKING2

05.06.2017
2:00:25

10.12.2019
1:59:40

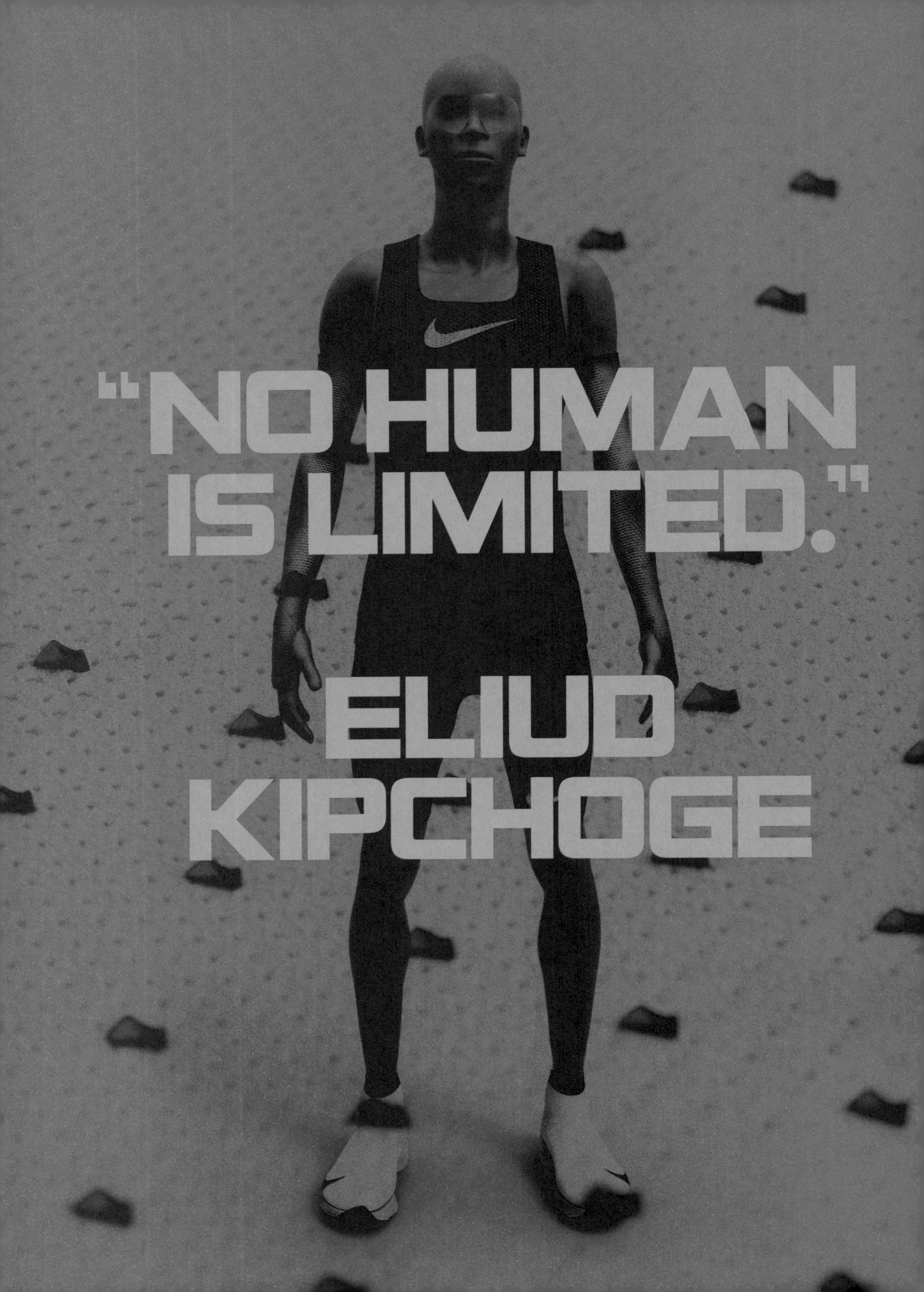

"NO HUMAN IS LIMITED."

ELIUD KIPCHOGE

"破 2" 马拉松比赛服装，埃鲁德·基普乔格所穿的背心及短裤	2017 年

　　Zoom Vaporfly Elite 可最大限度地提高每一次足部落地的效果，而定制的"破 2"马拉松服装，则可最大限度地降低运动员在马拉松全程因需要保持 21.1 公里的配速所产生的风阻、汗水和肌肉疲劳。

　　耐克设计师们通过对每位运动员的身体扫描，获取其生物指标，为服装的创新设计提供信息，然后将数据与个人所需的服装偏好以及耐克公司研发的最先进的材料相结合，经过精心计算，将轻质纱线编织进开孔结构中，可增强透气性，减少因排汗导致的额外重量。

　　紧身短裤亦采用个性化定制设计，对腘绳肌和股四头肌进行有针对性的压缩，而在臀部则采用 AeroBlade 纹理，增强空气动力性能，更突出其灵活性。臂套在不增加表面摩擦的情况下可以抵御较低的温度，而 AeroSwift Tape 肌贴则减少了空气对小腿的阻力。

| Zoom Vaporfly 4% | 冰蓝 / 亮深红 / 大学红 / 蓝狐色 | 2017 年 |

| Zoom Vaporfly 4% | 蓝狐色 / 亮深红 / 大学红 / 黑 | 2017 年 |

| Zoom Vaporfly 4% 大底 | 2017 年 |

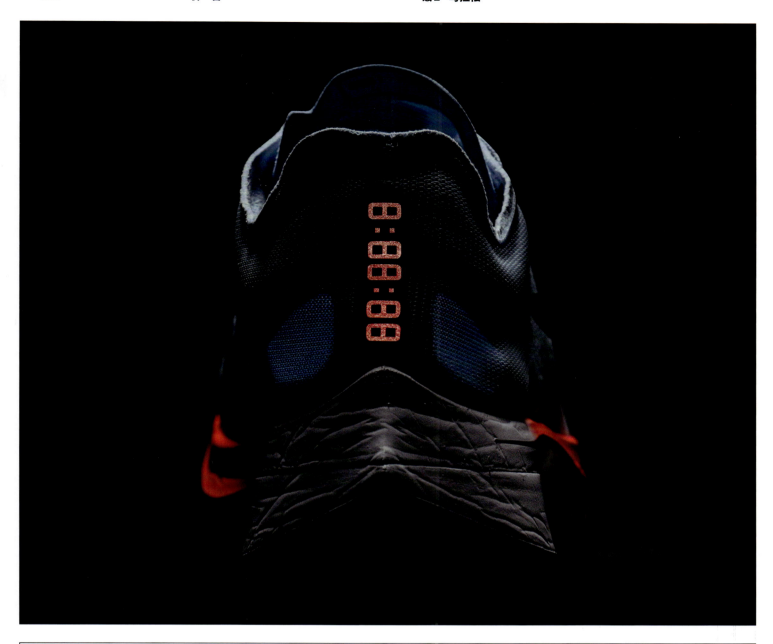

Zoom Vaporfly 4% 空气动力学后跟　　　　　2017 年

Zoom Vaporfly 4% 空气动力学后跟　　2017 年

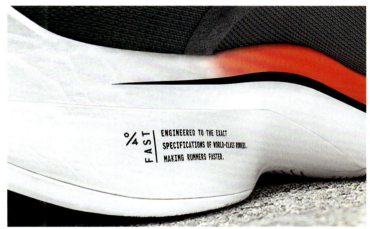

Zoom Vaporfly 4% ZoomX 泡棉中底　　2017 年

在基普乔格以用时 2 小时 25 秒的接近目标的成绩完成"破 2"马拉松项目之前，桑迪就赞扬了该项目的推进过程，此项目本身便颠覆了人们对于人类潜力和跑步产品的假设。

最终，这一探索为耐克公司提供了重要的洞见、技术和创新，从而确立了公司的宗旨：将创新和灵感带给世界上的每一位运动员。换句话说，只要还有一口气，人人都是运动员。

"破 2"马拉松结束后的 2 个多月，耐克公司推出了 3 款全新的跑鞋用于训练和比赛，其中最引人注目的便是 Zoom Vaporfly 4% 跑鞋。这 3 款鞋均采用了 Zoom Vaporfly Elite 的创新几何结构和技术，适用于所有级别的运动员，从而证明这项任务存在涟漪效应。

穿 ZoomX Vaporfly NEXT% 训练的莫·法拉赫（Mo Farah）	埃塞俄比亚	2019 年

ZoomX Vaporfly NEXT%	闪电绿 / 番石榴冰 / 黑	2019 年

ZoomX Vaporfly NEXT% 的碳板	2019 年

ZoomX Vaporfly NEXT% 大底	2019 年

耐克公司曾有一则著名广告语：永无止境。

2019 年 4 月，ZoomX Vaporfly NEXT% 首次亮相，继续践行这个理念。

作为 Zoom Vaporfly Elite 的升级款，第三次迭代的跑鞋增加了 15% 以上的 ZoomX 泡棉，改进的鞋面，翻新的中底，以及重新设计的大底纹路，实现了前掌更好的抓地力。独特设计的碳板，有利于提升稳定性，有效促进回弹。

恰如其名，基普乔格最终在 2019 年 10 月 12 日穿着这双升级版的 Nike Air Zoom Alphafly NEXT%，以 1 小时 59 分 40 秒的成绩在维也纳打破了 2 小时马拉松纪录，从而证明了这一点。

- ZOOMX/Returned midsole system
- Carbon fiber plate @ more Zoom x Foam in forefoot
= Added stability, energy conservation
- Propulsive Feel

A) Nike's Podcast:

B) Redesigned traction
- Athlete learnings = deeper grooves/smaller depressions
- Improves traction without adding weight

- Anatomical tongue
  ↳ Avoid irritation
- Foam Pad = Heel Fit
- Heel Collar = Engineered for Stability.

- Intelligent Surge
- Reduced weight
  ↳ Minimal/decorated upper
  ↳ Manages water, sweat, retention
- Vapour weave = Strong and Breathable

第 1 章　倾听运动员的声音

Hyperdunk Lamar Odom House of Hoops	Zoom Superfly R4	Free Trainer 7.0
Hyperdunk Pau Gasol House of Hoops	Zoom Superfly Elite	Pegasus
Hyperdunk Supreme Lithuania	Hyperdunk+ Sport Pack	Pegasus Racer
Zoom Kobe I	LunarTrainer+	Air Zoom Pegasus 35
Zoom Kobe IV	LunarFly+3	Zoom Pegasus Turbo 2
Zoom Kobe V	LunarMX+	Zoom Pegasus 35 Turbo
Zoom Kobe IX Elite	Lunar Chukka Woven+ ND	Pegasus Turbo NEXT%
Waffle Trainer	React Hyperdunk 2017 Flyknit	Air Zoom Alphafly NEXT%
Blue Ribbon Sports Pre Montreal	Epic React Flyknit 2	Air Zoom Viperfly
Track spike made for Steve Prefontaine	Odyssey React	Air Zoom Tempo NEXT% FE
Triumph	Joyride NSW Setter	Air Zoom BB NXT
Vainqueur	Joyride CC3 Setter	Air Zoom Victory
Track spike made for Mary Decker	Free 5.0	USA Women's Flyknit Airborne Top
Track spike made for Sebastian Coe	Free 4.0	Germany Women's Dri–FIT AeroSwift
Zoom Ultra II	Free 3.0	Athletics Unitard
Track spike made for Michael Johnson	Free 3.0 V3	USA Women's Dri–FIT AeroSwift
Zoom Superfly	Free RN	Athletics Unitard
Zoom Superfly R3	Free RN 5.0	HyperAdapt 1.0
Zoom Matumbo 2	Free Train Force Flyknit	Adapt BB

　　俄勒冈州波特兰市外，向西经过纳帕溪峡谷，美国 26 号公路顺着陡峭的山势横穿了图拉丁山的茂密森林。行走在这里，人们似乎期待着路边浓密的灌木丛和松树之间会突然跳出传说中的北美大脚野人。到达山顶后，穿过图拉丁山谷，我们能看到由百货商场、加油站、快餐店和低层办公楼组成的小镇生活区。再往西走 10 到 15 分钟，我们就抵达了俄勒冈州的比弗顿市，这里似乎与其他美国郊区小镇没什么区别，唯一不同的是，在小镇西北角的一大片土地上坐落着一家世界级知名品牌的总部建筑群。

　　在一个巨大的护堤背后有一片松树林，穿过松树林环绕的跑道，最上面出现一扇巨大的门，这里就是耐克公司全球总部，占地面积 11.57 万平方米，拥有 74 栋建筑。1990 年，耐克公司第一次入驻这片区域，占据了一个人工湖周围的 8 栋不知名的理查德·迈耶（Richard Meieresque）式建筑。按照联合创始人菲尔·奈特的要求，园区里的每栋建筑均以在成功塑造耐克品牌的过程中起到重要作用的运动员而命名，比如丹·福茨（Dan Fouts）、米娅·哈姆（Mia Hamm）、博·杰克逊（Bo Jackson）、迈克尔·乔丹（Michael Jordan）、史蒂夫·普利方坦（Steve Prefontaine）、诺兰·莱恩（Nolan Ryan）、皮特·桑普拉斯（Pete Sampras）、迈克·施密特（Mike Schmidt）、泰格·伍兹（Tiger Woods）等。随着耐克公司的业务越来越多，公司在房地产上的投入也越来越大。如今，这里既是办公园区，也像是建筑工地，随处可见起重机、挖土机、水泥车和建筑拖车，这是公司飞速成长的最好例证。耐克公司的新建筑选择了更能展现实力的未来主义风格：所有建筑棱角分明，外立面的质地各不相同，深色且反光的外观装饰着突出显眼的荧光橙色。两栋仍在建设中的大楼在公司的未来发展中也会扮演重要角色。由波特兰当地的太空实验室建筑事务所（Skylab Architecture）设计的塞雷娜·威廉姆斯大楼（Serena Williams Building），将是整个园区最大、最高的办公楼，这也是塞雷娜·威廉姆斯（又称小威廉姆斯）在网球场上取得惊人成就的写照。这栋办公楼的占地总面积超过 9 万平方米，未来将成为耐克公司多个重要商业部门的办公场所。以英国中距离跑步运动员塞巴斯蒂安·科（Sebastian Coe）命名的 2018 行政楼的另一边，则是勒布朗·詹姆斯大楼（LeBron James Building）的所在地。这栋建筑由华盛顿州西雅图市奥尔森－库迪格建筑事务所（Olson Kundig）的汤姆·库迪格（Tom Kundig）设计，这里将为耐克公司的领先创新团队（Advanced Innovation Team）提供顶级的环境与设备。"所有环境都是为了激发连接性和创造力，让人们彼此交流。"耐克公司总裁马克·帕克（Mark Parker）表示。帕克在任期间推动了办公楼建设热潮。

　　在耐克公司全球总部，大部分的思想交流与碰撞发生在会议室和办公室之外。这里有 3 个世界级的体育馆，配有壁球馆、篮球馆、游泳池、攀岩墙和瑜伽活动室，还有你能想象到的任何运动设施。走到室外，这里有两个全尺寸的美式足球场，还有篮球场、网球场、沙滩排球场和人造草坪足球场，另有一个复制了圆石滩高尔夫球场第 18 洞的区域。此外，前面提到的跑道拥有 5 条赛道，这条长 400 米的赛道由 5 万双回收运动鞋制成。这些设施的作用并不只是鼓励员工"把运动变为日常习惯"，同时也是公司旗下很多职业和业余运动员的装备测试及训练场地。在这里，你既能看到当地青少年球队踢足球，也能看到 NBA 超级巨星练投篮。从创立之初到现在，耐克公司的成功与运动员的目标和梦想密不可分。

"我们无比幸运，因为我们和有着雄心壮志的运动员合作，当我们把激情与专注结合在一起时，就能创造未来，"首席设计师约翰·霍克表示"耐克公司，尤其是设计团队，对现有问题、障碍、局限和世界纪录始终持有挑战的态度，同时运动员在这方面推动着我们不断进步。"

上述精神在 2017 年"破 2"马拉松项目中表现得非常明显，同时在耐克的每一个设计和创新中，也均暗含这样的精神。耐克对持续改进的追求，可以追溯到联合创始人比尔·鲍尔曼，他在俄勒冈大学（University of Oregon）时期对跑者所做的各种实验，就是一个不断调整、测试、改进的循环。鲍尔曼和奈特都明白，不管是在体育领域还是商业领域，想赢得胜利，都需要拥有能让自己领先竞争对手的优势。对耐克团队来说，这就意味着打造出无与伦比的创新、研发和设计的直通线。耐克公司从俄勒冈大学海伍德球场看台下的小作坊，发展成为一家大型公司，拥有极度复杂的运动科学实验室和概念创造中心，同时耐克探索团队（NXT）也拥有大量创新人员、工程师、研发人员、科学家、技术人员和设计师。像 Zoom Vaporfly Elite 这样的运动鞋，正是公司集结所有资源取得重大突破的例证。与此同时，其他稳定可靠的产品线，比如飞马系列（Pegasus）跑鞋，已经连续更新超过 35 年，而且每一个新版本的功能都能让运动员跑得更快、更安全、更舒适。这一切的核心是一句简单的座右铭：倾听运动员的声音。这句话不仅被镌刻在耐克探索团队所在的米娅·哈姆大楼（Mia Hamm Building）的大厅里，也存在于推动耐克公司技术创新与设计创新的团队成员之间一次又一次的对话中。

"与拥有创新意识和创意思维的优秀运动员合作非常重要，"耐克公司创意总监埃里克·阿瓦尔表示，"了解运动员的观点是一切工作的起点。"阿瓦尔在耐克公司的职业生涯始于 1991 年，当时他在廷克·哈特菲尔德（Tinker Hatfield）手下负责 Air Flight Huarache 球鞋的研发设计，后来独立交出了诸如 Air Max Penny、Air Foamposite 和 Hyperdunk 2008 等经典产品。科比·布莱恩特脚穿 Hyperdunk 带领美国队赢得了 2008 年北京夏季奥运会男篮比赛金牌，这不仅让这款鞋风靡一时，也奠定了阿瓦尔和科比在篮球鞋历史上的地位。科比赢得过 5

次 NBA 总冠军，18 次入选 NBA 全明星赛，代表美国队赢得了 2 次奥运金牌，并且在 2020 年去世后入选了奈史密斯篮球名人堂，他在洛杉矶湖人队的 20 年生涯中一共得到了 33 643 分，他也是 NBA 历史上得分突破 30 000 分的最年轻球员。毫无疑问，科比的成功一定程度上源于他赛前和赛后全面仔细的例行准备。他的拉伸活动、投篮练习、力量训练、按摩治疗和精神准备会持续数小时。除了球星身份外，科比对细节的极致关注，以及对自己身体素质和运动能力超乎寻常的了解，使他成为与耐克公司合作推出签名鞋系列的理想人选。

科比与阿瓦尔自 2003 年起便保持着密切联系，2008 年两人在 Zoom Kobe IV 款篮球鞋上再次联手，阿瓦尔突破各种阻力，设计出一款比当时市面上所有篮球鞋帮都要低的低帮篮球鞋。阿瓦尔回忆道："科比不停地说，'我想增加脚踝活动范围，让自己速度更快、爆发力更强，所以我想要一双低帮鞋，能让我有好的站立姿势和支撑基础，我不想脚踝周围有任何束缚！'"

尽管这个想法在耐克公司内部遇到了一些阻力，有人认为低帮篮球鞋太过激进，可正是科比的洞察力与坚持，让耐克篮球鞋（Nike Basketball）走上了一条全新道路，最终在 Zoom Kobe V 上使用更低的鞋帮。"科比的独特之处在于，他是从自己的需求出发，从自己怎样才能打出最高水平的篮球赛出发，"阿瓦尔表示，"在这个案例中，他证明了穿低帮球鞋也能打篮球。"如今，NBA 和 NCAA 的球员经常选择低帮球鞋，而且研究表明，篮球鞋无论是低帮还是高帮，在脚踝受伤风险上几乎没有差别。

耐克探索团队反复提及的一种说法，就是"别人这样想时，我们那样想"。这则格言最早由廷克·哈特菲尔德提出，如今已经成为耐克公司保持领先的重要因素。2013 年 4 月 12 日科比在对阵金州勇士队（Golden State Warriors）的比赛中遭遇跟腱撕裂，之后他和阿瓦尔对 2014 年初首发的 Zoom Kobe IX Elite 采用了上述思路。他们从拳击靴中获得灵感，首次将 Flyknit 编织技术应用到篮球鞋的鞋面上。

Zoom Kobe IX 逆趋势而动，向市场提供了一双穿起来像低帮鞋，但鞋帮实际上比高帮鞋还要高的球鞋。将 Flyknit 编织技术从跑鞋移植到篮球鞋上，意味着设计师需要考虑篮球这项运动中大量的横向移动和起停。阿瓦尔及其团队反复推敲这项技术，最终确定了适合鞋面的结构与支撑，同时将 Flywire 飞线技术应用在鞋带上协助固定脚部，同时将碳纤维"固定翼"放置在脚跟与足弓处，以便提高稳定性。采用 Flyknit 编织技术制作的像袜子一样的护踝，既能保护脚踝，也不会对习惯穿低帮鞋的科比在脚踝自然运动时产生限制。"科比还是那个科比，这次他想用高帮鞋打破常规，打乱人们的思维。"阿瓦尔回忆道。

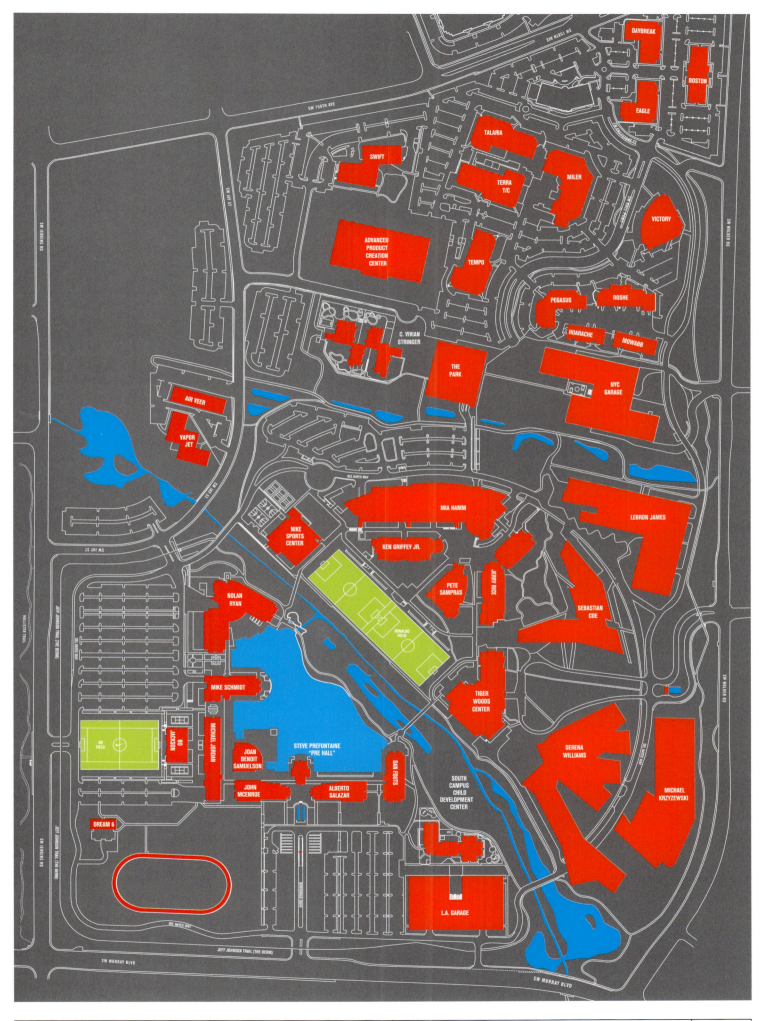

| 耐克全球总部结构示意图 | 俄勒冈州，比弗顿市 | 2020 年 |

　　《时尚先生》（*Esquire*）2007 年的一篇文章，让人们发现了科比对装备和赛前准备的细节关注帮助他战胜对手。比如袜子在鞋里不会滑落带来的几微秒启动速度的提升，脚跟处增加合金板以提高反应速度，还有专门设计的、有助于散发膝盖热量并加快恢复速度的热身方案等，但这些想法并非源于科比一个人。与各个项目中像科比这种级别运动员的长期合作经验，帮助耐克团队在理解运动员的需求和了解哪些做法有效等方面起到了至关重要的作用。为了能够不断地创新，让运动变得越来越好，耐克公司打造出多支团队，他们既可以独立工作，也能相互合作，在运动研究、产品研发、设计与制造，以及前沿技术和数据科学等领域，发挥着重要的作用。如今，耐克探索团队由耐克运动研究实验室组成，这个团队通过科学理解运动员及其运动表现进行创新。有一个专注于鞋类、服装和材料的设计和开发团队，一个专门研究技术和数字应用的智能系统团队（Smart System Team），一个先进产品开发中心（APCC）。这里是制造者的天堂，配有最先进的制造与设计技术。还有太空厨房（Space Kitchen），这是一个由跨学科人才组成的新型团队，研究业务未来的发展方向。"这有点儿像打猎文化和农耕文化的区别，"帕克沉思道，"这是对创新的关注，纯粹而又充满激情，而且更自由。这是在创造某些并不明显的需求，还有一些创新是关注并解决那些显而易见的需求，因此在设计中需要更有针对性和方向性。我们试图在这两者之间找到平衡。"

　　现在的耐克探索团队是在 1999 年联合创始人比尔·鲍尔曼去世后成立的。对耐克的设计团队来说，这位传奇教练直到最后仍然具有强大影响力。"鲍尔曼经常从尤金市的工作室开车过来，"创新部副总裁迈克尔·多纳休（Michael Donaghu）回忆，"他会从手提箱里拿出一台秤，称量我们当时在做的每一样东西，然后因为做得太重而骂我们一顿。"鲍尔曼去世后，团队开始质疑自己是否付出了足够多可以激发出创新的努力，答案是否定的。正是在团队的这些对话中，创新厨房（Innovation Kitchen）诞生了，它是耐克探索团队的最早期形式。

　　小组创立初期推出的最有影响力的产品之一就是 Free 跑鞋，这是哈特菲尔德兄弟为回应运动员脚裸训练以强化脚部力量的趋势而设计出的跑鞋。对多纳休和团队其他成员而言，Free 跑鞋成为他们宏大哲学观有所转变的体现，即从保护性、假定理想的完美律动（perfect motion）向对现实状况理解更深的自然律动（natural motion）过渡，让人们在运动时能够更多地让自己的动作和身体保持一致。"Free 彻底改变了我们对鞋的思维观念。"缓震创新团队（Cushioning Innovation Team）副总裁凯西·戈麦斯（Kathy Gomez）表示："30 年来，我们一直试图保护脚裸。当我们决定解放脚裸，让脚裸自然地做该做的事时，这就是思维观念的彻底改变。"

缓震创新团队由大量技术能力强大的工程师组成，他们与公司的材料科学家及制造专家紧密合作，耐克运动鞋脚掌下方的一切都归他们负责。如今，这里有大量的工作。"我们打造了各种性能的缓震平台，从推进型到舒适型，以及在这两者之间的各种类型。"戈麦斯解释道。戈麦斯的缓震创新团队使用的技术很多，其中包括和耐克品牌几乎成为同义词的耐克气垫，如 ZoomX 和 React 这样能够回弹能量的泡棉，还有 Joyride 这样类似豆荚一样的创新实验，而团队的工作方式正是对公司致力于推动创新、服务运动员的最好写照。"我们制作系统，再把那些系统组合在一起，"她说，"泡棉的固有特性与 Air 气垫（Air units）不同，你可以用各种方式将它们组合起来，实现一加一等于三的效果。"

尽管运动表现背后的原理有时确实难以说清，但在掌握了大量测试与数据收集技术后，耐克运动研究实验室还是给耐克品牌的创新打下了可量化的科学基础。在实验室副总裁马修·纳斯博士的带领下，实验室对每天进入园区的数千名运动员进行测量、记录并监控，他们提出了利用科技提高运动表现并积极影响人类行为的明确目标。尽管其中一部分工作帮助团队打造出了满足特定运动需求的定制化解决方案，但这些努力也从整体上对新平台的开发与创新产生了积极影响。每个运动员需要接受 5 个基准测试：对脚部的三维激光扫描，以便更好地理解多样的复杂轮廓与脚型；足部的高分辨率压力图，以便进行功能评估；对脚踝活动范围的全面测量，从最舒展到最紧缩，以便提供最优化的支撑与保护；在测力板上进行反向跳跃（前后、左右、垂直跳动），以检查爆发性动作，研究人员则会寻找优化缓震机制的方法；此外还要对身体进行扫描，通过数百个机位打造出一名运动员的三维模型，从而确定装备的适配度和平均尺寸。除了对运动员进行测试外，耐克运动研究实验室也负责产品应用研究的测试，也就是在创新团队寻找解决方案的过程中，为新设计、新部件的性能建模并定量分析。"我们可以为性能表现建模并数字化重现产品不同部分的反应模式，我想这个能力会让其他人感到意外，"创新部总裁托马斯·克拉克（Thomas Clarke）博士表示，"最终目标是掌握运动员的数字档案，他们身体的不同部位如何运动，还有其他生理机能问题，再将这些资料整合给创新人员或设计师。所以工作人员能看到，自己做出的每一个产品研发的决定，不管是鞋产品还是服装产品，都会对运动员的表现产生影响。"

这些数字设计能力，包括使用计算设计，已经成为创新团队内部的重中之重，如今也像材料和颜色一样，成为不同团队及产品线设计流程的关键组成。这个发展背后重要的推动者，就是莱桑德·福利特（Lysandre Follet）。2012 年，他以工业设计师的身份加入耐克公司，他同时拥有计算机科学和数学专业背景。如今，他已升任耐克探索团队计算设计小组（Computational Design）的主管。加入耐克公司时，他发现公司坐拥大量未被开发利用的数据，而这些数据完全可以整合进产品研发流程。在耐克公司的设计流程中，电脑虽然随处可见，但耐克公司开始构建算法，控制机器学习，将电脑变成了具有生产力的工具等工作是在福利特和他的团队出现后才开始的。2016年为短跑运动员谢莉－安·弗雷泽－普莱斯（Shelly-Ann Fraser-Pryce）设计出的跑鞋，将福利特及其团队的工作成果第一次推上台面。在干燥环境中的直线赛道上比赛，时长少于10秒钟，这种相对可控的指标参数为他们的创新探索提供了理想的依据。弗雷泽－普莱斯身材娇小，鞋号也较好，美式5号的鞋号也是团队选中这个项目的原因之一。长期以来，运动鞋的常见设计方法都是按照男式10号打造一个样本，再放大或缩小到其他尺寸。在这个过程中，如果不改变运动鞋的特点或材料，大号鞋通常会变得过于灵活，而小号鞋又会变得过于僵硬。福利特团队认为，如果能在合适的计算设计工具中输入正确的数据，我们就能克服指标参数的限制，实现人类设计师永远想象不到的结果。他们利用弗雷泽－普莱斯的脚步与脚型数据确定鞋钉的位置，在最大包裹范围与最多重量抵消之间取得平衡，同时确定跑鞋的哪部分提供灵活性，哪部分提供稳定性。"我们的想法是打造一种可以描述产品的算法，而不是产出固定结果的算法，"福利特解释道，"这让我们得以考察大量的设计解决方案，因为每次改变数据时，模型都会重新计算。只用了几个星期时间，我们就拥有了上百种从未想过的解决方案。"多亏了先进产品开发中心的制造技术，过去需要等待数周，才能收到从海外寄回的样品，而现在只需要几天时间就能在真实世界进行测试，这些测试得到的数据输入系统后，将被用于迭代学习和产品改进。

"看着机器做事，既让人惊喜又让人开心，"福利特说，"作为设计师，这是件让人非常兴奋的事，因为你开始把电脑看作创作过程中的搭档。"耐克公司不再把计算设计看作人类创意及设计天赋的替代品，而是看作人与机器共同发挥优势的一个过程。"机器通过创造接近完美的解决方案而作用于设计流程，作为设计师，你开始更多地成为管理者。你会去观察并调整系统，有点儿像交响乐团的指挥一样。我们真正擅长的工作是连点成线和管理，知道什么是纯粹性能，也知道美感及敏感性的合适比例。"为百米选手设计出 Zoom Superfly Elite 后，福利特及其团队开始设计长跑运动鞋，并将新的参数引入算法。他们既要考虑运动员转弯的因素，也要考虑因为比赛时间变长而需要优化缓震的问题。最终，包括弗雷泽－普莱斯在内的所有耐克赞助的运动员在 2016 年奥运会上赢得了 166 块奖牌，其中 54 块是金牌。有了成功的案例，研究团队开始将相应的方法应用到耐克公司的其他领域，用电脑为打击力超强的棒球手迈克·特劳特（Mike Trout）设计出了 Force Zoom Trout 4，又为橄榄球运动员设计出了 Alpha Menace Elite。如今，随着鞋类和服装项目研发团队规模不断变大，计算设计已经成为耐克公司创新流程的核心竞争力。

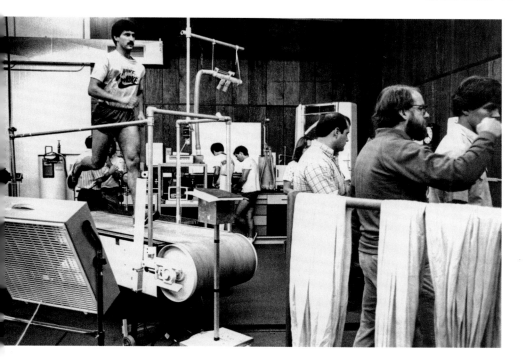

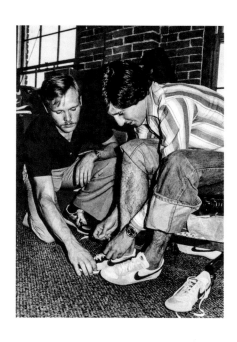

最初的耐克运动研究实验室	新罕布什尔州，埃克塞特市	1980 年

　　第一个耐克运动研究实验室团队成立于 1980 年，那时距离耐克公司推出华夫运动鞋（Waffle Trainer），彻底改变运动鞋行业，并且让耐克成为家喻户晓的品牌刚刚过去 6 年。提出这个名称的，正是公司未来的 CEO 兼总裁马克·帕克。20 世纪 70 年代末的跑步热潮大大增加了运动员的数量，设置耐克运动研究实验室这个部门的目标就是为了更好地了解运动员的需求，新罕布什尔州的埃克塞特市是 1974 年到 1984 年期间，耐克公司生产运动鞋的地方，尽管实验室最初位于这里，但其灵感却直接来自 4 800 公里外的俄勒冈州尤金市，耐克公司的联合创始人比尔·鲍尔曼在那里将运动员的意见转变为性能优越的产品，奠定了耐克公司的创新根基。

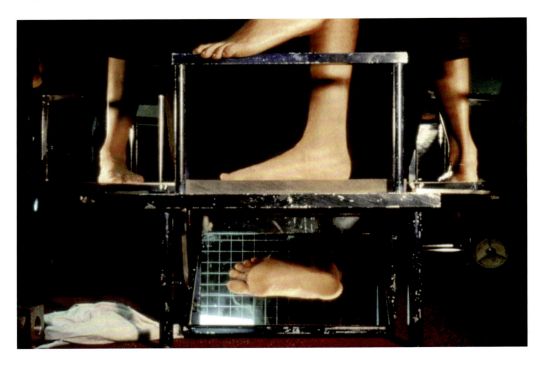

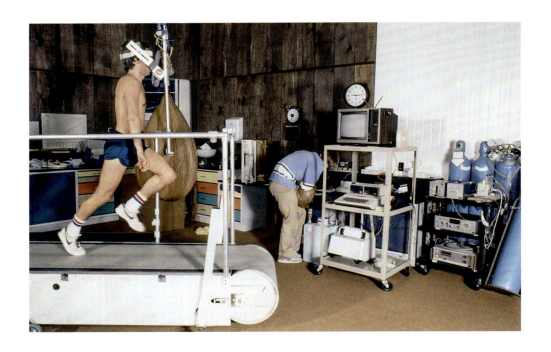

| 在耐克运动研究实验室进行的运动测试，以及运动鞋制造流程图片 | 新罕布什尔州，埃克塞特市 | 1978—1980 年 |

尽管可使用的工具出现了巨大变化，可我们却不难看出这些作品与耐克创始人兼设计师比尔·鲍尔曼之间的联系。"他为自己的运动员定制装备。他会描出运动员的脚部曲线，用手给鞋塑形，只不过用的全是模拟方法而已，"福利特表示，"这是一个美好的故事，因为它永远存在于耐克公司的 DNA 中。"即便公司拓展到新的业务领域，即便员工数量成百上千地增加，企业传说的力量都始终将鲍尔曼的精神融入公司的创新活动中。"不管身为运动科学家还是设计师，鲍尔曼都是创造者，他是那个时代的达·芬奇，"纳斯表示，"50 年前，他在尤金市小小的实验室里做的事，实际上和我们现在做的事一样。现在只是更复杂，速度更快，我们可以用的工具更多，见解更强大而已，但我们仍然秉持着同样的'不要光说，要做出来'的心态。"鲍尔曼在当时更关注跑步运动员，并提出耐克公司经典座右铭"只要还有一口气，人人都是运动员"。根据多纳休和其他创新团队成员的研发，耐克公司真正的目标不只是帮助优秀运动员变得更好，而是集合更多人的创意，广泛应用，再将产品投放给全球数百万用户，让体育运动变得更平易近人。

耐克公司历史上最能反映上述态度的产品，莫过于 Pegasus 系列运动鞋了，这也是耐克公司销售时间最长、销量最高的产品线。20 世纪 80 年代初，马克·帕克在担任设计概念及工程总监时，与现在已经退休、当时正在负责 Air Force 1 的设计师布鲁斯·基戈尔（Bruce Kilgore）一起构思出了 Pegasus 的概念。Pegasus 被设计成一款可被普通人接受的跑鞋，能为广大的消费者提供服务。耐克公司从第一款以 Air 气垫做缓震的运动鞋 Tailwind 出发，在提高质量、解决性能问题后，于 1983 年推出了带有 Air-Wedge 的 Pegasus 跑鞋，Air-Wedge 是一个包裹在聚氨酯 Air 部件中的一小块插入物。也许其他运动鞋能提供更强的稳定性和缓震能力，或者重量更轻，但 Pegasus 在各种指标上只是稍稍落后领先产品，于是这款跑鞋成为刚刚开始从事运动或寻找使用训练鞋的专业跑者的不二之选。

大约 37 年后，经过几次改版和技术改进，Pegasus 在耐克的跑鞋生产线中仍然起着相似的作用：从公司先进的研发部门汲取力量，再转变为可供日常使用的运动鞋。耐克公司在 2018 年春季紧跟着"破 2"马拉松项目推出的 Air Zoom Pegasus 35 反映的正是上述策略。新款 Pegasus 保留了老款鞋面上的网状裁剪样式，但新款跑鞋最具革命性的新功能是加入了一块全尺寸 Zoom Air 气垫。它的灵感来自"破 2"马拉松跑鞋 Zoom Vaporfly Elite 中的碳板。团队成员尝试让重量再减轻 28 克，并且使用 Zoom Vaporfly Elite 上弹性极强且可返还能量的 ZoomX 泡棉的方式，让这个叫作 Pegasus Turbo 的衍生产品进一步缩小了两个型号产品之间的距离。Air Zoom Pegasus 37 集合了耐克公司最新的创新技术，并于 2020 年 4 月 30 日正式上市。

　　全球体育赛事不仅为世界顶尖运动员提供了竞技舞台，也让耐克公司得以测试自家先进且尖端的产品。在如今这个一星期内新闻量等于过去一年新闻量的时代，耐克公司每隔几天就会发布一款新产品，时间间隔变短意味着运动鞋和服装的创新与变革成为一项永不停歇、永无止境的工作。严格的最后期限对创意团队具有无与伦比的推动作用，耐克的设计师们闭门忙碌数月的创新成果，也让这样的时刻变得更有意义。从透气性极强的定制款足球队服，到优势可量化的马拉松跑鞋，耐克公司在 2021 年推出了一批性能更为优越的产品。

　　以"破 2"马拉松项目获得的经验及技术优势为基础，耐克公司推出了适用于百米短跑到马拉松等不同跑步距离的一系列跑鞋产品。Air Zoom Victory 专为中距离跑步设计，在鞋钉与 ZoomX 泡棉中间加入了接合式碳板。一般的跑鞋均采用极简主义设计，尽量减少层数和材料，以减轻重量，让脚掌更直接地与赛道接触。但"破 2"马拉松项目却证明，"更大"也可以等于"更好"。在 Air Zoom Victory 这款跑鞋上，传统观念又一次受到挑战。这款鞋直接在耐克过去的产品基础上进行打造，马拉松运动员们将会穿上 Air Zoom Alphafly NEXT%。2019 年秋季，当埃鲁德·基普乔格穿着一双样鞋在奥地利维也纳的一场表演赛上打破马拉松 2 小时纪录后，这双鞋的照片立刻在互联网上疯狂传播。经过全面测试和最终定型后，Air Zoom Alphafly NEXT% 在前掌加入了 Zoom Air 气垫，还额外加入了更多的 ZoomX 泡棉，同时重新设计了碳板以提高跑动效率。归根结底，脱胎于 Pegasus Turbo 的 Air Zoom Tempo NEXT% 整合了 React 和 ZoomX 两个系统，可以被多数运动员当作训练用鞋。为日常穿着而设计的 Tempo NEXT% 沿袭了一系列高性能鞋款，从顶尖运动员的测试数据中获取灵感，再转化成人人可以获益的创新。

　　耐克公司预测全新设计的运动鞋能为运动员奠定更强的取胜根基，但电视机前的观众更关注的还是美国田径运动员穿着的亮眼装备，他们的装备使用了全新 Dri-FIT AeroSwift 技术。由服装创新部（Apparel Innovation）副总裁珍妮特·尼科尔（Janett Nichol）牵头的团队将顶尖的计算设计与针织技术结合在一起，配上具有突破性意义的透视美学设计理念，打造出了性能优越且样式前所未见的新服装。与此同时，美国女子 100 米短跑选手也会穿上同样令人印象深刻的两件式 Flyknit 队服。"试着想象一下女性现在穿的服装，"服装创新部高级设计总监及该项目的首席设计师卡门·泽尔曼（Carmen Zolman）表示，"她们需要穿着固定在身体上部的内衣，外边还要穿上印有国旗的外套。除了短裤外，她们还要穿某种打底裤，类似很瘦的男士穿的那种短裤。她们穿太多层了，我们想解决这个问题。"将身体的热力图与显示身体紧张与松弛部位的短跑动作全动态捕捉数据结合在一起后，设计师开始打造一种能对跑步中身体的特殊需求做出回应的服装。

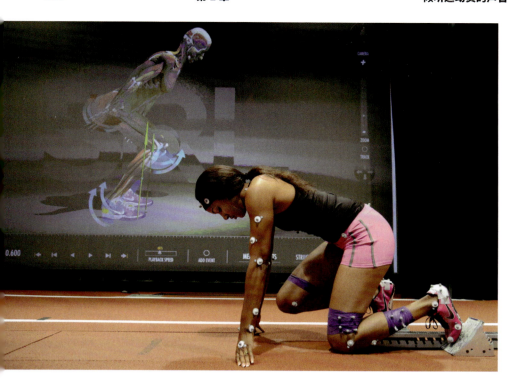

在耐克运动研究实验室进行的运动员测试	俄勒冈州，比弗顿市，耐克全球总部	2014 年

　　耐克全球总部搬迁到俄勒冈州比弗顿市后，耐克运动研究实验室从一个被人忽视的角色，成为耐克公司创意流程中不可或缺的部分。实验室办公区占地 1 500 平方米，拥有众多高端动态数据捕捉技术，包括脚部与身体三维扫描仪、环境舱实验室、压力图、测力板，还有一条填充着感应器的跑道，众多跨学科研究人员在那里工作。每年，数千名运动员利用这些设备为数据库提供大量数据，为耐克的设计打下了可量化的科学基础，为迭代学习提供动力，最终推动公司的创新发展。随着搬入全新的勒布朗·詹姆斯大楼，实验室将增加 90 个测力板、半块橄榄球球场、1 个篮球场、1 条 200 米跑道等设施，团队的研发能力也会出现指数级增长。

| 在耐克运动研究实验室进行的运动员测试 | 俄勒冈州，比弗顿市，耐克全球总部 | 2014 年 |

多亏了 Flyknit 编织技术，该技术发明后在耐克公司内部广泛应用于大块编织，如今整块衣料可以从像素级水平进行设计制造，按照单一顺序制作，以尽量减少缝隙。在这个制造过程中几乎不会生成废弃物，却可以生产出既存在结构性支撑又能保持灵活性和透气性的单层服装。螺纹带让这款服装具有独特的性能特点，团队可以运用色彩，让服装面料像运动员那样充满生气与动感，这是一种用编织结构实现视觉错觉的方法。设计师也没有忘记由此带来的超级英雄般的效果。"穿上这件耐克服装，意味着这些年你的努力得到了回报。那么多年的努力，终于走到了现在，"尼科尔说，"材料虽然没有生命，但可以与运动员的感情、动力和激情之间存在联系。"美国短跑运动员未来将会穿着这些服装走上赛场，而服装创新团队的工作，就是控制新方法，并将新方法应用在未来更多的产品线上。

随着耐克探索团队搬入勒布朗·詹姆斯大楼，他们对性能表现的量化分析也达到了全新高度。这座新建筑位于耐克公司扩大后的园区中心，意味着创新已成为耐克整个公司的中心，也表明运动员已成为创新流程的中心。园区内没有天然山坡，但建筑外部配有一个坡度将近 9 度的巨大的混凝土斜坡，长度超过 152.4 米，这为运动员提供了宝贵的训练机会。据说这个设计源于创意概念部副总裁廷克·哈特菲尔德，他对建筑师汤姆·库迪格和马克·帕克说建筑物看起来没有速度感后，于是两位设计师把这个理念融合在了设计中。建筑物的室内装修更让人印象深刻，阳光从一个 4 层楼高的中庭照射进建筑物内部，让所有耐克探索团队成员在物理空间上建立了联系。顶楼的高度为常规的 3 倍，空间比任何大学体育馆都要大，其中容纳了扩建的耐克运动研究实验室。考虑到实验设备的重量、负载，以及敏感测量设备，将耐克运动研究实验室设置在顶楼其实是一个大胆的决定，耐克公司管理层和创新团队也认为这是一个提升运动员在设计流程中的角色与重要性的决定。扩大后的实验空间中配置了高端动态数据捕捉设备和 90 个测力板，而且空间大到可以容纳半个橄榄球球场、1 个全尺寸篮球场、1 条 200 米跑道，还有多个隔间与硬件设备可供举办活动或另作他用。耐克运动研究实验室不仅拥有为运动科学设立全新标准的机会，而且有可能从类似观摩实时篮球比赛而非单个投篮动作模拟的过程中收获大量有用信息。"当然，观看单个投篮动作时，你可能会思考缓震、牵引力或者跳得更高的方法，"纳斯表示，"可当你开始观察全场比赛时，也许你会思考如何在第四节或者赛季末减少疲劳的问题。"

对设计这座建筑物的团队而言，最重要的是创造出适宜的环境使之在未来几十年内成为创新的孵化地。"从我们第一次拿起笔设计新建筑开始到现在发生太多变化了，"纳斯说，"设计原型的方法和 5 年前有很大区别，现在我们有硬件工程师、软件工程师和电气工程师，我们做的不再只限于泡棉和鞋面。在新空间里，我们将拥有各种各样的能力，而且效率更高，也能进行更多互动，彼此间可以形成互补。"未来的运动研究实验室将扮演中央大脑的角色，收集、整合、处理和理解来自世界各地的数据，并以前所未有的高效去利用并传播实用信息。

作为耐克公司的新兴平台，起源于自动系鞋带运动鞋的 Adapt 平台将成为公司未来进行最重要技术创新、产出"智慧产品"的载体。自 2006 年起，耐克公司已经将半导体和芯片放入"Nike+"运动鞋，用 Fuelband 手环尝试过可穿戴设备，也利用手机应用网络打造出类似耐克跑步俱乐部（Nike Run Club）这样的互联社区，而 Adapt 平台作为尖端创新技术，能让耐克团队将智能技术整合到产品上，从而让产品变得更私人化，性能更好，还能自我学习。具有戏剧意味的是，Adapt 平台的灵感最初源于福克斯（Michael J. Fox）在 1989 年主演的电影《回到未来2》（*Back to the Future Part II*）中穿的耐克高帮滑板鞋。廷克·哈特菲尔德在导演罗伯特·泽梅基斯（Robert Zemeckis）的要求下为电影构思出了可以自动系带的鞋，作为当时对 2015 年耐克运动鞋异想天开的构想。可在现实中，随着时间越来越接近 2015 年，哈特菲尔德、耐克公司曾经的资深创新设计师蒂法妮·比尔斯（Tiffany Beers）和太空厨房中的专门团队开始着手，将这个幻想设计变为现实。尽管最终耐克公司只为慈善筹款而制作了限量版的电影同款运动鞋，但研发团队在这个过程中开发出的自动系带和脚底技术，却被运用到了一年后的 HyperAdapt 1.0 运动鞋中。该鞋由阿瓦尔的团队推出，团队随后将注意力集中到了篮球上，因为这项运动的特殊需求，运动员脚掌的大小可能在比赛中变大，变大的幅度最多可达半号。"在一场普通的篮球比赛里，运动员脚的大小会发生改变，"阿瓦尔表示，"能通过松开球鞋迅速调整合适度进而增加血液流动，又能再次系紧以提高性能，我们认为这是改善运动员体验的关键因素。"在耐克的 Adapt 平台里，运动员可以设定比赛期间、暂停休息甚至热身时个人偏爱的球鞋紧度，之后可以在不同设置间迅速调整，以缓解肿胀，保持球鞋的适配度。

将运动鞋与固件及用户控制的 App 连接在一起，Adapt 平台也许还处于萌芽状态，但这个平台也正在以令人兴奋的方式改善运动员体验，同时也在改变耐克公司的商业模式。"对市面上的大多数运动鞋来说，买鞋就是交易的终点。但在耐克店铺，买鞋只是开始，"多纳休说道，"想象一个闭环，你可以创建关于自身活动的日期，以获得耐克公司的定制化服务。至于个人表现的提升，我们可以根据你的新目标为你推荐新产品和服务，这个闭环还会继续延续下去。"随着 Adapt 平台应用到更多不同领域，制作、维护和创新的需求，注定会让耐克公司的角色不再限于运动鞋或体育装备生产商，而是多了技术、硬件、软件和服务提供商的身份。

不论耐克公司最终选择了哪个发展方向，在不断寻求突破的运动员的推动下，永远追求向前发展将始终是这家公司的核心理念。运动表现与运动装备之间的关系，从来也不是静止不变的，就像新款 Air Zoom Vaporfly NEXT% 曾遭到国际田径联合会的封杀，禁止运动员穿着比赛，但是目标在发展过程中发生变化，耐克公司仍在不断突破技术与设计的局限，同时向整个行业发出这样的挑战。Air Zoom Vaporfly NEXT% 的鞋面采用极轻的 Atomknit 技术，前掌使用了 Zoom Air 气垫，同时围绕高技术碳板包裹了分段式外掌，这款具有实验性设计的运动鞋集合了大量运动测试结果和近些年不断优化的专利技术，以期继续推动成绩的提高。

以上案例，以及耐克公司数不清的其他案例与经验均证明，保持领先并不存在万能方法，但多纳休却提出了一个反直觉的理论："我觉得从一开始带着一份天真和缺乏对事物的深入了解，这就是秘诀之一，这些都可以追溯到比尔·鲍尔曼身上。他对制作球鞋一无所知，他是自学成才的。因为不知道规则，所以他让自己打破了很多规则。"

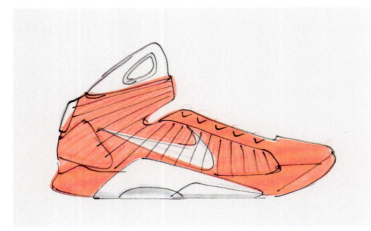

Hyperdunk 的设计草图	张传禧（Leo Chang）	2008 年

Hyperdunk 拉玛尔·奥多姆（Lamar Odom）House of Hoops	黑 / 黄 / 紫 / 白	2008 年

| Hyperdunk 保罗·加索尔 House of Hoops | 白 / 黄 / 紫 | 2008 年 |

| Hyperdunk 立陶宛配色大底 | 绿 / 黄 / 红 | 2008 年 |

用耐克运动研究实验室副总裁马修·纳斯的话说："数据在转化为知识之前是无用的。"耐克运动研究实验室的研究人员不断将统计数据转化为耐克产品的功能性信息，并交给设计师使用。但是在将统计数据转化为有效创新上，对运动员的直接洞察继续发挥着无懈可击的作用。

2008 年，由耐克公司创意总监埃里克·阿瓦尔设计的 Hyperdunk 篮球鞋在这个关键节点上提供了范例。

这双鞋是首款采用 Flywire 飞线技术和 Lunarlon 缓震技术的耐克篮球鞋，该技术是在耐克运动研究实验室数据的基础上开发的。突破性的组合提供了无与伦比的轻质灵活性和保护性能。耐克公司邀请科比为 Hyperdunk 代言，他在 2008 年北京夏季奥运会上穿着 Hyperdunk 带领美国队夺得金牌。

除了引领耐克篮球鞋的未来，Hyperdunk 还成为科比和阿瓦尔之间的连接纽带。科比与阿瓦尔建立了超过十年的亲密友谊，这种关系重新定义了运动员与设计师之间的合作形式。

Zoom Kobe I "Black Maize"	黑 / 白 / 玉米黄	2006 年

Zoom Kobe I "All-Star"（全明星）	白 / 红 / 黑 / 金	2006 年

当 Zoom Kobe I 于 2006 年首次亮相时，它结合了耐克 Huarache 系列的设计思路和领先的性能创新，包括前后掌分离的 Zoom Air 气垫、无缝内部贴合鞋领和碳纤维后跟的稳定装置。

这双鞋一问世便获得广泛赞誉，科比就是穿着它，在 2006 年 1 月 22 日创造了职业生涯单场独得 81 分的辉煌战绩。其大胆的设计，利用技术驱动确立了科比系列产品的风格特点，随后的每次升级进一步推动着产品的改进，这段关于突破边界的佳话是科比和阿瓦尔共同的好奇心和各自专长相结合的产物。

设计之初，他们进行了 3 小时的会谈，涵盖了哲学、自然和艺术的不同主题。他们的设计最大限度展现了科比理解和表达运动细微差别的过人能力，从而启发了人们对篮球鞋应该是什么样子和应该如何穿着的认识。对阿瓦尔来说，他和他的团队不断推动、融合、提升了耐克鞋的技术，以适应球员不断变化的各种需求。他和科比一起，不仅彻底改变了耐克篮球鞋的外观，也自此改变了硬地球场球鞋的面貌。

IN MEMORY OF
KOBE B. BRYANT

AUGUST 23, 1978–
JANUARY 26, 2020

"THE PROCESS OF HELPING THE ATHLETE REALIZE THEIR POTENTIAL IS WHAT HELPS US REALIZE OUR OWN."

MARK PARKER

| Zoom Kobe IV 设计草图 | 埃里克·阿瓦尔 | 2007 年 |

| Zoom Kobe IV "Splatter" | 黑 / 白 / 阳光黄 | 2009 年 |

| Zoom Kobe IV "Splatter" 大底 | | 2009 年 |

Zoom Kobe V 设计草图	埃里克·阿瓦尔	2008 年

Zoom Kobe IX Elite 设计草图	埃里克·阿瓦尔	2012 年

Zoom Kobe V "USA"（美国队配色）	白 / 蓝 / 红	2010 年

Zoom Kobe V 美国队配色大底		2010 年

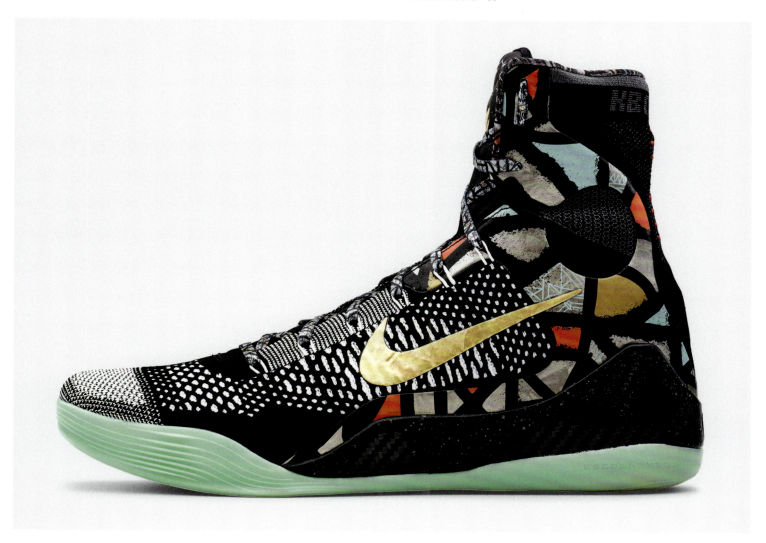

Zoom Kobe IX Elite "Devotion" 为 Gumbo League 联赛打造	黑 / 金 / 金属白 / 绿 / 红	2014 年

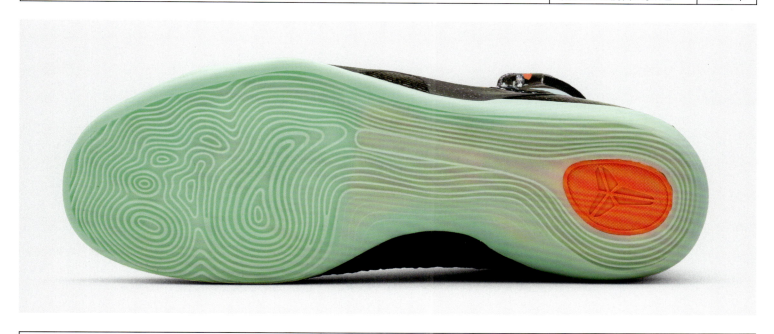

Zoom Kobe IX Elite "Devotion" 为 Gumbo League 联赛打造大底	2014 年

　　尽管科比的前 3 双签名鞋暗示了他想要改变现状的意图，但 Zoom Kobe IV 却完全颠覆了篮球鞋的功能和美学。作为一个狂热的足球迷，科比受他最喜欢的球员的战靴启发，要求阿瓦尔设计一双比赛用的低帮篮球鞋。阿瓦尔首先寻求耐克运动研究实验室数据的支持，证明了科比的断言：高帮提供的笨重的脚踝填充物是多余的。然后阿瓦尔着力提高鞋子的稳定性，同时像科比希望的那样，增加它的运动范围和快速推进能力。

　　对自然律动的革命性洞察最终体现在 Zoom Kobe V 的设计中，它进一步降低了鞋帮高度，这一外形一直持续到 Zoom Kobe IX Elite 版本的诞生。科比跟腱受伤后，又发展出针对篮球运动的超高帮适应性 Flyknit 编织技术，既不限制运动又兼具保护性。

Waffle Trainer	蓝／黄	1976 年

 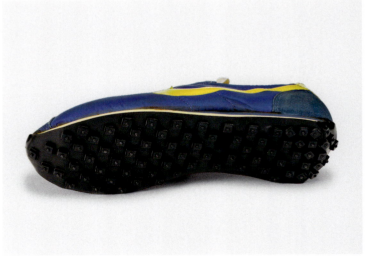

Waffle Trainer 跑鞋的后跟与大底	1976 年

　　虽然一双数字化设计的篮球鞋和一双由橡胶鞋底粘在尼龙鞋面上制成的跑鞋大不相同，但它们却秉持着一个共同的精神：不断倾听运动员的声音。这种精神持续定义着耐克公司的创新。这些创新除了用于装饰耐克运动研究实验室的入口之外，也反映了耐克产品的进化历程。在 20 世纪 50 年代后期，鲍尔曼当时还是一位经验丰富的田径教练，他对那时由重皮革和金属制成的钉鞋感到不满。在当时一位鞋匠的指导下，他开始尝试制作鞋底和鞋楦。

　　当一位制鞋师教会鲍尔曼制作鞋型后，他又开始制作定制鞋钉。通过勾勒跑者的脚型、测量脚的宽度、记录解剖细节、汇总运动员的表现及反馈，并坚持每周例行推出新的设计，鲍尔曼创造了华夫底比赛用鞋 Waffle Racer。1972 年，美国田径选拔赛上，它首次亮相于精英运动员脚下。到 1974 年，它被正式改造成适合日常比赛穿着的华夫训练鞋，体现了耐克公司为所有运动员服务的初心。

The ABC's of our most exotic training shoe.

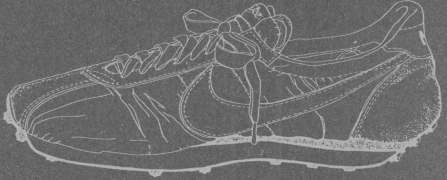

A a

The Waffle. The design of the entire shoe begins here. The waffle is an original concept of Dr. William J. Bowerman, the famous track coach and head of the Nike research and development department. "Bill" Bowerman's penchant for waffles was to develop an entirely new concept in sole material.

The "waffle studs" provide cushion and traction. Cushion comes from the studs expanding into the space around them. A conventional ripple sole just isn't capable of this kind of cushion.

Greater surface area is achieved by running the waffle diagonal across the heel. The end result is low net weight, superb traction, and comfortable work outs. Bowerman's waffle bears U.S. Patent No. 3793750 and is also a great golf sole.

The midsole is nothing less than space age. It has bevels and flairs nearly everywhere. It's beveled at the heel and toe to reduce the effective lever.

The flairs and bevels help to prevent common running injuries by providing stability encouraging proper foot placement.

The compound of the midsole is a soft cushion crepe which provides shock absorbtion with limited weight. The midsole negates any transference of energy from the waffle material. Extra sole is placed under the most common stress points, the metatarsal heads, and elevated to the heel. This elevated heel, a constant in Nike/Bowerman design, reduces Achilles tendon stress.

Exclusively used Spenco innersole provides additional cushion to resist blistering and provide comfort.

B b

Comfort. Besides using the finest innersole available, Nike's arch support used in the waffle trainers is one of the largest in production sportshoes.

The tongue is padded foam to protect the tendons running down the top of the foot and also guards against lace pressure.

The ankle collar and Achilles heel pad is super smooth which prevents rubbing and blistering.

The sock liner is smooth nylon which also reduces blow outs.

C c

Durability. The powerful nylon upper is so sturdy and impervious to damage that it invites retreading with waffle material available from Nike. This retreading can extend the life of the shoe many times.

Lateral and Medial arch bandages and suede toe heel pieces are added for durability. The suede absorbs more glue to reduce separation and is double stitched.

The waffle trainer fits the widest range of shoe sizes of any trainer we've had on the market.

You can see the NIKE Waffle Trainer at your local dealer.

HOT WAFFLES
TO GO.

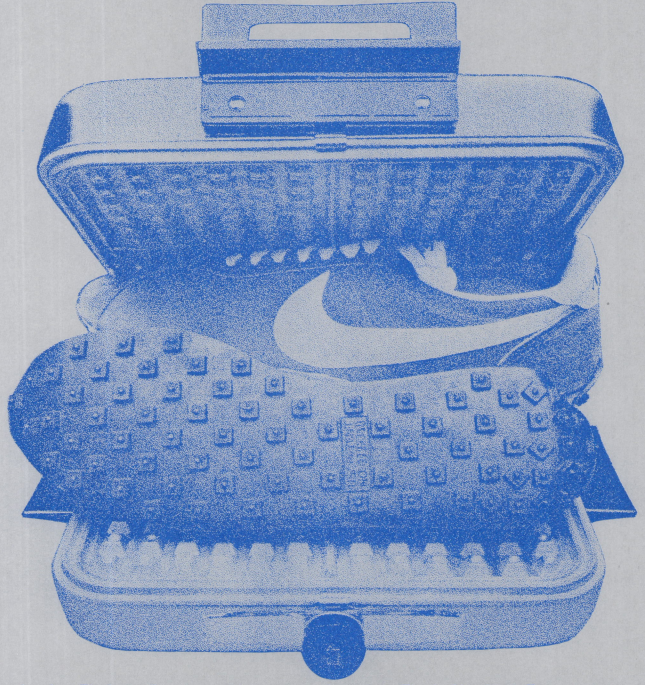

Come and get 'em. The best selling running shoes ever made are here. They're Nike Waffle Trainers. And they give you the kind of stability, cushioning and traction only a waffle sole can. So don't settle for substitutes. And don't wait. Because the original Nike Waffles are selling like hotcakes. Blue with yellow swoosh.

$00⁰⁰

| Blue Ribbon Sports Pre Montreal | 蓝 / 白 / 红 | 1973 年 |

| 史蒂夫·普利方坦定制款田径钉鞋 | 绿 / 黄 | 1973 年 |

| Triumph | 蓝 / 黄 | 1978 年 |

| Vainqueur | 柠檬黄 / 黑 | 1978 年 |

| 玛莉·戴克（Mary Decker）定制款田径钉鞋 | 白 / 蓝 / 红 | 1979 年 |

| 塞巴斯蒂安·科定制款田径钉鞋 | 白 / 黑 | 1980 年 |

| Zoom Ultra II | 白 / 红 / 黄 | 1990 年 |

| 迈克尔·约翰逊（Michael Johnson）定制款田径钉鞋 | 金 / 海军蓝黑 | 1996 年 |

Zoom Superfly 及其大底支撑板 为莫里斯·格林（Maurice Greene）打造	红 / 白 / 蓝 / 金	2000 年

Zoom Superfly R3	电压绿 / 红杉金	2012 年

Zoom Matumbo 2	电压绿 / 红杉金	2012 年

Zoom Superfly R4	电压绿 / 红杉金	2012 年

　　鲍尔曼开始研究田径钉鞋，因为他相信最大限度地提高运动员的速度，不仅仅取决于训练技巧。几十年来，他坚信一款更轻、抓地力更强的跑鞋可以让跑者跑得更快，这一信念成为耐克公司创新的核心。正如该公司田径钉鞋系列呈现出来的样子，从鲍尔曼的早期原型到 1996 年托比·哈特菲尔德（Tobie Hatfield）设计出的黄金钉鞋一直如此。迈克尔·约翰逊穿着这双标志性的鞋在亚特兰大赢得了 200 米和 400 米的金牌。这双鞋的进化描绘出耐克团队不断增长的经验，以至于有了后来和短跑运动员莫里斯·格林合作的 Zoom Superfly II 这一巅峰之作。结合 Zoom Superfly II 的革命性见解和技术，格林的钉鞋引入了非常先进的跑鞋"底盘"，它成为未来 16 年所有耐克钉鞋的模板。

Zoom Superfly Elite 为谢莉 – 安·弗雷泽 – 普莱斯打造	电压绿 / 黑 – 爆炸粉	2016 年

Zoom Superfly Elite 大底支撑板	2016 年

2012 年伦敦夏季奥运会，一批世界上跑得最快的选手穿着 Nike Volt Green 系列专业跑鞋，在许多项目中脱颖而出。虽然耐克的田径钉鞋呈现的还不是最新的技术，但在国际上引起轰动。耐克公司的下一次重大创新在 4 年后里约夏季奥运会首次亮相，它们使用生成算法和耐克运动研究实验室数据技术，根据运动员的相应需求精准完成钉鞋的设计和制作。2016 年的 Zoom Superfly Elite 是这一进步最集中的体现。它的诞生是由耐克公司的计算设计小组领导的，其成员将上述技术与快速 3D 打印技术相结合，可以在一夜之间实现从原型到实物，之后可以生产定制版，优化强度和鞋钉位置。这项革新在赛事检验中的结果不言自明：耐克公司赞助的运动员获得的奖牌数占当年奥运奖牌总数的 76%。

CUSHIONING THAT NEVER ENDS.

Nike-Air® cushioning will save the earth. One court at a time.

The Air Max Uptempo basketball shoe is for big, fast, crashing-down-from-the-boards-like-a-meteorite kind of players. The earth is protected from them by the most Nike-Air cushioning we've ever put into one sole.

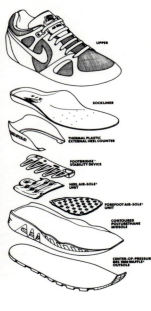

UPPER

SOCKLINER

THERMAL PLASTIC EXTERNAL HEEL COUNTER

FOOTBRIDGE™ STABILITY DEVICE

HEEL AIR-SOLE® UNIT

FOREFOOT AIR-SOLE® UNIT

CONTOURED POLYURETHANE MIDSOLE

CENTER-OF-PRESSURE™ BRS 1000 WAFFLE® OUTSOLE

It has been an unwritten rule that a running shoe can have stability or cushioning, but not both. The Air Stab, with its Footbridge™ stability device, breaks this rule, however, and allows excellent motion control without sacrificing cushioning and flexibility.

The Air Stab has

Better Cushioning:

- Polyurethane-encapsulated AIR-SOLE® units in the heel and forefoot significantly diminish impact shock and reduce the risk of injury.
- The Center-Of-Pressure™ BRS 1000 Waffle® outsole acts as a runner's first defense against impact shock, deflecting up into the midsole during ground contact.

Better Stability:

- Extensive research in the NIKE Sport Research Lab has shown that the Footbridge™ stability device provides motion control without sacrificing flexibility.
- The Air Stab is built on an anatomically correct last, giving the shoe a wide base of support and increased stability.

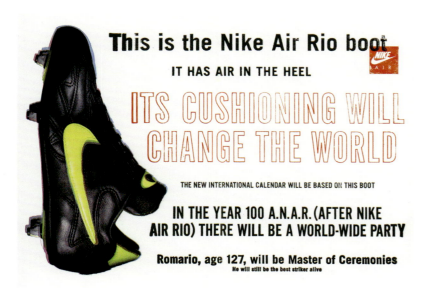

气垫的广告及截屏	1987—2004 年

耐克公司致力于满足精英运动员的需求，同样努力为所有运动员实现功能创新，以坚守鲍尔曼的格言：只要还有一口气，人人都是运动员。该公司的气垫技术，尤其是 Air 气垫科技的发展，以实际行动践行着这一精神。该技术最初发布于 1978 年，1987 年在 Air Max 1 上第一次亮相，气垫科技做出承诺，就像最早的印刷广告宣称的那样：气垫缓震，永无止境。这项技术在不同运动类型产品中出现，从 Air Rio 足球鞋及其衍生系列，到 1995 年 Zoom Air 的诞生，再到 Air Max 720 在 2019 年的首次亮相，始终兑现着广告中的承诺。正如缓震创新团队的副总裁凯西·戈麦斯所说，公司对气垫科技的持续发展遵循着两个原则：第一是强调该技术的缓震优势，不受任何其他材料的影响；第二是用新的几何形状不断加强对冲击力的吸收。随后的产品必须提供舒适的脚感和稳定的基础，这些考量都直指一个适用于所有耐克产品性能创新的清晰理念：用简单和完美的设计满足功能的需要。

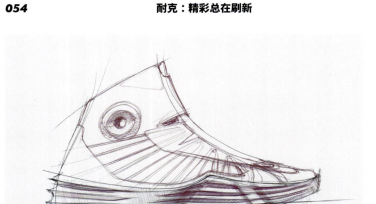

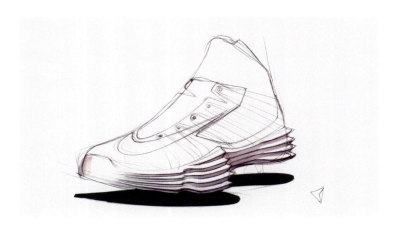

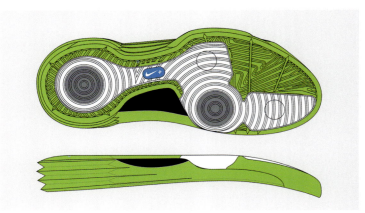

Lunar Hyperdunk 设计草图	埃里克·阿瓦尔	2012 年

Lunar Hyperdunk 设计原理		2011 年

Hyperdunk + Sport Pack 美国队配色	白 / 大学红 / 黑曜石	2012 年

可以说，通过性能改变认知是从 Air 气垫缓震向研发 Lunarlon 缓震技术推进的重要因素。LunaRacer 跑鞋和 Hyperdunk 篮球鞋使用了超轻的 Lunarlon 缓震技术并于 2008 年北京夏季奥运会首次亮相，它颠覆了大家通常的看法，人们曾认为丰富的缓震系统需要硕大的鞋面与之搭配，相反，Lunarlon 缓震技术从宇航员在月球上的失重状态和有弹性的步态里获得了灵感。超大号的泡棉提供回弹，并将冲击降至最低，还可与同样轻盈的鞋面相搭配。作为耐克设计师凯文·霍弗（Kevin Hoffer）和埃里克·阿瓦尔的心血结晶，Lunarlon 缓震技术经历了 4 年多的研发，而后，Lunarlon 缓震技术的迅速成功，推动其快速应用于更多类别的运动鞋设计中。

LunarTrainer + 及其大底	白 / 黑 – 电压绿 – 金属银	2008 年

LunarFly+3 及其大底	纯铂金色 / 蓝 – 黑	2012 年

LunarMX+3 及其大底	深灰 / 黑 – 电压绿	2010 年

Lunar Chukka Woven + 荷兰配色及其大底	黑 / 无烟煤 – 橙	2010 年

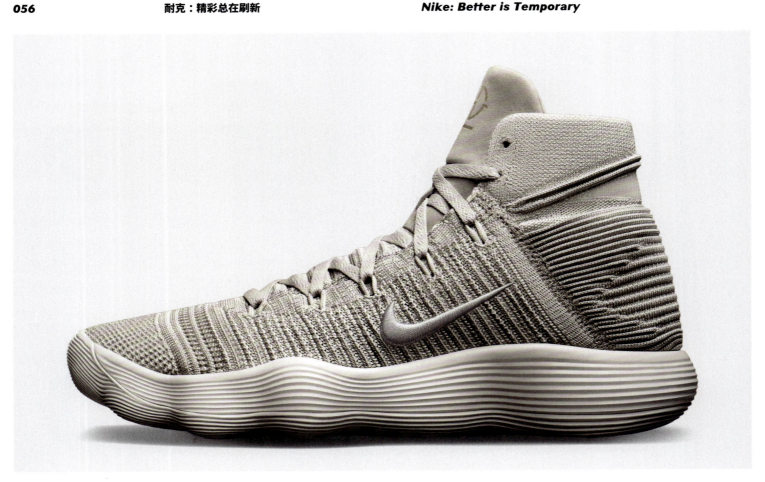

React Hyperdunk 2017 Flyknit	灰白 / 金属银 – 帆白	2017 年

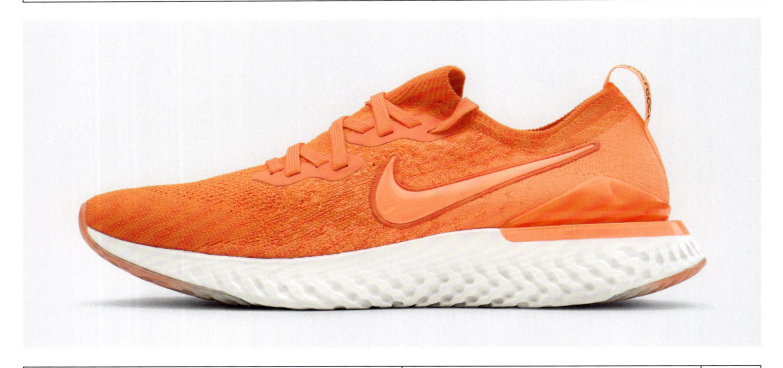

Epic React Flyknit 2	智利红 / 亮深红 – 灰 – 黑	2019 年

　　React 泡棉的诞生，不仅可以让人看到自 Waffle Racer 时代以来，耐克的足部支撑是如何演变的，也进一步强调了该公司在将耐克运动研究实验室研究成果转化为性能卓越的产品方面所取得的进步。React 泡棉的问世，始于内部化学家和工程师们的测试。他们将 400 多种化学材料加工组合，以寻找柔软、反应灵敏且耐用的发泡材料。随后又把甄选出来的最优组合在篮球运动员脚上试穿了 2000 多个小时，直至 2017 年，才在 React Hyperdunk Flyknit 上首次亮相。之后的运动员研究显示，跑步运动员也希望有一双耐用、轻便的运动鞋，可以提供更好的缓震和能量回弹，于是耐克公司又转向了专门的泡棉材料研究。他们利用耐克运动研究实验室数据记录跑步运动员向什么方向、用什么力量、如何移动，进一步优化缓震和支撑功能，以满足跑步运动的独特需求。他们还利用这些数据研发更好的中底和大底，并利用算法为 2018 年上市的 Epic React Flyknit 外形做了最后的修饰，生成的独创几何形状表面，进一步提高了 React 的运动性能，预示着这项革命性技术在运动领域拥有光明未来。

React Hyperdunk 2017 Flyknit 大底	2017 年

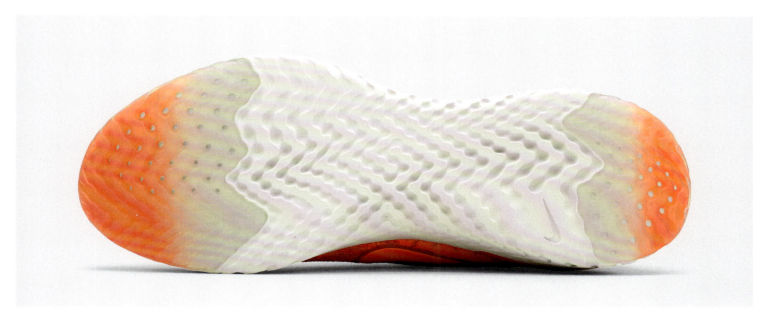

Epic React Flyknit 2 大底	2019 年

Odyssey React 大底	2018 年

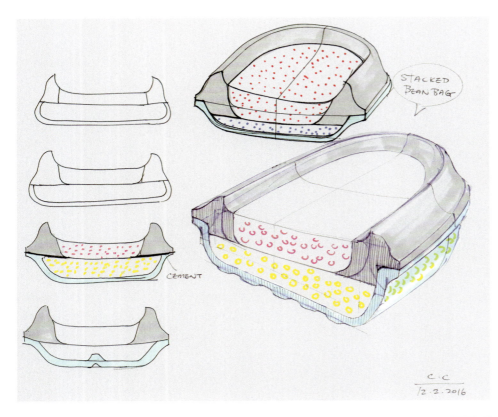

Joyride 气垫部件设计草图	2016 年

Joyride 样鞋设计草图	2017 年

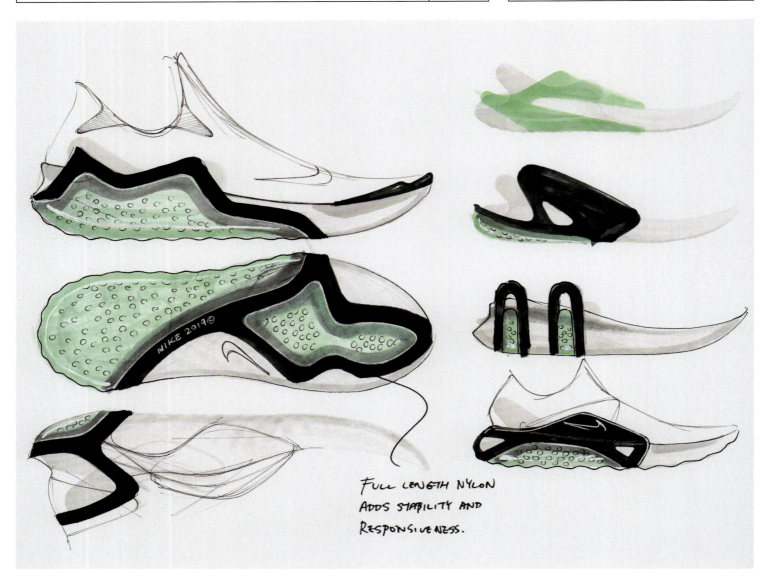

Joyride Run Flyknit 设计草图	2017 年

| Joyride NSW Setter | 亮粉 / 金橘 – 黑 – 赛车蓝 | 2019 年 |

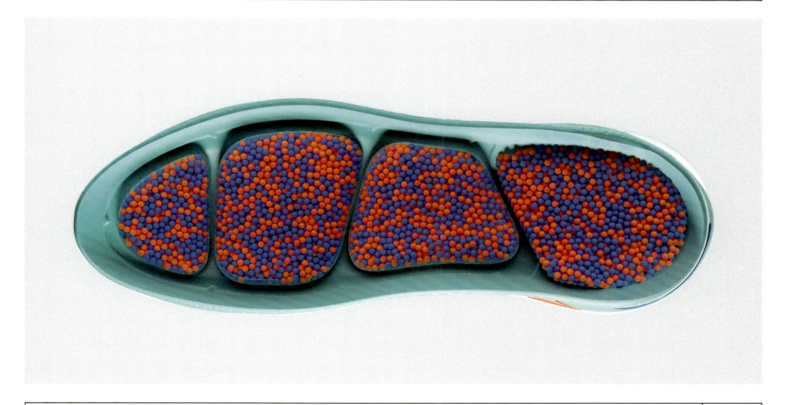

| Joyride NSW Setter 中底豆荚式分区中可见 TPE 颗粒 | 2019 年 |

2019 年推出的 Joyride 重新突破公司较早的缓震技术，它混合成了一个新的系统，解决现代生活的多重需求。Joyride Run Flyknit 作为使用该技术的第一款鞋，将成千上万的 TPE 颗粒直接放在中底脚下，满足运动员们希望穿着一双让跑步变得轻松的跑鞋的需要。这些颗粒在受到挤压时向各个方向膨胀，但因为被安置在几个单独透明的豆荚般的独立格子里，它们并不会到处乱跑。每当你迈出一步时，这些颗粒便会包裹你的双足，提供柔软的缓震、平稳的过渡和个性化的触觉。一年之内，耐克团队已经将这项技术运用到生活方式产品上，比如在 2019 年巴黎时装周（Paris Fashion Week）首次亮相的 Joyride NSW Setter。

| Joyride CC3 Setter | 白 / 电压绿 / 深红 / 黑 | 2019 年 |

| Joyride CC3 Setter 大底 | 2019 年 |

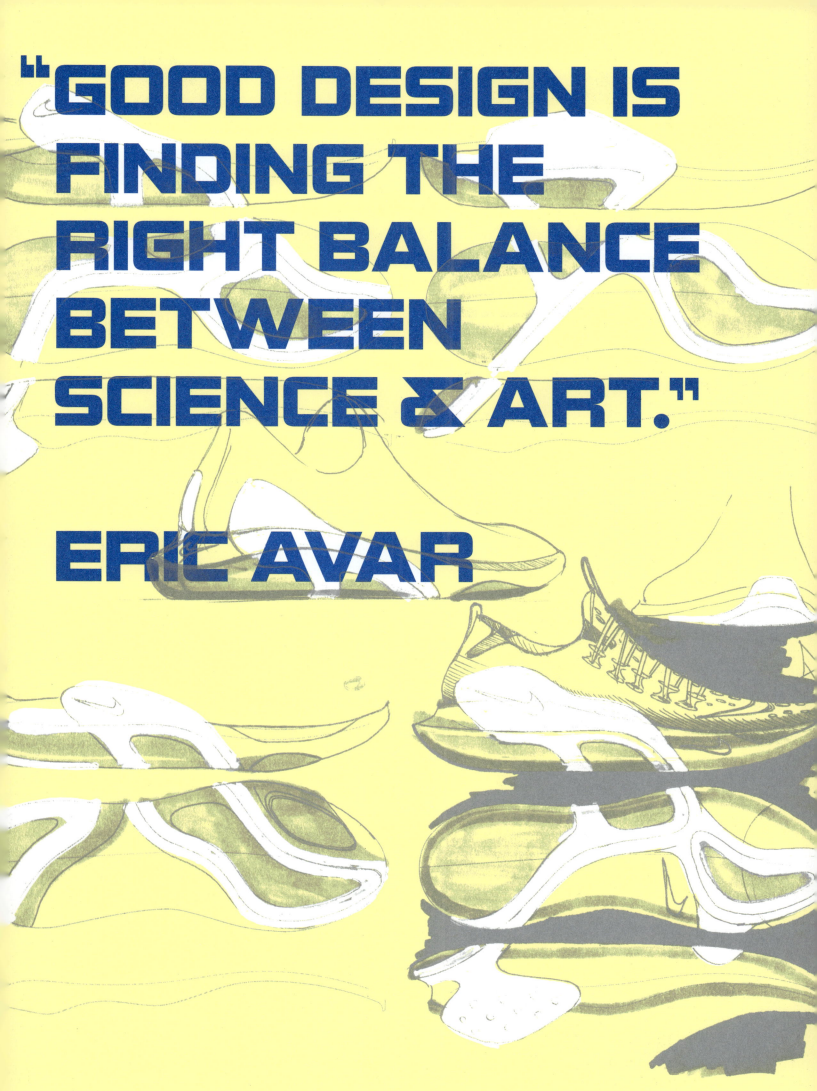

"GOOD DESIGN IS FINDING THE RIGHT BALANCE BETWEEN SCIENCE & ART."

ERIC AVAR

"PEOPLE ASK ME WHY WE NEVER MADE A PRESTO 2.

I ALWAYS TELL THEM WE DID— IT'S CALLED THE NIKE FREE."

TOBIE HATFIELD

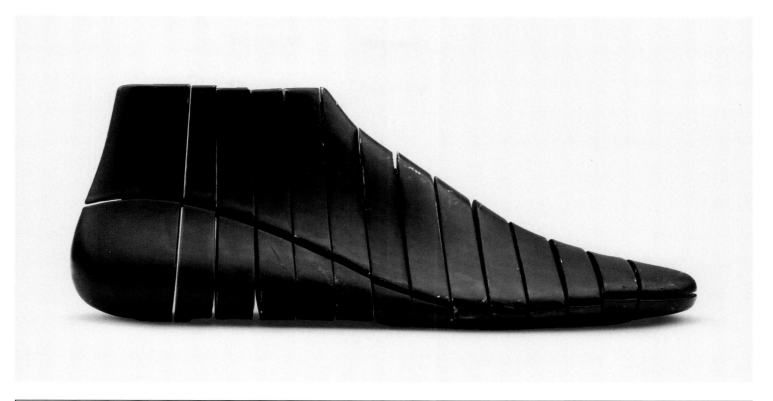

| Free 铰接鞋楦（Free articulated shoe last） | 2003 年 |

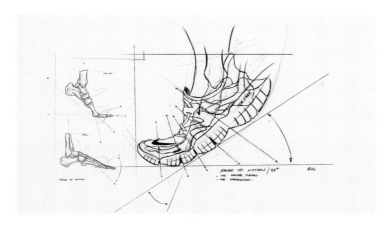

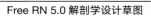

| Free RN 5.0 解剖学设计草图 | 2019 年 |

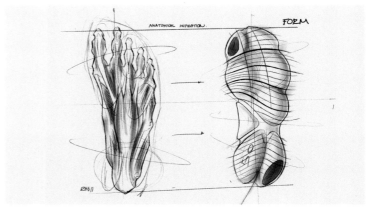

| Free RN 5.0 解剖学设计草图 | 2019 年 |

| Free RN 3.0 设计草图 | 2019 年 |

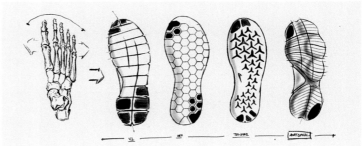

| Free 鞋底进化设计草图 | 2019 年 |

大学生跑者在训练之后，赤足在地上放松拉伸，借此提升双脚的力量，通过观察这一放松过程，耐克公司设计师有了一个新的构思，2001 年，Nike Free 终于诞生。

随后的一年，耐克运动研究实验室关于赤足运动的相关研究也证明了这种做法的优势。结果表明，一直不会受到任何约束的足部，可以更自然地接受来自运动中的冲力，也可以有更多的自然弯曲。随之而来的是这种训练方式可以提高足部的灵活性、平衡性和力量，耐克公司设计师利用此发现，在

2004 年开发出了 Free 5.0 系列，通过纵向切割而成的凹槽大底，进一步提升了足部的自然跨步形态。

2014 年，耐克运动研究实验室的最新研究又表明，当足部落地受力时，双脚会同时朝纵向与横向两个方向延伸，这个发现敦促设计师对 Free 进行重新设计，并使用了全新的"六边形"切割方式，这样的设计可以更好地模拟身体和足部对于冲击力的反馈。

| Free 5.0 | 黑 / 蓝 / 银 | 2004 年 |

| Free 5.0 | 柠檬黄 / 黑 / 蓝 | 2005 年 |

| Free 3.0 V3 | 橙 / 紫 / 红 | 2011 年 |

| Free 3.0 | 黑 / 金 / 白 | 2007 年 |

| Free 4.0 | 蓝 / 绿 / 白 | 2005 年 |

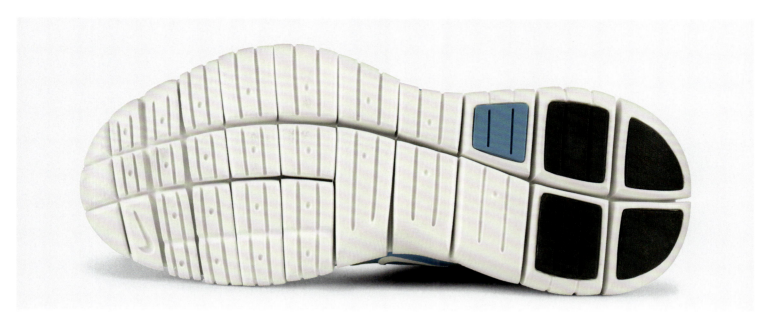

Free 5.0 大底	2005 年

Free 3.0 V3 大底	2011 年

Free 4.0 大底	2005 年

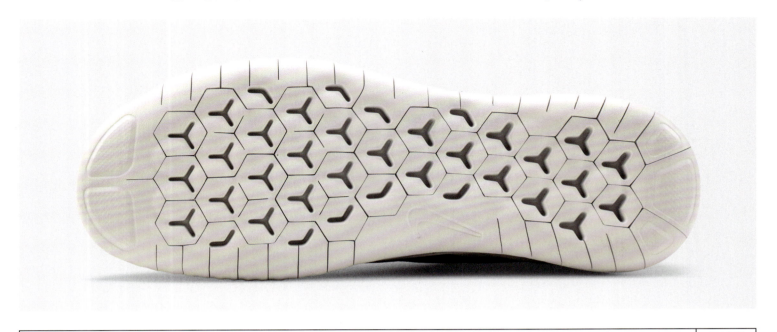

| Free RN 大底 | 2018 年 |

| Free Train Force Flyknit 大底 | 2016 年 |

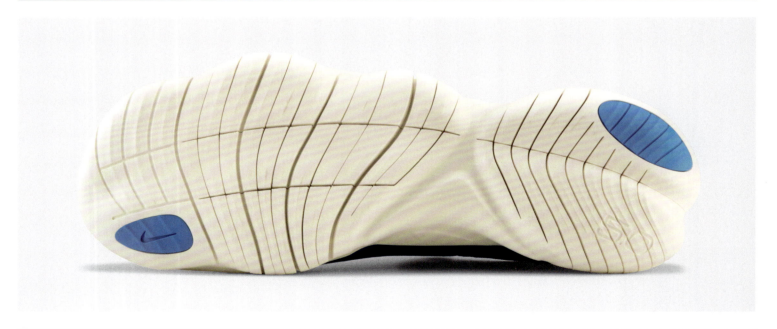

| Free RN 5.0 大底 | 2019 年 |

Free RN 5.0	靛蓝 / 皇家深蓝 / 湖蓝	2019 年

Free RN	黑 / 深红 – 灰 – 白	2018 年

Free Train Force Flyknit	蓝 / 白 / 红	2016 年

Free RN 5.0	巅峰白 / 黑 / 英雄蓝 / 电光蓝	2019 年

Free Trainer 7.0	灰 / 红 / 白	2007 年

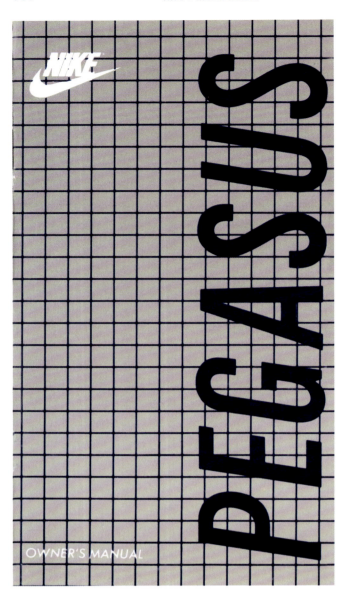

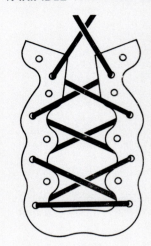

VARIABLE WIDTH LACING SYSTEM™

The *Variable Width Lacing System™* found on the Pegasus offers greater control over the fit of the shoe through the use of staggered eyelets. Numerous variations can be utilized to create a custom fit:

Eyelet rows that are placed far apart are often used by runners with narrow feet, for a snug fit.

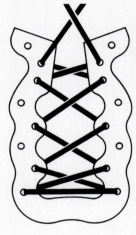

Eyelet rows that are placed closely together are recommended for runners with wide feet.

Pegasus 用户手册		1983 年

Pegasus	灰 / 红	1983 年

Pegasus Racer	白 / 红 / 柠檬黄	1991 年

正如 Zoom Superfly Elite 所展示的，耐克公司最具影响力的设计往往因其梦幻般的外观而成为头条新闻。

耐克的 Pegasus 系列跑鞋是耐克公司最长销、最畅销的产品系列，它提供了一个相反但同样引人注目的例子：通过缓慢而稳定的发展，向所有运动员提供卓越的技术，就像一个完成马拉松的赛跑者。

自马克·帕克在 20 世纪 80 年代初将 Pegasus 系列设计成一款功能齐全、价格适中的跑鞋以来，该鞋款一直采用时代的最新技术进行逐步升级。

2018 年的 Air Zoom Pegasus 35 就是这种有机进化的一个例证，将备受欢迎的切割缝合网眼鞋面与全掌 Zoom Air 气垫完美搭配，其外观设计灵感源自当年顶级的带有碳板的 Zoom Vaporfly 4% 跑鞋。

不久之后，Zoom Pegasus Turbo 采用超强能量回弹的 ZoomX 泡棉强化了这种设计。

2020 年 5 月，Pegasus 系列的最新一代产品 Air Zoom Pegasus 37 推出，同样也展示了耐克公司当时最新的创新思路，也符合稳定的循序渐进的设计思路。

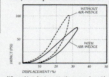

Pegasus 跑鞋广告:"永远不会有这么多人用如此少的钱拥有更多""这个新插入的气垫超过 10 000 英里长" | 1983 年

Pegasus 系列 | 灰 / 蓝 | 1983 年

Air Zoom Pegasus 35	白 / 烟灰色 / 大气灰 / 电压绿	2018年

Air Zoom Pegasus 35 大底		2018年

Air Zoom Pegasus 35	玫瑰色 / 淡玫瑰色	2018年

Air Zoom Pegasus 35	轨道蓝 / 天空蓝 / 纯铂金色 / 亮香橼色	2018年

Zoom Pegasus Turbo 2 "Blue Ribbon Sports"	橙 / 白 / 深橙 / 黑	2019 年

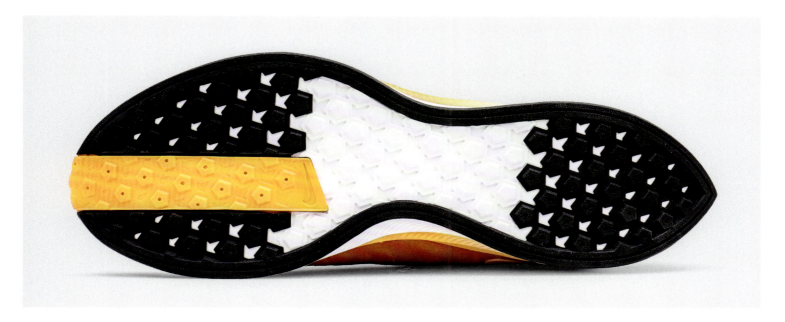

Zoom Pegasus Turbo 2 "Blue Ribbon Sports" 大底	2019 年

Zoom Pegasus 35 Turbo	黑 / 大气灰 / 泥苔藓色	2018 年	Zoom Pegasus Turbo 2	黑 / 橄榄 / 白 / 激光深红	2020 年

| Air Zoom Turbo NEXT% | 缬草蓝 / 黑 – 爆炸绿 | 2020 年 |

| Pegasus Turbo NEXT% 的大底 | 2020 年 |

| Air Zoom Alphafly NEXT% 的豆荚式 Zoom 气垫 | 2020 年 |

| Air Zoom Viperfly 钉鞋的支撑板 | 2020 年 |

| Air Zoom Alphafly NEXT% | 缬草蓝 / 黑 – 爆炸绿 | 2020 年 |

| Air Zoom Viperfly | 缬草蓝 / 黑 – 爆炸绿 | 2020 年 |

展示 4 年创新成果的时机，就在 2021 年夏天，一套全新的跑鞋亮相。

通过"破2"马拉松项目设计研发的碳板，带来了革命性的 Zoom Vaporfly 4%，这款新鞋专为比赛和跑者量身定制。

中距离长跑运动员将穿着 Air Zoom Victory，这双鞋在 ZoomX 泡棉和数字化设计的鞋钉之间放置一块全掌碳板。

耐克公司赞助的马拉松选手将会穿着 Air Zoom Alphafly NEXT%，这是 Zoom Vaporfly 4% 的最新版本，这双鞋加入了前掌 Zoom Air 气垫以及重新设计的碳板，以增加能量回弹。

同期推出的 Air Zoom Tempo NEXT% 将 React 泡棉和 ZoomX 泡棉塑料结合在一起，为所有运动员提供卓越的性能表现。

这些开发和创新也促使耐克团队可以完美构思设计 Air Zoom Viperfly。这是一个实验性的、非竞争性的设计，突破性地挑战了体育传统。Viperfly 第一次尝试分体式大底，在前掌嵌入 Zoom Air 气垫，并使用了先进的碳板。经大量的运动员实际测试表明，它能显著提高能量回弹和牵引力。

最后，在这些专业的鞋款中，耐克公司也展示了下一代 Flyknit 鞋面科技 Atomknit，它进一步增强了对脚部的锁定，也进一步减少了材料浪费。

| Air Zoom Tempo NEXT% FE 及其大底 | 缬草蓝 / 黑 – 爆炸绿 | 2020 年 |

| Air Zoom BB NXT 及其大底 | 缬草蓝 / 黑 – 爆炸绿 | 2020 年 |

| Air Zoom Victory 及其支撑板 | 缬草蓝 / 黑 – 爆炸绿 | 2020 年 |

| Air Zoom Victory 的 Atomknit 鞋面的细节 | 2020 年 |

| Air Zoom BB NXT 的网布鞋面细节 | 2020 年 |

2020 SUMMER GAMES IN 2021

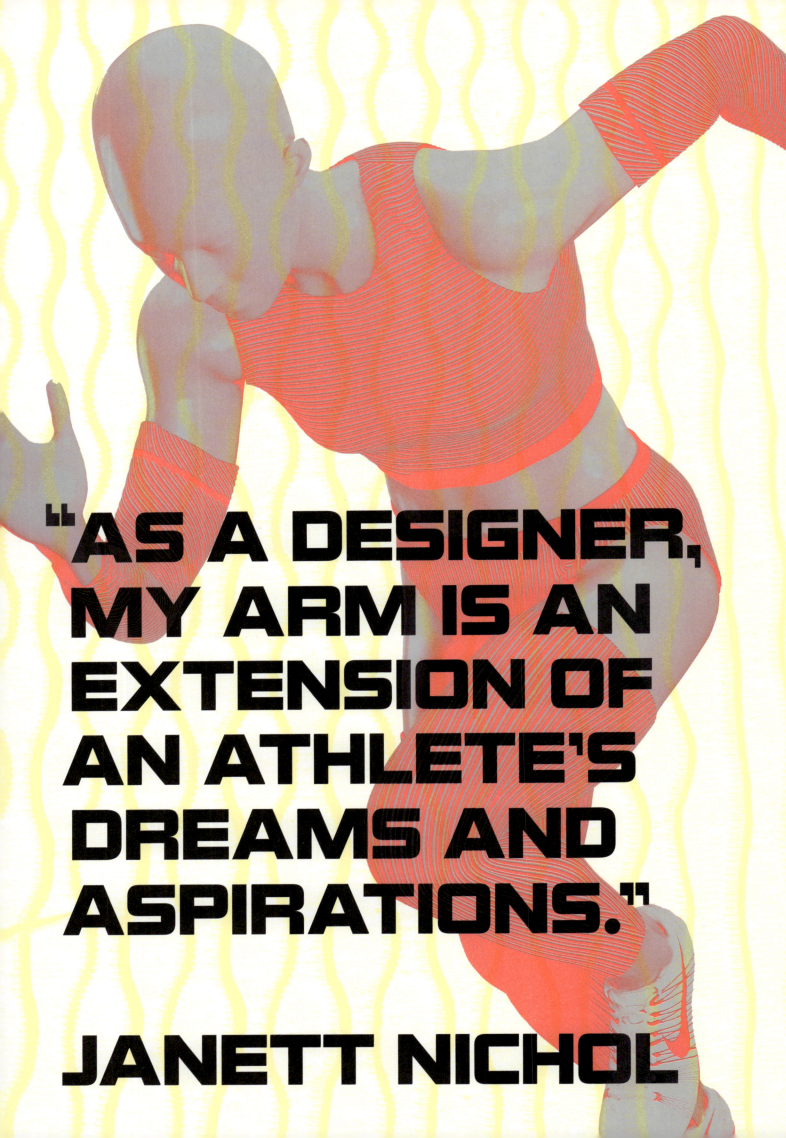

"AS A DESIGNER, MY ARM IS AN EXTENSION OF AN ATHLETE'S DREAMS AND ASPIRATIONS."

JANETT NICHOL

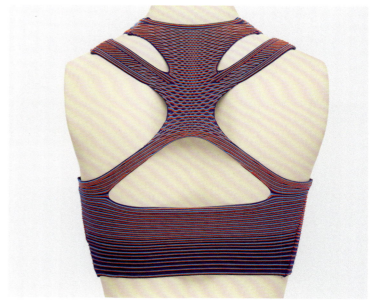

美国女子队 Flyknit Airborne 高强度支撑运动内衣	2020 年

德国女子队 Dri-FIT AeroSwift 田径紧身衣	2020 年

美国女子队 Dri-FIT AeroSwift 田径紧身衣	2020 年

2021 年东京夏季奥运会的新款比赛服装还将耐克运动研究实验室的最新研究成果与耐克探索团队的最新发展结合了起来。具体来讲，耐克田径比赛服装采用了全新的 Dri-FIT AeroSwift 材质，它将耐克标志性的排汗技术，与数字工程网眼布相结合。与此同时，美国女子 100 米田径运动员穿着引人注目的两件套式运动服参加比赛。

两件套式运动服是近些年来服装技术进步的产物，在 2017 年，耐克公司推出的 FE/NOM Flyknit 运动内衣首次应用这项科技。这项新的设计是对比赛中的运动员的身体进行全动作捕捉来实现的。

这种具有战略性的设计方法，捕捉了运动员在运动过程中身体紧张、松弛以及出汗等关键区域，并针对最需要透气性和伸缩性的部位做出了相应的设计。

无缝的服装，通过像素级设计，提供了高度的结构支撑和透气性，并且完全不需要额外的内衣。

该服装还引入了一个集成的透镜状贴面，将静态色调转换为动态色调，在身体运动时发生变化，给运动员一个超级英雄般的外表。这些设计结合在一起，形成了耐克品牌的经典，表达了公司近 50 年来的坚定信念：运动员看上去好，感觉好，运动表现才会更好。

HyperAdapt 1.0	哈瓦那辣椒红 / 黑 / 团队红	2018 年

HyperAdapt 1.0 大底	2018 年

除了不断开发高性能产品用于服务更强壮、更有雄心的运动员之外，耐克公司还在不断挖掘其数据，以畅想运动的未来。

新推出的自动系带系统又成为耐克公司的另一次突破创新。灵感源自福克斯在电影《回到未来 2》中所穿的极具未来主义设计的耐克高帮滑板鞋，其以数字、电气和机械工程领域的重大研究成果为基础设计。

智能技术在 HyperAdapt 1.0 这双鞋上首次亮相。这双鞋在 2018 年太空厨房设计团队的协作下，由创意概念部副总裁廷克·哈特菲尔德设计完成。

这双具有指向性意义的运动鞋说明，一款能瞬间适应穿着者足部的产品不再是未来理论，这是一个可触摸到、可实现的成果。

自动系带系统在 2016 年首次亮相后，于 2017 年开始商业化，此后该技术已被用于篮球和生活方式鞋款上，2020 年耐克公司推出了更多高性能版本的运动鞋。

Adapt 平台不仅代表了耐克公司坚定的创新信念，还通过对运动员的洞察以及先进科学产品的研发，展示了耐克公司向越来越个性化、智能化以及更快速的未来持续迈进的精神。

Adapt BB	黑 / 白 / 纯铂金色	2019 年

Adapt BB 大底		2019 年

杰森·塔图姆（Jayson Tatum）穿着 Adapt BB	2019 年

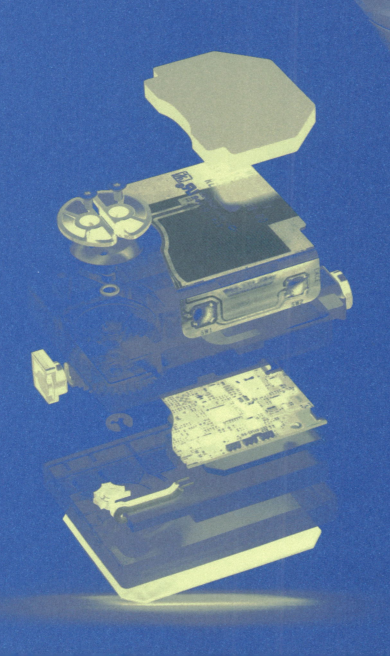

"THINK OF A PRODUCT THAT HAS THE INTELLIGENCE TO ADAPT TO YOUR BODY'S NEEDS IN THE MOMENT, AS YOU'RE DOING WHATEVER YOU'RE DOING. AS IF IT'S ATTACHED TO YOUR BRAIN."

MIKE YONKER

第 2 章　会说话的设计

Swoosh–only hat	Air Max 96	Air Force 1 High LE
Swoosh–only shorts	Air Max 97	Air Force 1 High L / M PRB
Swoosh–only Dri–FIT Long Sleeve Polo	Air Max 98 TL	Air Force 1 × Busy P Low Supreme
Air Max 1	Air Max Plus	Air Force 1 Premium by Mark Smith
Air Walker Max	Air Tuned Max	Air Force 1 QK
Air Max Light	Air Max 2003	Air Force 1 PRB
Air Max 90	Air Max 360	Air Force 1 × Undefeated
Air Max BW	Air Max 270	Air Force 1 × Bobbito High Premium
Air Max 180	Air Max 720	Air Force 1 Low Supreme
Air Max ST	Air Trainer SC High	Air Force 1 Low PRM
Air Max 93	Air Force 1 High	Supreme Air Force 1 Mid
Air Max2	Air Force 1 High SC	Lunar Force 1
Air Max 95	Air Force 1 High Urban	
Air Racer Max	Air Force 1	

　　走在美国城市的任何一条街道上，每隔几分钟，甚至每隔几秒钟，你就能看到耐克品牌的标志。你可能都没有意识到，一天中自己有可能几十次甚至上百次与耐克品牌的标志相遇。我在加利福尼亚州一个市中心街头做了个不完全统计，午饭时间的一个小时里，我看到了 217 次耐克标志。公司成立 50 年来，这个标志在我们的视野中变得无处不在，而且极易辨认，所以很多时候只需要这个标志，不需要任何支持性文字，就能让人们知道眼前的东西是耐克的产品。

　　耐克标志其实有一个相对低调的起源。1971 年，波特兰州立大学平面设计专业的学生卡罗琳·戴维森（Carolyn Davidson）在菲尔·奈特的邀请下，以自由职业者身份完成了这个设计，而奈特在这所学校教授会计课直到 1969 年。同一年，Swoosh 对勾标志第一次出现在名为 The Nike 的足球鞋上，又在 1972 年出现在蓝带体育公司（Blue Ribbon Sports）生产的第一批产品上，蓝带体育公司是奈特和比尔·鲍尔曼共同在日本创立的用于销售运动鞋的公司。可直到 1978 年，随着蓝带体育公司开始更多地进行原创设计，公司才将名称改为耐克。戴维森无论如何也想不到，自己的设计有朝一日会对全球各地那么多人具有如此重大的意义。但我们还要强调的是，如果说耐克这个品牌标志（即 Swoosh 对勾标志）有什么意义的话，它代表的是一种理念，那就是最疯狂的梦想也能得到实现。

　　在 2002 年出版的《品牌鸿沟》（*The Brand Gap*）一书中，作者马蒂·诺伊迈尔（Marty Neumeier）解释道，品牌就是人们对一个产品、服务或企业各种直觉感受的混合体。他写道："当足够多的人有同样的直觉时，就可以说该公司拥有了品牌。换句话说，品牌不是你说它是什么，而是与品牌接触的人说它是什么。"擅长营销的公司明白，他们做的所有事，包括他们的每一款产品、每一次沟通、每一个与消费者或潜在消费者的接触点，甚至他们的企业政策和实践做法，都会影响公众对他们的印象。多年来耐克公司在品牌建设上取得的成功，是通过讲述富有感染力的故事建立并培养与人们的关系。尽管具体的方法、手段及传达方式随着时间推移发生了变化，但耐克品牌表达的核心价值仍保持不变，传达的也是具有永恒意义的信息。"我们相信体育能让你变得更好，相信体育有一种了不起的力量，能帮助你成为最好的自己。"首席营销官德克－扬·范·哈默伦（Dirk-Jan van Hameren）表示。

　　"Just Do It"可能是最能说明耐克公司几十年来品牌核心价值的例子了。这个口号自 1988 年配合一系列 30 秒广告推出后就变得无处不在。在其中一则广告里，当时 80 岁的沃尔特·斯塔克（Walt Stack）穿越金门大桥，完成了每日 27 公里的慢跑。"人们问我，冬天怎么不让牙齿打战，"他一边跑步，一边抑扬顿挫地说道，"我把衣服留在了更衣柜里。"那些 30 秒广告里很少出现耐克品牌的标志，广告也没有承诺耐克产品能提高运动表现或者突出什么性能。相反,广告充满了幽默感和人性。"Just Do It"成为更强有力的行动号召,推动人们寻找内心深处的一种动力。

耐克的各个团队很早就懂得,和吹嘘性能或优点相比,运用情感为故事服务才是更有效的品牌策略。"人们为什么结婚?或者说为什么做某事?"菲尔·奈特1992 年在《哈佛商业评论》(*Harvard Business Review*)采访时提道,"原因就是情感联系。这才是与消费者构建长期关系的基础,也是我们在宣传时关注的重点。我们的广告希望通过运动和健康的情感因素,将消费者和耐克品牌连接在一起。我们展现了竞争、决心、成就、乐趣,甚至展示了参与那些活动获得的精神回馈。"尽管耐克公司自认为最初以产品为导向,在创新产品的设计与制造过程中,也经历了成功和失败,但经历上述采访时,耐克公司已经完成了定位的重大转变。"我们的思路转变为耐克是一家营销导向的公司,"奈特表示,"产品就是我们最重要的营销工具。我的意思是,营销将整个组织绑定在一起。产品的设计元素和功能特点只是整体营销流程里的一部分。"两种理念的差别看起来可能很小,甚至只是语义上存在区别,但新的理念对耐克发展成为最具知名度的全球品牌起到了至关重要的作用。让人印象深刻的是,这一转变在很大程度上归结于耐克公司历史上最重要的设计之一: Air Max。

现在回想起来我们似乎很难想象在 20 世纪 80 年代中期,耐克公司陷入了定位危机。耐克公司推向市场的以技术、运动性能为基础的产品,根本竞争不过对手以休闲和有氧健身为主而设计的运动鞋。耐克公司拓展业务范围的计划落空了。公司开始裁员,未来的发展前景也不明朗。曾经的撑竿跳高冠军选手廷克·哈特菲尔德后来转做建筑师和运动鞋设计师,他反复想起自己在巴黎看到伦佐·皮亚诺(Renzo Piano)和理查德·罗杰斯(Richard Rogers)设计的蓬皮杜中心时产生的想法。事实就是,无论喜欢还是讨厌,你都会注意到这个建筑。给廷克·哈特菲尔德留下深刻印象的,不仅是巴黎经典的学院派建筑蓬皮杜中心的奇特造型,也包括建筑师的设计理念。既然可以把建筑内外倒置,那运动鞋为什么不可以呢?"这就是可视化 Air 气垫(Visible Air)的诞生过程。"设计师回忆道,"你能看到是什么让Air Max 与众不同且性能更好,因此也让产品变得更有趣,也具有更明显的叙事导向性。"

作为耐克公司拥有的最重要的缓震技术,1979 年,Air 气垫应用在 Tailwind产品中,此后这一项技术广泛使用在耐克的运动鞋上。由于这个气垫被包裹在脚下,消费者通常不知道这是什么、有什么用。廷克·哈特菲尔德与当时担任设计与开发部主管的马克·帕克紧密合作,帕克后来成为耐克公司的 CEO 及总裁。廷克·哈特菲尔德画出的草图中，在中底设置了窗口，露出了鞋底装配的充气气垫的一个剖面。两人接下来做出的每一个决定，都是在强化 Air 气垫的视觉效果，这也让耐克团队必须采用全新的制造方法，只有这样才能让消费者清晰地看到鞋底的情况。这款运动鞋最初采用了鞋面全白、中底为红色的配色，按照帕克的说法，这样的设计就是为了吸引眼球。"用设计说话，以这种方式看见科技，尤其吸引人。"帕克表示。

到了推出 Air Max 时，耐克公司知道，想要走出当时的困境，他们需要的不只是优秀的设计。"推出可视化 Air 气垫至关重要，原因有几个，"奈特回忆道，"在那之前，我们真不知道能否成为大公司，与此同时，我们还需要让员工继续紧密合作。可视化 Air 气垫是非常复杂的产品，各部分在 3 个国家制造，没人知道这个东西能不能做成。生产、营销和销售彼此都在吵架，整个气氛很紧张。"

制作电视广告时，耐克公司找到了俄勒冈州波特兰市的韦柯广告公司（Wieden+Kennedy），该公司如今已经成为耐克公司的长期合作伙伴。耐克公司找到了为迅速发展的 MTV 电视网确定外观及风格的葆拉·格罗夫（Paula Greif）和彼得·卡根（Peter Kagan），希望打造出一个比一般叙述性广告更有活力的电视广告。人们在充满颗粒感的超 8 毫米胶片上看到了节奏轻快的 60 秒广告，耐克公司签约的明星迈克尔·乔丹和约翰·麦肯罗（John McEnroe），与业余运动员及耐克员工一起参与各种各样的体育活动，其中反复配上 Air Max 里的 Air 气垫在人们脚下被挤压的片段。这个广告最突出的一点是，配乐使用了披头士（Beatles）的《革命》（*Revolution*）这首歌，与广告片融为一体。正如奈特说的那样，"我们想传达给消费者的不只是运动鞋上的重大变化，还有美国人对健身、锻炼和身体健康的态度产生的革命性变化"。通过真实呈现乔丹和麦肯罗这样的传奇人物，同时提升普通人在挑战极限方面的努力，广告表达出了体育运动的普世性特点。反复出现的 Air Max 意在提醒观众，为了让每一个运动员变得更好，耐克公司愿意突破极限。

和之前的所有广告不同，耐克公司的这则广告引起了人们的共鸣。现在说起来可能难以置信，但在那个年代，知名乐队的经典歌曲很少被用于广告，更不用说是史上最知名乐队之一的大热金曲了。尽管耐克公司与国会唱片公司（Capitol Records）及负责打理去世丈夫约翰·列侬（John Lennon）遗产的小野洋子（Yoko One）达成了协议，但其他的披头士成员却通过发行商苹果唱片，反对耐克公司使用这首歌，他们起诉耐克公司并索赔 1 500 万美元。"我们被起诉了，这让整件事变得更酷了，因为小野洋子必须和其他披头士成员对着干了，"廷克·哈特菲尔德回忆道，"产品推向市场后，就像火箭飞船一样飞速发展。耐克公司从那之后就没有停下发展的脚步。"

　　当然，1987 年 3 月 26 日正式上市的 Air Max 后来成为耐克公司历史上最具标志性、最成功的运动鞋之一。而如今已经发展成多种形式的可视化 Air 气垫，仍然是耐克公司数千种产品使用的核心技术。尽管最初 Air Max 被设计为性能优越的跑鞋，但因为成功的营销，它在体育圈外也拥有大量粉丝。这些年来，经过稳步的技术提升和美学设计改进，Air Max 本身已经成为品牌。后续的版本，包括 Air Max 90、Air Max 95、Air Max 97 和 Air Max 98，均成为标志性产品。大部分初始产品保留至今，甚至可以定制。耐克公司在 2013 年将 3 月 26 日定为 Air Max Day，以便在这一天推出新款产品并与球鞋社区互动。2017 年的这一天，一些"死忠鞋粉"将一双 Air VaporMax 发射到了 35 814 米的太空中。2020 年的这一天，耐克公司推出了带有未来幻想特色的 Air Max 2090。

　　"用设计说话"的 Air Max 获得成功，以及随后的"革命"系列宣传活动，为耐克公司奠定了利用大胆的创新产品以及与消费者沟通齐头并进的方法而掌控文化话语权的基础。提到 Air Jordan，就不得不提到导演斯派克·李（Spike Lee）在 1986 年的电影《稳操胜券》（She's Gotta Have It）中扮演的角色——乔丹的狂热粉丝马尔斯·布莱克蒙（Mars Blackmon）。作为现代历史上第一个在同一年既参加职业棒球比赛又参加橄榄球比赛的运动员，博·杰克逊等同于"Bo Knows"，这也是耐克全新跨项目训练鞋的宣传口号。不管具体的项目是什么，每一双耐克运动鞋都注入了"Just Do It"的价值观。

　　当人们为保持信息新鲜有效而付出巨大努力时，将其使用的策略称为"公式"似乎有失公平，但耐克品牌强大而执拗的决心、嘲弄讽刺的意味、摇滚音乐般的态度以及无止境的渴望，这样一套组合拳 30 多年后仍在推动品牌不断向前发展。"每年都会出现新一代，带有新期望的'Just Do It'消费者。"前全球品牌创新部（Global Brand Innovation）主管格拉格·霍夫曼（Greg Hoffman）表示。为了给这些消费者提供最好的服务，品牌与营销团队需要孜孜不倦，始终站在沟通、互动、零售与运动潮流的最前线。尽管具体的做法有所改变，但耐克公司的营销本质就是建立在强大的二元性基础之上。"这当然和我们想让人们如何看待耐克品牌有关，"霍夫曼说，"但更重要的在于，我们想让人们去思考应该如何看待自己。"

　　"我们讲故事，而且通过讲故事让人们去感知，帮助人们做事，"范·哈默伦解释道，"我们的故事所具有的广度与深度，已经让故事变得非常复杂。因此，明确表示这个品牌代表什么，明确表述其核心价值，意味着创意上将会面临更大挑战。"

　　在如今多元化的媒体环境中，耐克品牌的努力不再限于美国的电视广告，而是拓展到多种平台、维度、地域和创意人员，品牌创意副总裁吉诺·费萨诺蒂

（Gino Fisanotti）的任务，就是把一切整合为具有凝聚力的整体。他的团队近几年完成的最重要的工作之一，就是 2018 年"Just Do It"推出 30 周年的纪念活动。"很多人记得'Just Do It'的 30 周年活动，"他说，"真正了解所有宣传活动的人，应该也会记得传达的主题是'相信自己的梦想，竭尽全力'，在此基础上，你会看到 50、60 甚至 70 个执行方案。如果你在美国，你会记住一个品牌；如果在德国，你会记住另一个品牌。但品牌代表什么主题，以及我们如何将体育用作贯穿的主线，是统一的。"耐克公司的目标就是保持自己在全球及本地的相关性，而它们的方法，就是通过通用的主题将品牌及消费者带至全新的境地，再用不同方法为主题赋予生命力，吸引不同受众。

新系列的第一个广告片，就像是对未来的预告。《信念之声》（*Voice of Belief*）中出现了年轻的小威廉姆斯训练并接受父亲理查德·威廉姆斯（Richard Williams）鼓励的身影。影片中穿插了她在美国网球公开赛（U.S. Open）赢得第一个大满贯时的镜头，高潮则是她梦想成真的传奇故事。接下来的《疯狂梦想》（*Dream Crazy*）由橄榄球明星科林·卡佩尼克（Colin Kaepernick）旁白，因为他在比赛前的奏国歌仪式上单膝下跪，希望吸引公众关注警察暴力及种族歧视问题，从而导致美国职业橄榄球大联盟（National Football League，NFL）球迷出现两极分化。卡佩尼克说："坚持信念，即便这意味着牺牲一切。"这个广告片及相应的社交媒体内容立刻引起了轰动，其中既有赞美也有反对。虽说随后而来的争议只会进一步提高这个宣传活动的名气，但这则广告片的核心，却是耐克公司倡导并捍卫了几十年的强有力信念：体育改变人生，推动世界前进。

《疯狂梦想》中不仅出现了顶尖的耐克运动员，比如小威廉姆斯、勒布朗·詹姆斯和埃鲁德·基普乔格，也出现了出生时就没有双腿的 10 岁摔跤手以赛亚·伯德（Isaiah Bird）、轮椅篮球明星及金牌得主梅根·布朗克（Megan Blunk），以及艾丽西亚·沃尔考特（Alicia Woollcott）——她不仅是高中毕业舞会皇后，还成为美式橄榄球队的线卫。《疯狂梦想》绝不是第一个颂扬普通运动员励志精神的耐克广告片，但鼓励每个人突破个人极限，实现个人目标，按照自己的标准定义成功，一直以来就是耐克品牌得以感染消费者的标志性做法。随着 2020 年初新型冠状病毒肺炎疫情在全球大流行，耐克公司迅速反应，用名为"在室内运动，为世界运动"（Play Inside Play for the World）的宣传活动突出展现了这个策略。这个宣传活动积极号召人们动起来，"如果你曾经梦想与世界各地数百万人一起参加比赛，现在就是你实现梦想的机会。"推出仅几个小时，这个宣传的影响力就在耐克公司旗下顶尖运动员的推动下进一步扩大，其中包括小威廉姆斯、迈克尔·乔丹、勒布朗·詹姆斯、克里斯蒂亚诺·罗纳尔多（Cristiano Ronaldo）、苏·伯德（Sue Bird）和艾琳娜·戴尔·多恩（Elena Delle Donne）。同时，耐克公司也接入了可供所有人免费试用的耐克训练俱乐部（Nike Training Club）软件。将社交媒体责任与个人目标、顶尖运动员及不知名的人连接在一起后，耐克公司的做法又一次突出展现了打造有针对性的全球对话，通过体育连接不同社区的独特能力。

耐克公司能在全球保持影响力，依靠的并不只是自身的规模与触达范围。2017 年，耐克公司宣布以巴塞罗那、北京、柏林、伦敦、洛杉矶、墨西哥城、米兰、纽约、巴黎、首尔、上海及东京这 12 个国际化都市为核心重组营销的计划。通过围绕特定地点打造项目和沟通方案，耐克公司能够掌握更大范围的文化流行趋势，这是局限在俄勒冈州比弗顿市一地不能想象的场景，而耐克公司的最终目标，就是更准确地预测更为多元化的消费者群体的需求。范·哈默伦表示："如果品牌是一座城市中的一个人，我们要问，现在谁会成为这座城市里有趣的人？你想让他们知道什么事？我们是可以一起打篮球的好兄弟，一起尝试新健身趋势的人吗？我们会跟你讲音乐界的新趋势吗？未来有没有马拉松比赛？如果我们能调换一下位置，成为目标消费者，我们就能了解到有用的信息和创造性的表达，可以让我们的品牌化身成一个人，更符合那个群体的需求。"

上述策略运用在现实中的生动例子，莫过于 2018 年名为《没有什么能击败伦敦人》（*Nothing Beats a Londoner*）这则广告了，这个幽默又充满活力的广告片描述的是伦敦这座城市的运动生活。这部短片突出展现了伦敦居民的多元化、坚韧与竞争精神，也展现了当地特有的亚文化，这部短片还因为其表达的态度与真实而赢得了大量赞誉。3 分钟的短片看起来相当快速流畅，但在拍摄前，耐克团队却对城市居民的习惯、行为及欲望进行了几百个小时的仔细研究，还从类似布里克斯顿（Brixton）、多尔斯顿（Dalston）及佩卡姆（Peckham）等当地社区谨慎挑选了 258 名年轻运动员，最终才完成了短片拍摄。

"Just Do It" 的新系列广告，也展现出了耐克公司对世界各地本土化问题的立场。《团结携手，不可阻挡》（*Juntas Imparables*）描述了墨西哥顶尖的女性运动员是如何克服各种困难完成挑战的。有趣的是，广告正是以墨西哥城有名的大堵车为开端。由网球明星大坂直美（Naomi Osaka）做旁白的广告片《Just Do It：东京》突出了更为年轻的日本社会所展现的多元化特点。《英雄》（*Helden*）描写了一群德国运动员如何通过体育让未来更加公平，这部广告片的配乐使用的是大卫·鲍伊（David Bowie）德语版的同名歌曲，这首歌曲于 40 年前在柏林录制。协助推翻了女性不得佩戴头巾参加比赛这条国际禁令的泽娜·纳萨尔（Zeina Nassar）参演了这个短片，后来她也主演了一部讲述自己励志故事的广告短片。

"Just Do It" 这个口号下另一个反复出现的主题，就是凸显体育对女性的积极影响。耐克公司在 1995 年的广告《如果让我上场》（*If You Let Me Play*）中明确表示，年轻时就开始体育运动的女性，患乳腺癌的概率更低，更有可能摆脱虐待性情感关系，出现抑郁状态的可能性也更低。2019 年女足世界杯开始前，耐克公司推出了一系列广告片，旨在引导人们关注类似纳萨尔这样改变了体育的人，激励所有的女性运动员。在《和我们一起造梦》（*Dream with Us*）中，来自不同项目的年轻女性运动员们和阿莱克斯·摩根（Alex Morgan）、梅根·拉皮诺埃（Megan Rapinoe）、马洛里·皮尤（Mallory Pugh）及其他美国女足国家队（U.S. Women's National Football Team）成员一起登场，女演员维奥拉·戴维斯（Viola Davis）问道："你想成为终结性别不平等的一代吗？"接下来的广告片《更远的梦想》（*Dream Further*）跟踪拍摄了 10 岁的玛吉纳·库克（Makena Cook），观众看到她在球场内外扮演了各种角色，她在广告片的最后说："不要改变你的梦想，改变世界。"随着美国女足赢得世界杯冠军，它激励了包括女性运动员在内的所有运动员，也证明了耐克公司将之等同于其他足球赛事，而非仅限于女性赛事的选择是正确的。

耐克品牌的快速成长，以及公司对创新的坚持，使得公司不断探索新方法，与消费者建立联系并不断扩大粉丝群体。20 世纪 90 年代中期，因为公众对经典设计持久不息的兴趣，耐克公司第一次推出了"复古"运动鞋：新版的 Air Force 1、Air Jordan 1、Air Jordan 3 和 Dunk 等球鞋，但这些球鞋的使用场景不是球场，而是街头。Air Max 为耐克公司内部带来的转变可能超过其他任何运动鞋，而 Air Force 1 则在耐克公司外部产生巨大影响。这款由布鲁斯·基戈尔在 1982 年设计的运动鞋，是第一双使用了耐克 Air 气垫技术的篮球鞋，而耐穿且实用性强的特点使其立刻在篮球赛场内外获得了成功。在美国东海岸的城市中心区里，Air Force 1 与其他元素共同定义了新兴的嘻哈时尚文化，而球鞋收藏家对这款球鞋的推崇，使其几乎一手推动了复古球鞋设计的热潮。各种版本 Air Force 1 的总数量已经超过了耐克其他球鞋，这也是这款设计经久不衰的最好例证。与此同时，限量发售，与其他品牌、艺术家、设计师、音乐家、零售商及时尚品牌合作的 Air Force 1，也是耐克公司历史上最受追捧、最值得收藏的运动鞋。

Air Force 1 的高人气加上街头时尚的兴起，让耐克公司明白，运动场也是打造时尚品牌的重要场所。最优秀的品牌致力于平易近人，公司团队成员也明白，最有趣的人都是多维度的人。运动鞋并非只能存在于运动员更衣室，它们也可以出现在艺术馆、高档服装店和时装秀上。2004 年，马克·帕克在东京举办了一场名为"White Dunk：标志鞋款的演变"的展览，他邀请了 25 名日本艺术家描述他们眼中的耐克 Dunk 运动鞋，同时在东京位于时尚潮流前线的青山地区普拉达（Prada）门店旁的展览入口处，展示了一个超大的鞋盒。这样的展览对于探索更广泛参与文化活动的新方法产生了巨大影响。

2016 年，米兰设计周（Milan Design Week）期间进行的"自然律动"现代艺术展（The Nature of Motion exhibition），让观众们有机会看到 10 位世界最前卫艺术家富有表现力又出人意料的合作，参与这个展览的艺术家分别是林赛·阿德尔曼（Lindsey Adelman）、马蒂诺·甘伯（Martino Gamper）、麦克斯·兰姆（Max Lamb）、伯特扬·帕特（Bertjan Pot）、沙恩·施耐克（Shane Schneck）和克拉拉·冯·茨威格伯克（Clara von Zweigbergk）等。展览也展示了耐克内部团队进行的一系列妙趣横生的鞋类研究，如维克罗卷发器做成的鞋跟模块，以石头凸起的小路带来的触感为灵感而诞生的设计等。这个展览以出人意料、非商业化的方式展现出耐克公司创新材料和技术设计能力，在赢得大奖的同时，还收获了相当高的人气。

2017 年，《无序》（Out of Order）杂志的多里安·格林斯潘（Dorian Grinspan）在纽约主办的多媒体展览"渴望之物"（Objects of Desire），把焦点对准了耐克公司的创意合作。近期以及过去完成的合作成果分别按照坚韧、决心和力量进行分类。尼克拉斯·吉利斯（Niclas Gillis）执导、艺术家詹姆斯·卡西贝尔（James Casebere）担任布景设计的影片《我，大卫》（I, David），将镜头对准了波修瓦芭蕾舞团和美国芭蕾舞剧团的首席演员大卫·哈尔伯格（David Hallberg）。影片中，哈尔伯格在浅水中起舞，唤醒了他从重大伤病中复归时的紧张、释放与成功等一系列感情。柏林街头服饰品牌 Acronym 的设计师埃罗尔森·休（Errolson Hugh）设计的动漫式斗篷，突出了哈尔伯格的舞蹈动作，又隐藏了其科技根源，使其成为艺术表达的渠道。在文化、创意、艺术和体育的交叉领域进行尝试，使得耐克公司可以探索与观众建立联系的新方法，让公司得以自主安排，而非遵循他人的安排。

"过去我们的想法是，任何时候都要沟通，你要和自己的主要消费者群体沟通。"霍夫曼表示，"现在，你有机会直接与个人沟通。随着我们不断发展，规模变得越来越大，我们需要加倍注意，不要让消费者产生一个大品牌在自说自话的感觉。"为了实现这个目标，耐克公司长久以来一直站在数字技术领域的前沿，他们做出了第一则在 YouTube 上疯狂传播、点击量超过 100 万次的广告。这则广告之所以实现广泛传播，在于人们纷纷讨论巴西足球运动员罗纳尔迪尼奥（Ronaldinho）是否以神奇的精准度反复踢球击中球门横梁。他们又为跑步健身及健康追踪打造出了定制化设备 Nike+ 和 Fuelband。如今纷繁多样的数字生态系统，一方面对品牌形成了不小的挑战，另一方面，正如霍夫曼所说，这也为品牌提供了前所未有的机遇，让品牌方可以与最想触达的消费者直接沟通。随着数字足迹遍布多个平台、维度和地域，如今的耐克公司在互联网上已经拥有了巨大的影响力，足以为每一个消费者提供服务。

在这中间，最突出的就是 SNKRS，这也是耐克公司最有激情、最活跃的粉丝的集中地。SNKRS 是 Nike+ 会员了解最新潮流，获取最罕见设计的重要途径，在其诞生后的短短几年里，这个 App 已经新增了一系列新功能，旨在为用户提供独特体验，在虚拟和现实之间搭建起桥梁并构建一个社区。2017 年，耐克公司推出了 SNKRS Stash，这是一种数字服务，让粉丝利用手机上的 AR（增强现实）功能寻找"隐藏"投放地点，为粉丝提供解锁限量产品的机会。当耐克公司与明星主厨张大卫（David Chang）合作 SB Dunk High Pro "百福"（Momofuku）时，想购买这双运动鞋的用户必须利用 SNKRS 上的相机拍下张大卫挂在纽约东村旗舰餐厅里的约翰·麦肯罗海报。围绕新设计、投放地点、球鞋收藏和街头时尚，App 中还有很多简短且适合小屏幕查看的故事。

以 SNKRS 收集的数据为基础，耐克团队可以研究产品开发、故事讲述和社区构建的新方法。De Lo Mio（我的族人）款的 Air Force 1 就是最好的例子。仔细研究了纽约市 2018 年的数据后，耐克数字团队发现，App 用户最集中的地方在几个多米尼加裔为主的社区。塞萨尔·佩雷兹（César Pérez）是土生土长的纽约人，也是艺术家及时尚界的后起之秀，他接到了一个任务，需要设计一双能够与耐克的多米尼加裔粉丝建立情感联系的运动鞋。他选择了透镜式设计，耐克标志可以从蓝变红，在不同光线下可以透出不同颜色，以此象征多米尼加共和国多元化的人口构成。球鞋上还有其他特点，比如多米诺主题的鞋带扣和带有凹凸"多米尼加共和国"（República Dominicana）字样的鞋跟，也是从文字的角度向多米尼加文化致敬。为了推广这个设计，耐克团队选出了 6 名出生于纽约的多米尼加裔摄影师分享他们的看法，为这个项目带去了更多的真实感和艺术性。无须多说，这款运动鞋立刻成为大热，一上市即告售罄，几个月后进行补货，所有商品不到 5 分钟又被一抢而空。项目的成功让 SNKRS 团队开始寻找与其他地区的独特性有关的更多机会，与此同时，具有相似属性的 Air Max 95 的 De Lo Mio 款也在 2020 年春天上市。

经过整合的本地化数据也让耐克公司团队在设计最新的实体店时可以使用全新的方法，据此他们对 20 世纪 90 年代首次出现的大型耐克直营店（NikeTown）做出了升级。在加利福尼亚州的梅尔罗斯和长滩，以及在东京涩谷开设的新门店被称为耐克现场（Nike Live），这些门店目标明确。在区域性购买模式、App 使用模式及区域 Nike+ 会员参与的基础上，为消费者提供更多定制化的体验。梅尔罗斯门店偏重跑步装备，选择了更明亮、大胆的颜色，还有大量 20 世纪 70 年代的耐克经典款 Cortez 跑鞋；长滩门店提供更多女装选择；涩谷门店大量使用数字技术，消费者通过 Nike+ 可以连线特制的自动贩卖机，也能快速提取网上预订的商品，还能通过社交软件 Line 接受在线客户服务。区域化数据不仅让耐克公司可以在一些城市设计指向性更明确的精品店，还在耐克最大的旗舰店如上海和纽约的门店使用同样的技术，为消费者提供更加个性化的购物体验。纽约的创新之家（House of Innovation）门店专门留出一层用作耐克速度实验室（Nike Speed Shop），其中的商品都是以当地趋势为基础做出的选择，消费者可以在其中的球鞋吧（Sneaker Bar）里找到最新潮流商品，Nike+ 会员还可以咨询专家意见。随着耐克公司计划扩展直销业务，未来我们也能看到，耐克公司越来越着重打造以数据为基础、以网上购物便利性与传统零售现场感相结合的购物体验。

无论耐克公司未来选择哪个方向，可以肯定的是，公司成员都不会坐守过去的功劳簿。以运动追求为创设理念且不断追求更好成绩的耐克公司，他们品牌的固有理念就是追求进步。产品和营销就像一枚硬币的正反两面，意味着前所未见的产品需要前所未见的营销方式，不管是广告信息还是交付机制皆是如此。"人们总是期待耐克团队交出新的、更好的东西，那是因为我们这里存在一种文化，我们相信工作总能做得更好。"费萨诺蒂表示。作为品牌创意副总裁，他把耐克公司拥有经久不衰吸引力的原因，归结为总能制造"文化相关性"。对他和耐克的营销团队来说，这意味着走在最前线的同时要始终坚守企业的 DNA 和价值观。

最初的"革命""Just Do It"及"如果让我上场"这些宣传活动时至今日依然具有和刚刚推出时同等效果的原因，是因为它们既有永恒性，也有进步性。这也是奈特 1992 年的一段采访仍然可以用来总结公司品牌建设方法的原因。"你必须具有创造力，"奈特表示，"但从长期来看，你传达的信息需要具有真正的意义。这就是首先要有一个好产品，你没法与一个糟糕的产品建立起情感联系，因为那不真诚且毫无意义，人们最终也会发现这个现实。你需要传达公司的真正目标，告诉人们耐克公司到底想做什么。"

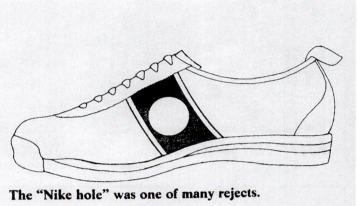

The "Nike hole" was one of many rejects.

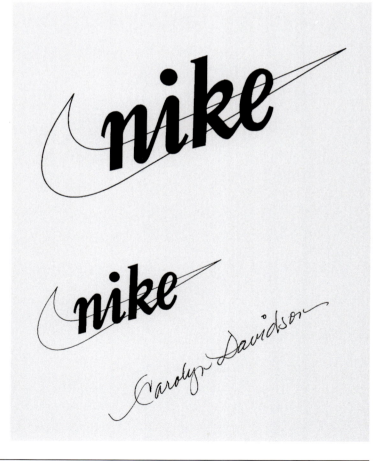

Swoosh 对勾标志早期品牌开发	1970 年

　　1972 年初，菲尔·奈特"密谋"将蓝带体育公司打造成耐克公司，他认为需要一个令人难忘的标志来装饰这家新生公司的鞋产品。之后，当时还是平面设计专业学生的卡罗琳·戴维森被邀请设计一个简单而流畅的标志，就像公司的待定名称一样，从猎鹰等与动物相关的词，到最终脱颖而出的"Nike"，这个灵感来自古希腊传说中"胜利女神"的名称，都传达运动的精神。

卡罗琳·戴维森的 Swoosh 对勾标志最初设计原稿（上图）及耐克品牌早期鞋盒（下图）	1971 年

　　1971 年 6 月 18 日，耐克公司迅速为戴维森的设计申请了专利，一年后，这个 Logo 出现在耐克第一款跑步鞋 Cortez 的鞋面上。

　　从那时起，这个标志就以各种尺寸和颜色陆续出现，同时也被很多模仿者"非正式"使用，如 Kinney 公司，该公司在 20 世纪 70 年代末试图通过将其倒置来使用这个标志。

　　Swoosh 起初是口语化的，后来被正式使用。在鞋盒的设计上有了 Swoosh 对勾标志，名字与标志在外观和发音上都能感受到与速度相关。

蓝带体育公司原始 Logo		1966 年

蓝带体育公司 Logo		1967 年

耐克公司原始 Logo	卡罗琳 · 戴维森	1971 年

蓝带体育公司 Logo		1972 年

耐克"乳牙"文字商标	杰夫 · 霍利斯特（Geoff Hollister）	1976 年

耐克 Futura 字体及 Swoosh 对勾标志	艾伦 · 鲍威尔	1976 年

风车对勾 Logo		1976 年

Futura 字体文字商标		1976 年

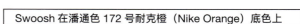

"Just Do It"标志	罗恩 · 杜马斯（Ron Dumas）	1989 年

Swoosh 在潘通色 172 号耐克橙（Nike Orange）底色上		1995 年

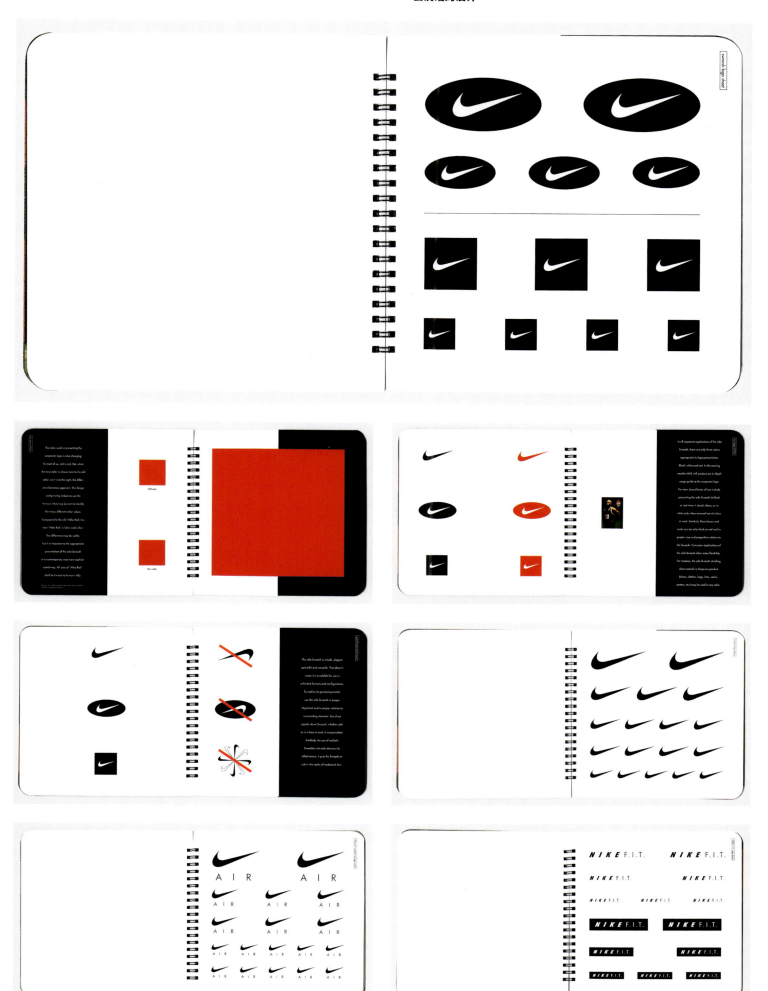

以安德烈·阿加西（Andre Agassi）为主人公的广告片《我的梦想》（*I Dream*）及《汗水蒸发》（*Evaporating the Sweat*） | 1996—1997 年

以安德烈·阿加西为主人公的广告，主题为《干网球服不会被扔进看台》（*Dry Shirts Don't Get Thrown Into the Stands*） | 1997 年

安德烈·阿加西签名的 Swoosh-only 帽子	1996 年

安德烈·阿加西签名的 Swoosh-only 短裤	1996 年

Swoosh-only 长袖 Dri-FIT 速干 Polo 衫，由安德烈·阿加西于 1996 年美国网球公开赛穿着并签名	1996 年

20 世纪 90 年代初，耐克 Swoosh 对勾标志的文化影响力达到了巅峰。因此，耐克公司开始将其从整体设计中独立出来，去掉了自 1972 年起就开始使用的说明其实际品牌意义的 "Nike" 等文字标记。

纯粹的 Swoosh 对勾标志在 1992 年温布尔登（Wimbledon）网球锦标赛上首次应用在服装上，网球明星安德烈·阿加西戴了一顶只有 Swoosh 对勾标志的帽子。

1995 年，耐克公司推出了由资深设计师罗恩·杜马斯创作的品牌视觉识别手册。

该手册明确了在产品及相关附属品上使用标志的规范和标准。

他们还从潘通色卡上选择了 PMS172 暖红色号，作为公司的官方标准化颜色 "耐克橙"，该颜色一直使用至今。

到了 1996 年，耐克公司推出一整套仅带有 Swoosh 对勾标志的产品。

| 为耐克服装产品设计的"Just Do It"文字图形 | 1989 年 |

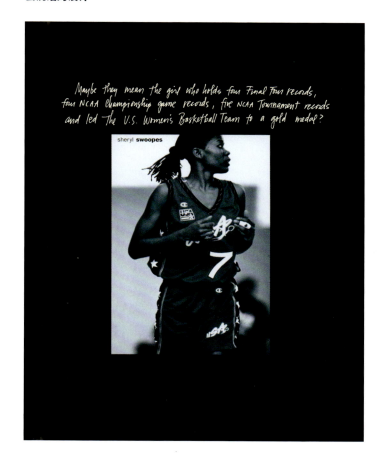

《扔得像她一样》（*Throw Like a Girl*）女性宣传册，主人公为布里安娜·斯卡里（Briana Scurry）， 谢丽尔·斯伍普斯（Sheryl Swoopes），盖尔·德弗斯（Gail Devers），皮卡博·斯特里特（Picabo Street）	1997 年

　　"Just Do It" 作为符合 Swoosh 对勾标志速度感美学的耐克著名经典广告语诞生于 1988 年，显示了耐克公司对个人和全民运动进行的有力推广。

　　早期的 "Just Do It" 平面广告强调了这一变革潜力。具有命令性的主题短语断断续续地讲述了一个鲜明的故事，将普通运动爱好者与耐克超级明星直接联系起来，并将自律作为克服障碍和实现不可能梦想的关键。

　　耐克公司随后采用了 "Just Do It" 不断与消费者建立联系，赋予消费者权力，并最终形成超越体育的快速沟通方式，"Just Do It" 30 周年纪念活动印证了其成功，该活动名为 "疯狂梦想"。

Walt Stack.
80 years old.

Just do it.

沃尔特·斯塔克主演了 *Just Do It* 系列广告片中的第一部	1988 年

也许没有一个耐克广告比这则广告更能体现"Just Do It"的永恒本质和普遍吸引力。该广告于 1988 年推出，重点介绍了 80 岁的沃尔特·斯塔克，一名正在努力穿越金门大桥的跑者，据透露，他每天慢跑 27 公里。

斯塔克穿着简单的短裤和耐克跑鞋，象征着一个由坚韧而非天赋驱动的坚定的运动员。耐克公司对这一意志力的颂扬取代了直截了当的产品推广，与消费者建立了强大的情感联系，为未来的品牌表达方式建立了持久的基准。

一部早期的 *Just Do It* 广告片，主人公为普莱西拉·韦尔奇（Priscilla Welch）　　　　　1988 年

Priscilla Welch.
Winner, New York Marathon
at age 42.

Just do it.

| Air Max 1 | 白 / 浅自然灰 / 红 | 1987 年 |

| Air Walker Max | 白 / 皇家蓝 | 1988 年 |

与此同时，耐克公司也在积极开展营销活动。总裁马克·帕克将产品本身既有的叙事可能性定义为"会说话的设计"（design that speaks）。Air Max 1 于 1987 年首次亮相，标志着消费者第一次可以在耐克运动鞋中底上看到气垫，它集中体现了耐克公司这种讲故事的基本方法。

这款跑鞋由创意概念部副总裁廷克·哈特菲尔德与帕克合作设计，它的可视化 Air 气垫通过中底窗口展示这双鞋与众不同的特点，从而公开讲述了一个有趣的故事。这一刻意引人注目的设计手法已成为耐克设计的一大特色。

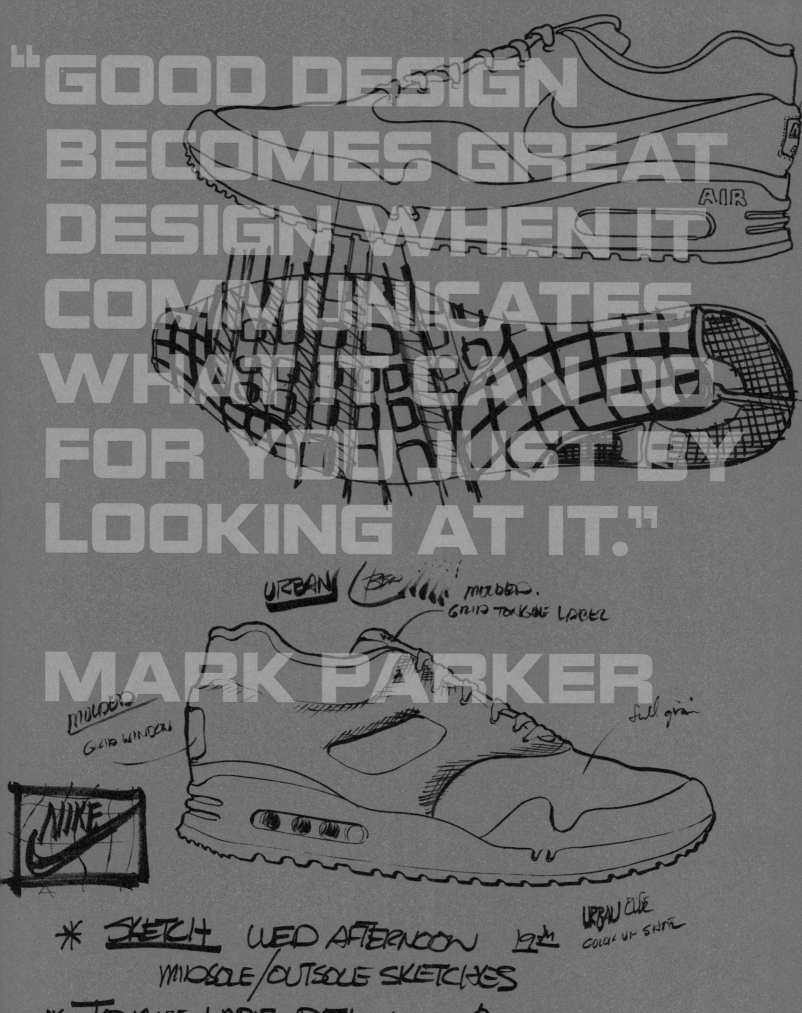

"GOOD DESIGN BECOMES GREAT DESIGN WHEN IT COMMUNICATES WHAT IT CAN DO FOR YOU JUST BY LOOKING AT IT."

MARK PARKER

* SKETCH WED AFTERNOON 19th
  MIDSOLE/OUTSOLE SKETCHES
* TONGUE LABEL DESIGN. 28th
* MECHANICAL (OUTSOLE) 28th

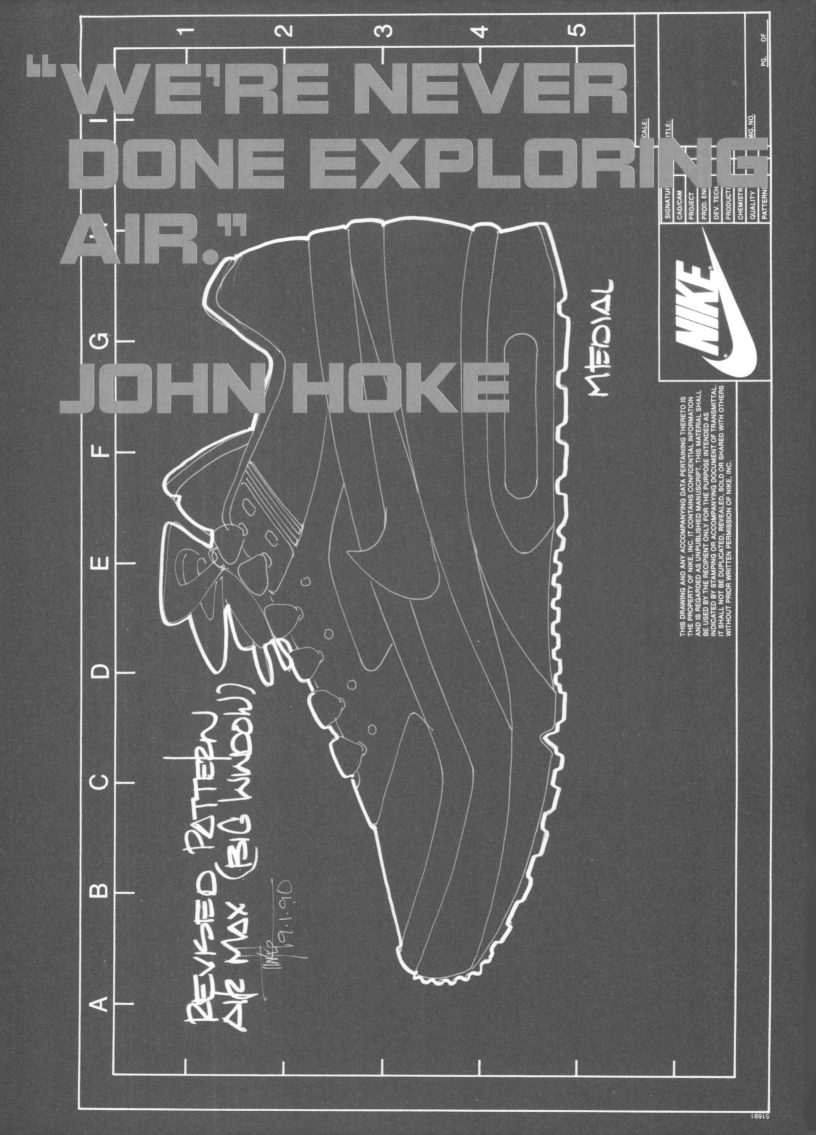

| Air Max Light | 白 / 黑 / 红 | 1989 年 |

| Air Max 90 | 白 / 黑 / 灰 / 红外线红 | 1990 年 |

Air Max BW 波斯紫配色	黑 / 波斯紫 / 白	1991 年

Air Max 180	白 / 群青 / 太阳红 / 黑	1991 年

Air Max ST	白 / 黑 / 太阳红	1992 年

Air Max 93	白 / 薄荷 / 黑	1993 年

Air Max2	狼灰 / 白 / 松石蓝	1994 年

Air Max 95	黑 / 荧光黄 / 白	1995 年

Air Racer Max	白 / 紫 / 橙	1995 年

Air Max 96	蓝 / 紫 / 银	1996 年

| Air Max 97 | 金属银 / 大学红 / 白 / 黑 | 1997 年 |

| Air Max 98 TL | 午夜海军蓝 / 辣椒绿 / 白 / 超蓝 | 1998 年 |

| Air Max Plus | 灰红 / 海军蓝 / 黑 | 1998 年 |

| Air Tuned Max | 深巧克力 / 芹菜绿 / 土星红 | 1999 年 |

| Air Max 2003 | 银 / 浅蓝 | 2003 年 |

| Air Max 360 | 金属银 / 白 / 燧石灰 / 大学红 | 2006 年 |

| Air Max 270 | 黑 / 橙 | 2018 年 |

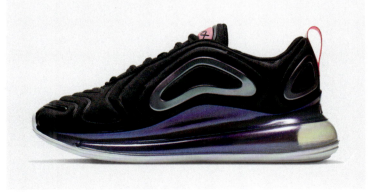

| Air Max 720 | 深烟灰 / 黑色 / 激光紫红 | 2019 年 |

NIKE shoes and apparel represent excellence in function, fashion and technology. Special care is devoted to providing the utmost in comfort and per-formance, no matter what your sport or activity.

Top: Mini Airborne, Stretch Short, Cross Trainer Low. Left: Kiara, Outbreak High. Right: The Strand Top, The Strand Short, Women's SC, Gear Logo Tank, Signature Short, CC-X.

NIKE-AIR IS NOT A SHOE.

Air Revolution

A PRINCIPLE THAT WORKS.

At the Nike Sports Research Lab, one thing is more important than a love of sports.

A passion for science.

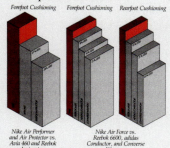

Forefoot Cushioning   Forefoot Cushioning   Rearfoot Cushioning

Nike Air Performer and Air Protector vs. Avia 460 and Reebok Instructor.

Nike Air Force vs. Reebok 6600, adidas Conductor, and Converse Weapon.

That's why, to make sure our research is valid and objective, our scientists and engineers regularly present their findings to institutions such as The American College of Sports Medicine.

We conduct basic and applied research projects, to find new methods of improving cushioning, flexibility, stability, and support.

Our findings helped us develop Nike-Air to begin with. And the Sports Research Lab continually puts Nike-Air to the test.

Using accepted standard testing methods, we measured the impact on different shoes when the foot strikes the ground. The lower the force transmitted through the shoe, the better the cushioning. Here's what we found:

Aerobics: Forefoot cushioning is crucial because the forefoot strikes the ground first in nearly all maneuvers. Better forefoot cushioning reduces the shock that can cause injury to the foot and lower leg.

We tested our Air Protector and Air Performer against the Reebok Instructor Low and the Avia 460. The Nike shoes provided 29% more cushioning than Reebok, and 21% more than Avia.

Basketball: A player lands from a jump with the force of up to ten times his weight. Better forefoot and rearfoot cushioning can reduce shock and the chance of injury.

We tested the Nike Air Force

against the adidas Conductor, Converse Weapon, and Reebok 6600. The Air Force was shown to have the best forefoot cushioning (16% better than adidas, 21% better than Converse, and 8% better than Reebok) and the best rearfoot cushioning (21% better than adidas, 40% better than Converse, and 12% better than Reebok).

Running: We conducted impact studies with the Air Max and nine competitors' shoes. Compared to shoes with conventional midsole materials, the Air Max provided an average of 13% better rearfoot cushioning, and 15% better forefoot cushioning.

Nike-Air never ends: These tests were conducted with new shoes. Yet further tests prove that Nike-Air retains its cushioning properties indefinitely.

These are the results of impact testing conducted to measure the change of cushioning that occurs during a typical run or workout. A better cushioning score means that less shock is transmitted to the foot and leg. Two midsole cushioning systems of the same thickness were tested: a Nike Airsole ■ and molded EVA ■.

while other systems begin to lose their cushioning with the very first step. So the superiority of Nike-Air increases with use.

For instance, after 534 miles, the Air Max retained 98% of its cushioning properties. After 410 miles, an EVA-cushioned shoe retained just 67% of its cushioning. After just 40 miles, shoes using Tiger-Gel™ had already lost 8% of their cushioning.

It's a matter of how different cushioning systems work.

In conventional systems, like EVA, the midsole has small cells containing bubbles of air. When the foot strikes the ground, the air is squeezed out and the cell walls break down or compact.

But in an Airsole, the gas can't escape. The Airsole remains undamaged, mile after mile.

The research that supports these findings assures us that we can provide the best cushioning possible in an athletic shoe.

But in a tough, confusing, retail marketplace, it provides you with an equally important measure of comfort. The facts.

JUST DO IT. Pull on a pair of Nike Air Max' running shoes. Feel the unrivaled cushioning of the Nike Air-Sole'. Feel the resilience of the flex grooves. Feel the support of the thermoplastic support straps. Don't feel the impact of the road.

Women's and Men's Air Max

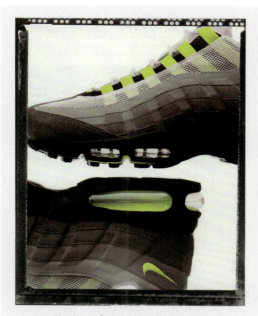

The Air Max® shoe is the technical response to multi-milers' need for **greater impact protection throughout the stride—** anatomically correct cushioning, support and flexibility from heelstrike to toe-off.

NIKE-AIR® cushioning is the dominant athletic shoe technology of this generation. Key to its unending command of impact protection and performance comfort is a unique versatility. This allows NIKE to continually cross the boundaries of convention with authentic applications of NIKE-AIR® cushioning. **For Fall '95, the proof is found in a new series of Air Max® shoes with maximum-volume, visible Air-Sole® units in the forefoot.** Compared to previous forefoot Air-Sole® units, the new Air Max forefoot units provide at least 3-5 times as much NIKE-AIR® cushioning volume.

air max

Air Max 广告宣传单	1987—1995 年

1987 年 3 月 26 日，Air Max 1 的上市体现了耐克公司是如何将设计和营销快速整合，并在店铺中展现出引人注目的形象。

Air Max 1 的广告叙事聚焦在其可视化 Air 气垫而不是这双鞋款的轮廓上，通过讲故事的方式，为 Air Max 展开了一段故事，而并非只是一双鞋子的细节。其印刷广告则通过阐明耐克 Air 气垫是一项具有无限应用可能性的技术，

同样也支持了这个概念。

耐克公司一次又一次地兑现这一承诺，多年来一直不停地更新着 Air Max 系列。这些 Air Max 系列不断演变成传奇鞋款，并在 2013 年为其赢得了属于自己的节日 "Air Max Day" ——每年 3 月 26 日。

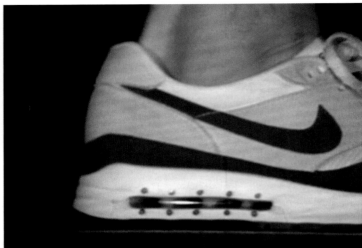

Air Max 1 的《革命》广告片   1987 年

耐克的这部《革命》广告片成为首款 Air Max 1 项目的核心元素。同名歌曲作为背景乐，这是一首英文摇滚歌曲，收录于 1968 年《白色专辑》(White Album）中，由披头士乐队填词、演唱。这部看似粗糙、用超 8 毫米胶片摄制而成的黑白电影广告片，以业余运动员以及迈克尔·乔丹、约翰·麦肯罗等偶像为主角，表现了他们共同参与了席卷美国的健身革命。耐克公司通过将运动员个人具有代表性运动场面与著名的配乐相搭配，耐克 Air 气垫穿插于运动员运动壮举的画面之间的方式，表达了一种"全民运动"愿景。

| 早期 Air Jordan 系列广告片 | 1984 年 |

| 《斯派克和迈克》（*Spike and Mike*）Air Jordan 系列广告片，由迈克尔·乔丹和斯派克·李主演 | 1988 年 |

随着不断完善其有故事性的产品，同时使用能够唤起情感的宣传方式，耐克公司随后继续扩大了其文化的影响力，并且在广告中不可避免地融入这个时代的社会背景。从 1988 年开始，这种精明的表达方式以与著名电影导演斯派克·李合作的形式出现。斯派克·李在一系列 Air Jordan 电视广告中扮演马尔斯·布莱克蒙，这是 1986 年斯派克·李导演并饰演的热门电影《稳操胜券》中，一个迷恋 Air Jordan 运动鞋的角色。布莱克蒙和迈克尔·乔丹共同组成了一个标志性的二人组合，创造了斯派克和迈克两个角色，这让 Jordan 签名运动鞋和耐克公司在篮球场以外的影响力广泛提升。

"1-800" 平面广告，主角为 Air Penny II	1996 年

"1-800" 平面广告，主角为 Air Max Mundo	1996 年

"1-800" 平面广告，主角为 Air Alarm	1996 年

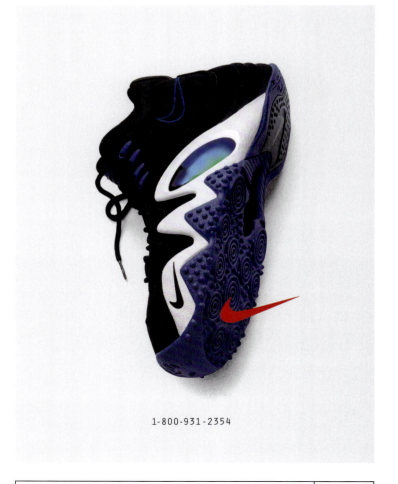

"1-800" 平面广告，主角为 Air Zoom Flight 5	1996 年

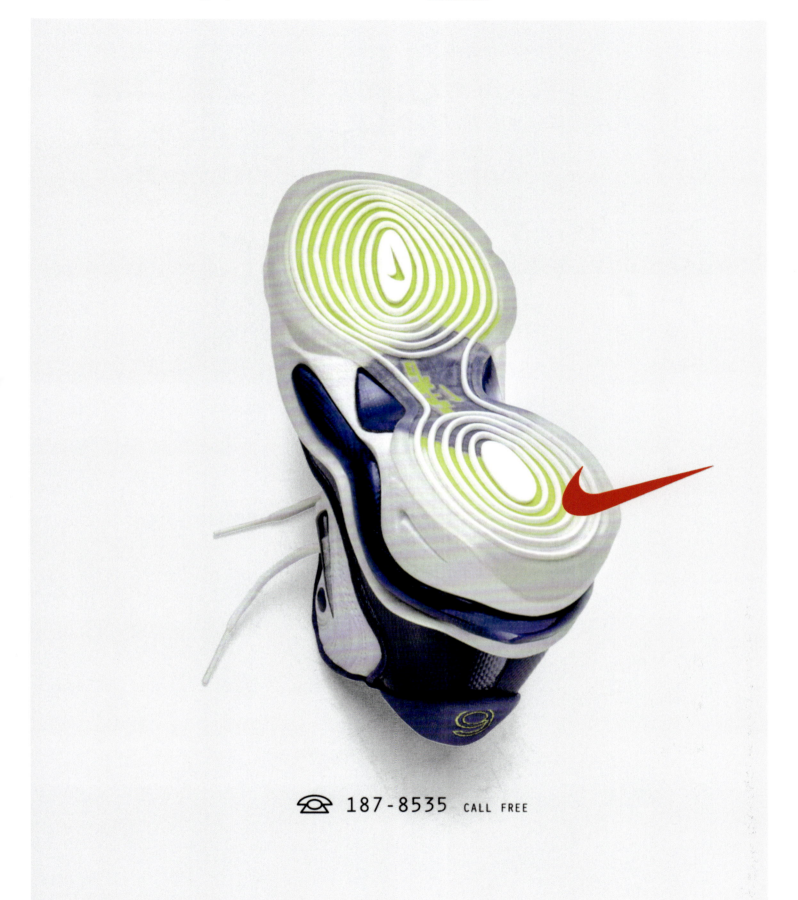

"1-800"平面广告，主角为 Air Zoom Flight 96   1996 年

随着 Swoosh 对勾标志的普及，以及耐克公司越来越具有标志性的鞋类产品设计，该公司在广告画面中的文字阐述变得更少。这种趋势在"1-800"系列平面广告中表现得尤为明显。耐克公司推出的广告只有白色背景和醒目运动鞋的画面，其余只配一个 Swoosh 对勾标志和一个电话号码。拨打该号码的消费者可以听到来自不同耐克代言人、设计师和运动员，如网球运动员吉姆·考瑞尔（Jim Courier）的录音。除了展示产品，这些广告暗示了耐克产品创新和品牌表达中持续存在的哲学潮流：对传统，甚至是它自己的传统始终持有挑战的态度。

Cross-Training

| Air Trainer SC High | 白 / 灰 / 橘 | 1990 年 |

| 《星期一 – 星期三 – 星期五》（*Monday-Wednesday-Friday*）电影广告系列和 *Bo Knows* 广告片，由博·杰克逊主演 | 1988—1989 年 |

　　耐克的优秀广告中，必不可少的一部广告便是 1989 年上映的 *Bo Knows* 广告片。该项目是 1988 年推出的《星期一 – 星期三 – 星期五》电影系列广告的续集，该系列广告将交叉训练的理念引入耐克品牌。

　　这两个有影响力的广告都以博·杰克逊为主角，他是第一位既参加职业棒球比赛同时又参加职业橄榄球比赛的现代运动员，这位擅长多种体育运动的运动员，穿着耐克公司首屈一指的交叉训练鞋 Air Trainer。

　　在首部 *Bo Knows* 广告中，从迈克尔·乔丹到琼·贝努瓦·萨缪尔森（Joan Benoit Samuelson）等众多耐克运动员用流行语 "Bo Knows" 证明了杰克逊的专长，将这位运动员定位为所有运动领域的权威，包括运动鞋领域。

　　1989 年美国职业棒球大联盟全明星赛中，杰克逊完成了一次漂亮的全垒打，耐克公司抓住这个绝妙时机，推出 *Bo Knows* 广告片。

勒布朗·詹姆斯《团结一心》(Together) 宣传活动，包括户外广告（上图）及其广告片（对页）   2014 年

耐克早期的品牌表达经常将其产品放在次要位置，有意思的是该公司后来的营销活动也越发将其放在次要位置，广告将重点大多放在体育运动连接社区、影响文化和推动梦想的力量上。

2014 年《团结一心》广告片在篮球明星勒布朗·詹姆斯重回俄亥俄州克利夫兰市之前推出，这则广告证明了耐克品牌表达方式的影响力。

此次广告关注的焦点放在詹姆斯到来前，他的骄傲和期待。詹姆斯发表了一篇激动人心的演讲，进一步放大了这些情绪，包括城市多样化民众的形象，以及对克利夫兰人团结一心追求 NBA 总冠军这一共同目标的呼吁。

一面 10 层楼高，约 2 320 平方米的旗帜与广告同时揭幕，欢迎詹姆斯回到克利夫兰市，再次传达了关于《团结一心》的信息。

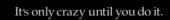

It's only crazy until you do it.

广告片《信念之声》，小威廉姆斯主演	2018 年

第一部 *Just Do It* 广告片推出 30 年后，耐克公司推出了由小威廉姆斯主演的广告片《信念之声》。这部记录了小威廉姆斯从冉冉升起的网坛奇才成长为史上最伟大的球员之一的短片，融入了小威廉姆斯过去的影像和比赛画面，由小威廉姆斯的父亲兼第一任教练理查德·威廉姆斯担任旁白，描绘出作为年轻运动员的小威廉姆斯渴望赢得大满贯的梦想。广告以下面这段文字作为结尾，"在你动手做之前，一切梦想都是疯狂的。*Just Do It*。"这部广告片将耐克的品牌宣传语与实现疯狂梦想连接在一起，借此推出了更宏大的宣传企划"疯狂梦想"，后者也是在宣传"Just Do It"这个经久不衰但又不断演化的信念。

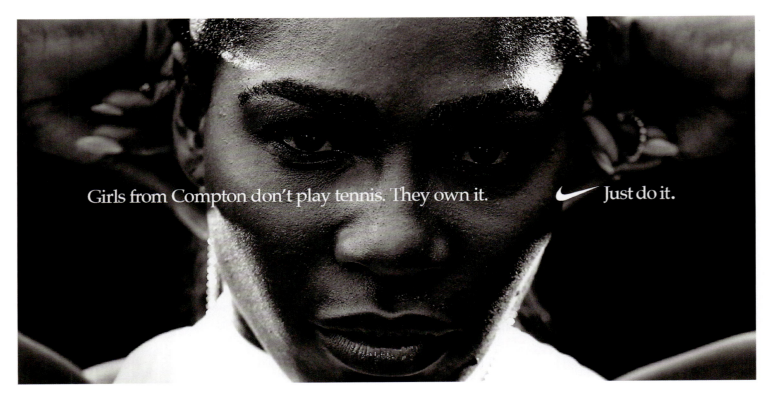

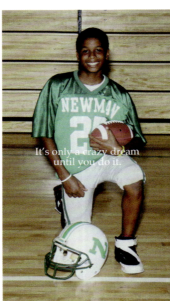

| 《疯狂梦想》户外广告 | 加利福尼亚州，旧金山市，联合广场 | 2018 年 |

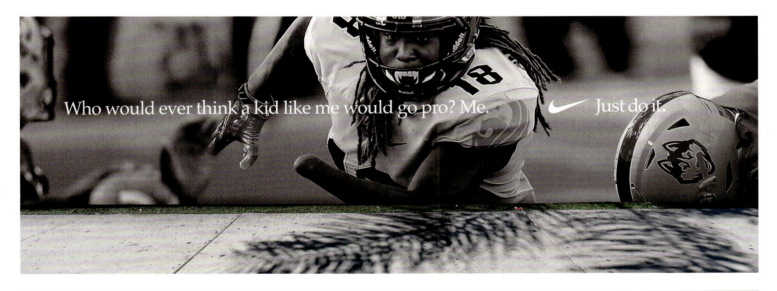

| 《疯狂梦想》平面广告 | | 2018 年 |

　　《疯狂梦想》系列第二部广告片的重点放在了人人平等的主题上，更加明确地表达了整个宣传活动的目的。这部广告片由前美国职业橄榄球大联盟四分卫科林·卡佩尼克担任旁白，讲述了运动员们拒绝借口，在追寻疯狂梦想的过程中克服各种阻碍的故事。出现在这部广告中的知名运动员包括勒布朗·詹姆斯、小威廉姆斯、沙基姆·格里芬（Shaquem Griffin）和埃鲁德·基普乔格，也有优秀的年轻运动员，比如轮椅篮球明星梅根·布朗克、高中毕业舞会皇后兼美式橄榄球线卫艾丽西亚·沃尔考特，以及出生时就没有双腿的 10 岁摔跤运动员以赛亚·伯德。这部广告片以及配套的海报将"Just Do It"的理念传递给了新一代运动员。

《疯狂梦想》广告片，由科林·卡佩尼克担任旁白 | 2018 年

　　与多年合作伙伴韦柯广告公司合作，耐克公司推出的多媒体宣传活动《疯狂梦想》清楚地展示了体育推动世界变化的力量。这套宣传片也含蓄地致敬了耐克公司所付出的艰苦努力以及从不找借口的精神气质，而这些帮助耐克公司实现成为世界上最大运动鞋及体育用品品牌这个疯狂梦想。此外，理想主义的叙事方式，以及启用科林·卡佩尼克担任代言人，表明了"Just Do It"理念对耐克公司自身也产生了影响，让公司成员更明确地支持为所有人提供公平竞争机会的理念。

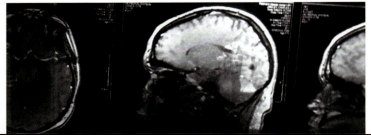

IF YOU EVER DREAMED OF PLAYING FOR MILLIONS AROUND THE WORLD,

NOW IS YOUR CHANCE.

PLAY INSIDE, PLAY FOR THE WORLD

Dear Athletes,

Why do we love sporting comebacks so much? It's not as simple as a moment of boastful pride or a shallow victory.

It's because in that moment, we saw and felt the impossible made possible. It is because of the inspiring nature of what we humans are capable of when we don't give up.

We've all been underestimated and counted out at some point. We've all felt overpowered by someone or something that at that moment felt much stronger than us. It could have been a tougher opponent, a nasty hill or a ruptured Achilles.

But whatever it was, in those moments we felt like it was all over, and so did everyone else.

But we didn't give up, we didn't quit and because of that, things started to change, and then, to faith's surprise, we were on top again.

YOU CAN'T STOP SPORT.

That's why sports will always remind us we can make it back. No matter how deep down we fall. Again and again and again, sports will prove to us that we can make it back from anything.

Back from injury, back from loss, back from 3-1, 6-1 or 3-28, back from everyone thinking we were history.

And that's why comebacks have a way of leaving a mark on us all, we hold onto them and bring them out when we need it most. And that is right now.

And even if right now there isn't a trophy or championship to win, there is something much bigger to comeback from and to.

Now more than ever, we need to see ourselves in sporting comebacks and remember that there is nothing we are not capable of.

"你不能阻止我们"数字宣传活动中的运动员公开信 | 2020 年

新冠疫情暴发后，耐克公司在 2020 年用"在室内运动，为世界运动"的宣传活动再次表明了自身推动社会公益的立场。作为对当时居家指令的迅速反应，这个社交媒体驱动的宣传活动鼓励运动员以居家训练的方式履行各自社会责任。与此相对，耐克公司通过虚拟竞赛，比如举办"客厅杯"的方式，调动消费者的热情。很快，耐克公司又以慈善公开信的方式推出了"你不能阻止我们"的宣传活动，以此颂扬反败为胜故事中主人公们的坚韧精神。由勒布朗·詹姆斯担任旁白的广告片《从不落后太远》（*Never Too Far Down*）描绘出了冠军球员在战胜前所未有挑战时所需的坚定信念与坚毅精神。

《没有什么能击败伦敦人》广告片	2018 年

耐克公司在国际宣传上取得成功的主要原因在于团队成员能够触动多数人的情感，同时，他们培养与本地化特色对话的能力，在数字媒体及满足运动员需求信念的推动下，也正在迅速成熟。2018 年，在 Instagram 上推出的《没有什么能击败伦敦人》的广告，就是从体育的角度出发，提供极具说服力的案例，展现这座城市居民的坚韧性格。这部广告片里出现了 258 名当地运动员以及这些人心目中体育偶像的镜头。一个个真实的故事，配上地标以及富有当地色彩的配乐，这些都是对观众现实生活的真实反映。

I will like myself more
I will have more self-confidence
I will suffer less depression
I will be 60% less likely to get breast cancer
I will be more likely to leave a man who beats me
I will be less likely to get pregnant before I want to
I will learn what it means to be strong
If you let me play sports

《如果让我上场》广告片 | 1995 年

1984 年，为了庆祝女子马拉松成为奥运会正式比赛项目，耐克公司推出了一个广告，赞颂那些说服国际运动管理机构摒弃持有"女性生理特征决定其无法进行长距离奔跑"这种陈腐观念的人。当琼·贝努瓦·萨缪尔森成为第一个赢得该项目金牌的运动员时，她也用实际行动破除了前述陈腐观念。与马克·帕克及其他耐克队友共同训练的萨缪尔森也成为耐克公司推动性别平等议题上永恒的标志性人物。1995 年夏天，耐克公司用《如果让我上场》广告继续推动这个议程，这则广告片基于数据统计，大力赞扬了为女孩提供运动机会的长期收益。

《1979 年琼·贝努瓦 23 岁，她胜利了》（*In 1979 Joan Benoit was 23 years old and Winning*）广告片，主角是琼·贝努瓦·萨缪尔斯 | 1995 年

《没有终点线》（*There is No Finish Line*）40 周年海报，主角仍是琼·贝努瓦·萨缪尔森 | 2019 年

| Air Force 1 High | 白 / 银 | 1983 年 |

| Air Force 1 High 大底 | | 1983 年 |

1982 年的 Air Force 1 篮球鞋将气垫技术引入篮球运动时，它的功能美学立刻吸引了体育界人士和街头文化爱好者的注意，它的地位一直随着时间的推移而上升。这是目前耐克产品有史以来迭代次数最多的设计，这款运动鞋使该公司能够通过限量版发行款、特别合作款，与全新的受众进行对话，如同可以重新构思的标志性的画面，向不同的人群、地域、团队和时刻致敬。

无论是与志同道合的品牌、艺术家或时装设计师联名，还是利用自己的内部设计团队，耐克公司都会通过 Air Force 1 来促成新的创意和文化交流。

"CONCEIVED FOR BASKETBALL BUT ADOPTED BY THE STREETS, THE AF1'S CONFIDENT SWAGGER TRANSCENDS TIME."

FRASER COOKE

AIR FORCE 1 HI

Sizes	6-17
Upper	White/Silver

Full-Grain Leather Upper: Durable and supportive for long wear.

Perforated Full-Grain Leather Toe Piece: For increased breathability.

Variable Width Lacing System™: Allows the upper width to be adjusted by staggering the eyelets while also providing a snug, comfortable fit.

Proprioceptus Belt: To decrease the chance of ankle injury.

Hinged Eyelet Design: Allows ankle mobility without sacrificing stability.

Sockliner *Spenco® Rearfoot Padding:* Provides heel security, blister protection and cushioning for the Achilles tendon.

Dipped Achilles Pad: Prevents Achilles tendon irritation during normal foot flexion.

PermaFoam™: Molds to the pressure pattern of the foot for a uniquely personalized fit.

Midsole *NIKE-Air™ Unit:* Provides up to 30% more cushioning than conventional midsoles. Reduces impact on muscles and joints. Helps reduce leg fatigue.

Outsole *Concentric Circle Outsole:* For optimum traction and minimal resistance to pivoting movements.

Continued on back

AIR FORCE 1 LO

Sizes	6-15
Upper	White/Silver

Full-Grain Leather Upper: Durable and supportive for long wear.

Perforated Full-Grain Leather Toe Piece: For increased breathability.

Variable Width Lacing System™: Allows the upper width to be adjusted by staggering the eyelets while also providing a snug, comfortable fit.

Sockliner *Spenco® Rearfoot Padding:* Provides heel security, blister protection and cushioning for the Achilles tendon.

PermaFoam™: Molds to the pressure pattern of the foot for a uniquely personalized fit.

Midsole *NIKE-Air™ Unit:* Prov... cushioning than conve... Reduces impact on mu... Helps reduce leg fatig...

Outsole *Concentric Circle Outsol...* tion and minimal resis... movements.

Profile The Air Force I Lo is th... with the NIKE-Air mi... tem which in the past... NIKE technical runnin... Air midsole provides u... ioning than conventio...

Continued on back

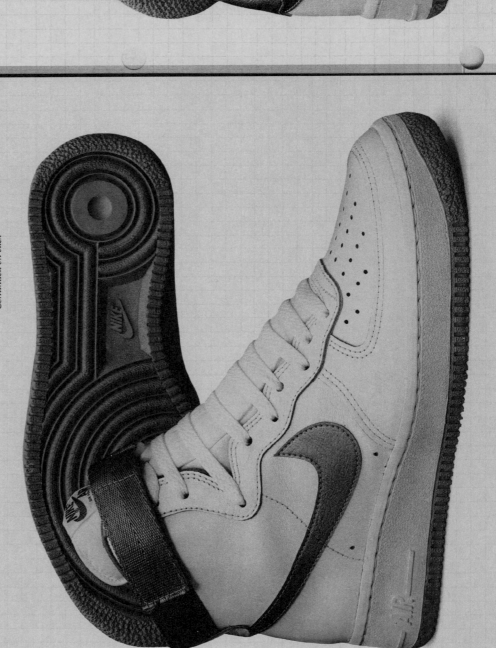

| Air Force 1 High SC | 白 / 蓝 | 1995 年 |

| Air Force 1 High Urban | 白 / 棕 | 1993 年 |

NIKE

AIR FORCE 1

OWNER'S MANUAL

The Advantages of "Air":

Studies show that the larger the player, the more cushioning is needed since the increase in force generated against the bottom of the foot during play exceeds the increase in the sole area that is absorbing the impact. Scientists have shown that the Air-Sole® provides up to 30% more cushioning than conventional basketball shoes.

In addition to providing superior cushioning, the flow of gas throughout the Air-Sole® unit during foot contact creates a conforming foot bed, providing stability for side-to-side maneuvers.

Moreover, studies show the Air Force 1 to be 20% more resilient than conventional basketball shoes. A "resilient" material is one which returns energy that is put into it. The resiliency of the Air-Sole® with its return of energy to the player, reduces fatigue and makes possible those important fourth quarter rallies. And, unlike conventional midsoles, the Air-Sole® will not lose its cushioning, resiliency or stabilizing capability with use. The Air-Sole® contained in the Air

Force 1 is with you every step of the way.

Strap yourself in and take to the sky. The Air Force 1...it's earned its wings.

FEATURES

Concentric Circle Outsole:

The concentric circle outsole pattern is designed for two purposes: To provide optimal traction during side-to-side and front-to-back maneuvers, and to provide minimal resistance to pivoting movements that apply large and potentially injurious pressures to the ankle, knee and hip joint.

In tests done in the NIKE Sports Research Laboratory, the Air Force 1 was compared with conventional European shell outsole patterns. Results show that while having similar resistance to side-to-side and front-to-back movements, the NIKE concentric circle outsole demonstrated a lower maximum torque, or lower resistance to twisting movements. This study indicates that while performing as well, the concentric circle design may be safer than conventional outsole patterns.

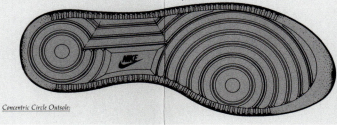

Concentric Circle Outsole:

Traction Characteristics

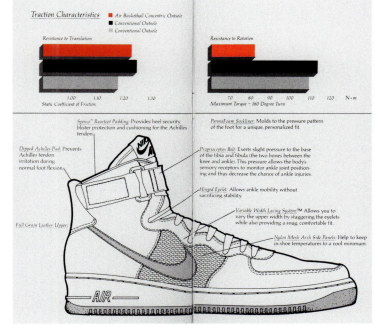

| Air Force 1 用户手册 | 1982 年 |

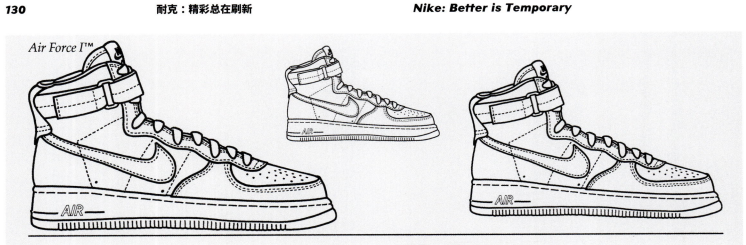

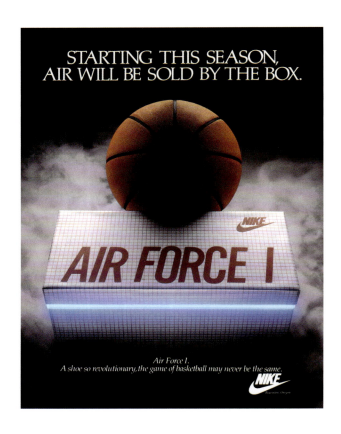

Air Force 1 广告图   1983 年

来自 Air Force 1 30 周年 *1thology* 主题海报 | 2012 年

| Air Force 1 "Linen" | 米色 / 白 / 粉 | 2000 年 |

| Air Force 1 "Atmos" | 中灰色 / 暮蓝色 | 2001 年 |

| Air Force 1 "Black Album" | 黑 / 白 / 黑 | 2003 年 |

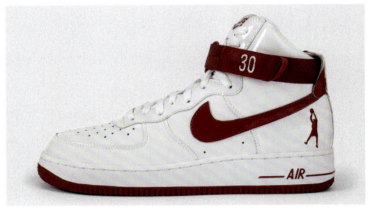

| Air Force 1 High LE "Sheed" | 白 / 大学红 | 2003 年 |

| Air Force 1 High L/M PRB "Tokyo Stash" | 亮灰 / 磁石灰 | 2003 年 |

| Air Force 1 "Vibe" | 白 / 蓝黑 | 2003 年 |

| Air Force 1 × Busy P Low Supreme | 黑 / 大学蓝 | 2004 年 |

| 马克·史密斯（Mark Smith）设计款 Air Force 1 Premium | 开司米 / 开司米 英国棕 / 白 | 2004 年 |

| Air Force 1 QK "Mister Cartoon" | 白 / 经典绿 – 大学红 | 2005 年 |

| Air Force 1 PRB "Ueno Sakura" | 浅骨色 / 浅骨色 – 西瓜红 / 白 | 2005 年 |

| Air Force 1 × Undefeated "Shemagh" | 校园紫 / 校园紫 – 海港蓝 – 浅木炭 | 2006 年 |

| Air Force 1 × Bobbito High Premium "Beef'N Broccoli" | 军橄榄绿 / 巴洛克棕 – 软灰 | 2007 年 |

| Air Force 1 Low Supreme "Krink" | 金属银 / 金属银 – 浅胶 | 2008 年 |

| Air Force 1 Low PRM "BHM" | 午夜雾 / 黑 | 2012 年 |

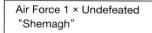

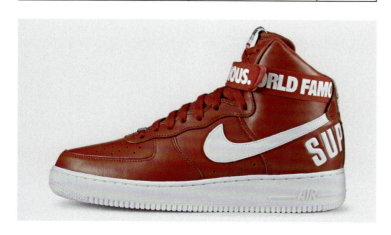

| Supreme Air Force 1 Mid "Red" | 大学红 / 白 | 2014 年 |

| Lunar Force 1 "ACRONYM" | 白 | 2017 年 |

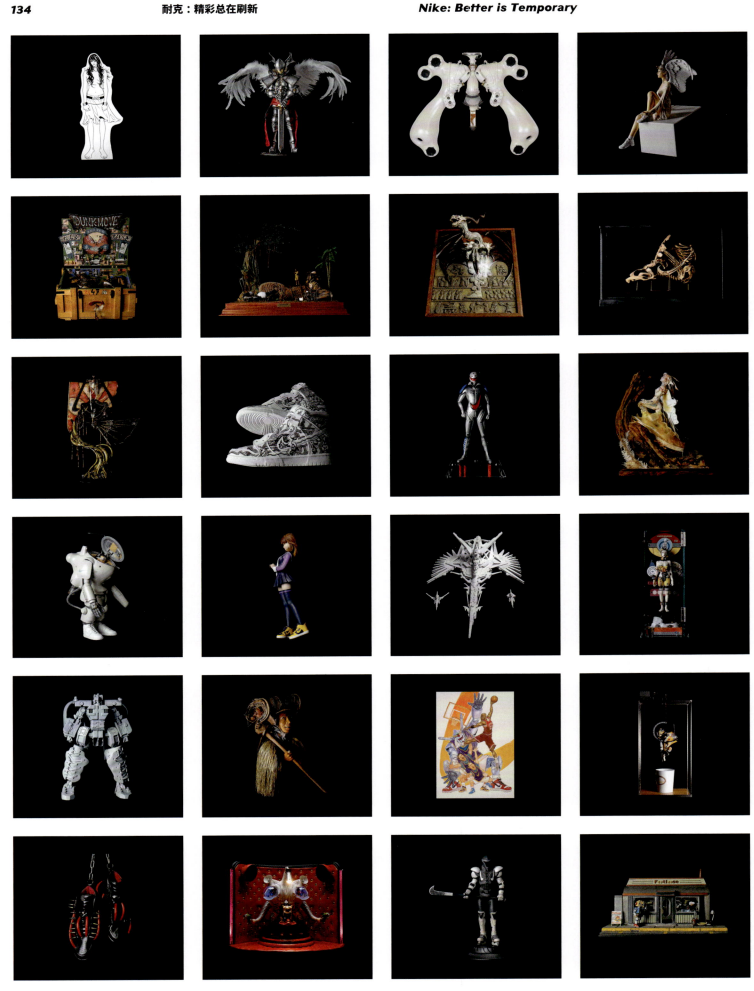

　　从第一行第一个开始，依次是: Atsushi Kamijo, Eiji Nakayama, Eisaku Kito, Hajime Sorayama, Haruo Suekichi, Hideaki Hirata, Hitoshi Yoneda, Jun Goshima, Junichi Taniguchi, Katsuya Terada, Keiichi Sato, Kenji Ando, Kow Yokoyama, Masakazu Katsura, Naoki Sato, Shinichi Yamashita, Shuji Yonezawa, Takayuki Takeya, Yoshikazu Yasuhiko, Yasuhito Udagawa, Yasushi Nirasawa, Yukio Fujioka, Yuji Oniki, Yukihiro Suzuki。

"White Dunk: 标志鞋款的演变" 展览	日本，东京	2004 年

2004 年，耐克公司不断寻求与新的受众建立联系，其表现之一便是 "White Dunk: 标志鞋款的演变" 展览，该展览在前往巴黎和洛杉矶之前先在东京开幕。

这个画廊式的快闪展览，展示了 25 位日本艺术家的作品，从动画师、插画师和玩具制造商到工匠、雕塑家和平面设计师，他们受耐克公司总裁马克·帕克的邀请，在全白的 Dunk 鞋上进行创作，"让它激励他们，没有限制"。

耐克公司首次涉足展览并获得成功，为未来越来越多的实验性品牌表达奠定了基调。

| 米兰设计周中的"自然律动"展览 | 意大利，米兰 | 2016年 |

为"自然律动"展览设计的"自然律动实验"概念性鞋款	2016 年

　　"自然律动"是耐克公司在 2016 年米兰设计周中的一项展览，其中展示了耐克公司对于经典设计无约束的创新设计。

　　在没有任何商业产品的前提下，多功能展示空间将耐克设计师的实验性鞋类创作与 10 位当代优秀设计师合作创作的概念性设计物进行组合。

　　从魔术贴到软木塞，再到可回收的 Flyknit 纱线，各种各样的展品都有一个共同的特点：对自然律动的探索，这也使设计与耐克公司不断拓展人类潜能的使命保持一致。

"渴望之物"展览	美国，纽约	2017 年

2017 年在纽约举办的"渴望之物"多媒体展览，同样呈现出一种身临其境的体育与文化的交集。由《无序》杂志主编多里安·格林斯潘策划，"渴望之物"中含有穿着耐克创新产品的运动员的过往作品和最新作品，包括电影《我，大卫》，这部富于表现力的作品由美国芭蕾舞剧院首席演员大卫·哈尔伯格主演，由新兴电影制作人尼克拉斯·吉利斯执导，哈尔伯格身穿 NikeLab ACG 动漫式斗篷。

| 影片《我，大卫》由大卫·哈尔伯格主演，于"渴望之物"展览中播放 | 美国，纽约 | 2017 年 |

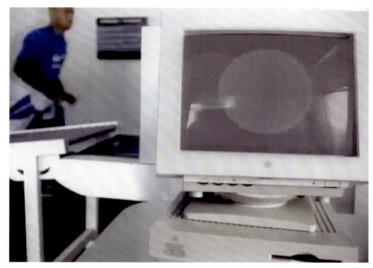

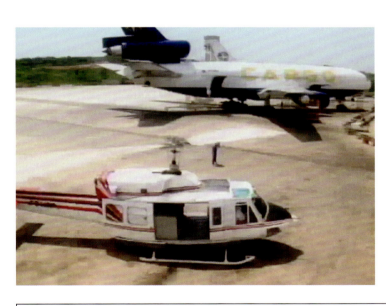

由巴西国家足球队主演的广告片《机场》(*Airport*) 上图及对页　　1998 年

无论在何种平台，耐克品牌表达的成功，均取决于其是否能够真正融入各种人群及社区的能力。

以巴西国家足球队为主角的《机场》电影广告片就说明了这一简单的事实，它是为迎接 1998 年世界杯而制作的广告，其特点是球队的顶级球员在一个看似平庸的机场里表演迷人的足球技巧。

这种鲜明的错落式的拍摄方法，暗示了足球比赛正在从传统的欧洲打法向巴西队喜欢的具有"自发性""创造性"的打法过渡，五人制足球的兴起也证明了这一点。

简而言之，它确保了每个人都渴望成为巴西足球运动员那样的球员。

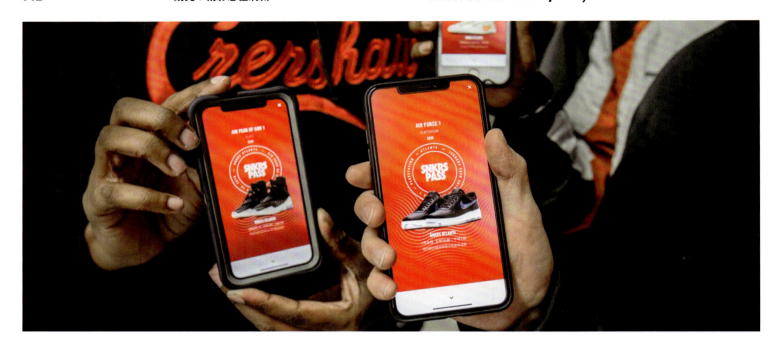

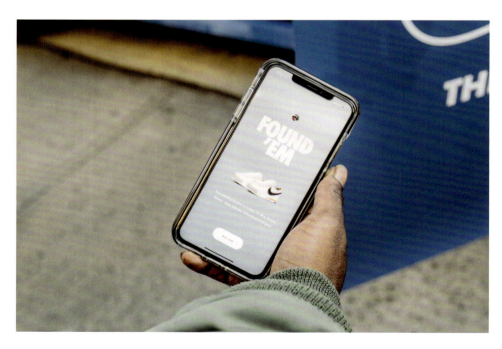

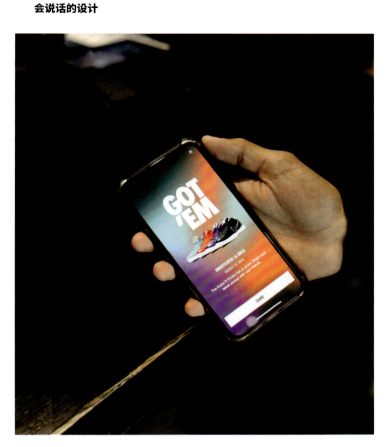

SNKRS 发售	不同地区	2019 年

自 2015 年推出以来，SNKRS 一直是耐克公司最先进的数字化进程的试金石。作为顶级运动鞋的购买入口，它提醒用户注意耐克公司推出的最新、最稀有的鞋款。

除了提供在线的通行证购买这些令人垂涎的款式外，这款 App 还邀请用户通过创新体验获得这些款式，如 SNKRS Stash，该公司利用增强现实技术，解锁在某些地区投放的"隐藏"独家产品。同时，SNKRS 向耐克公司提供用户数据，使公司能够更好地预测和满足用户需求及愿望。

Air Force 1 "De Lo Mio" 活动照片 | 2018 年

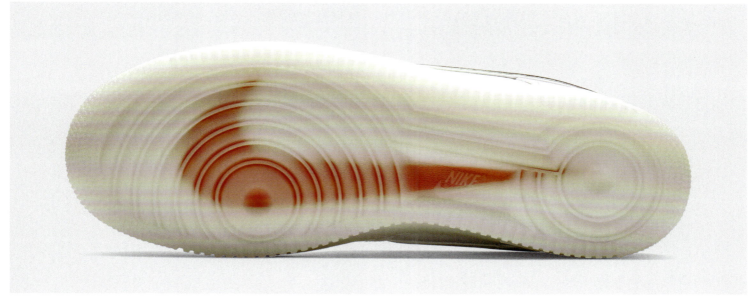

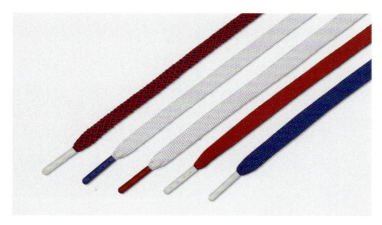 

Air Force 1 "De Lo Mio"	白 / 大学红 – 运动蓝	2018 年

2018 年 De Lo Mio 款的 Air Force 1，再次印证了 SNRKS 是如何增强耐克公司提供高端体验和产品能力的。

App 的数据显示，其纽约市最集中的用户来自多米尼加裔社区。根据数据，耐克公司委托设计师塞萨尔·佩雷兹，一位出生于纽约市的多米尼加后裔设计了一款向多米尼加社区致敬的运动鞋。耐克公司随后邀请了 6 位来自纽约的多米尼加传统摄影师为多米尼加社区成员拍摄这双运动鞋。这双鞋在首发和补货时立即售罄。

| 耐克纽约，创新之家 000 | 美国，纽约 | 2018 年 |

| 耐克上海，创新之家 001 | 中国，上海 | 2018 年 |

耐克公司对本地化数据的使用趋势正在变得越来越明朗，面对不同的社区，公司成员会定制设计不同的实体店。在上海、纽约和巴黎，耐克的旗舰店已经从标准化的大型耐克直营店转变为经过独特设计的创新之家。每家旗舰店都展现了与当地特色相结合的设计、装修以及完美融合于耐克数字平台的商品。洛杉矶和东京的耐克现场门店同样以耐克 App 的使用模式、区域性购买模式以及 Nike+ 会员参与情况为基础，为当地人提供高度定制化的动感氛围。考虑到耐克公司提出了关注直接面对消费者的业务，所以上述门店只是耐克公司未来打造越来越精细零售业务的开端。

"NIKE HOUSE OF INNOVATION IS ABOUT REINFORCING A SPACE TO CELEBRATE AND TELL STORIES."

ANDY THAEMERT

第 3 章　和我们一起"造梦"

Air Jordan 3	R.T. Air Force 1 Mid	Gyakusou DF Utility Speed Tights
Dunk High	R.T. Air Force 1 Low	React Element 87 × Undercover
SB Dunk Low Pro	R.T. Air Force 1 Boot SP	NIKECraft
SB Dunk High	R.T. Dunk Lux High	React LW WR Mid iSPA
Zvezdochka	R.T. × Victorious Minotaurs Collection	iSPA Air Max 720
Kobe IX Elite Premium Low HTM	The Ten	iSPA Joyride Envelope
HTM2 Run Boot Low TZ	NikeCourt Flare 2.0 PE × Virgil Abloh	Air VaporMax Flyknit 3
Lunar Flyknit HTM	Blazer Studio Mid × Virgil Abloh	Air VaporMax Flyknit Gaiters iSPA
Sock Dart HTM	NikeCourt Day Dress × Virgil Abloh	iSPA Zoom Road Warrior
Air Force 1 HTM	Shox Glamour SW × Serena Williams	iSPA OverReact Flyknit
Air Woven Boot HTM	Studded Leather Jacket × Serena Williams	iSPA Drifter
Air Moc Mid HTM	Denim Skirt × Serena Williams	iSPA Flow 2020
Air Footscape Woven HTM	Studded Dress × Serena Williams	iSPA Short
Zoom Macropus LC Priority HTM	French Open Catsuit × Serena Williams	iSPA Inflate Vest
Air VaporMax Moc 2 × ACRONYM	Nike × sacai LDWaffle	iSPA Inflate JKT
Air Presto Mid Utility × ACRONYM	Nike × sacai Blazer Mid	
Air Monarch IV × Martine Rose	Gyakusou Transform Jacket	
Air Monarch	Gyakusou Helix Shorts	
Nike × MMW Free TR 3 SP	Gyakusou Short Sleeve Packable Jacket	

1987 年秋天，耐克联合创始人菲尔·奈特和廷克·哈特菲尔德坐在会议桌旁，对面是迈克尔·乔丹的父母，他们一起等待乔丹现身。从建筑师转行球鞋设计师的廷克·哈特菲尔德当时仅有短短几年的设计经验。一个月前，耐克公司内部一些负责乔丹工作的联系人选择了离职，有消息称，乔丹也在考虑离开。那些人离开后，为乔丹设计下一双签名鞋的任务落在了廷克·哈特菲尔德身上，他因为推出了 Air Max 这种具有突破意义的设计而吸引了不少关注。经过 3 个星期紧张且不眠不休的设计及研发后，第一双样品鞋终于摆上会议室的桌子，上面盖着一块黑色的布。奈特和廷克·哈特菲尔德也知道，被摆在桌子上一起审视的，还有乔丹那极受瞩目的代言协议。

乔丹出现时，廷克·哈特菲尔德想起了不久前去芝加哥时的所见所闻。当时他陪乔丹去定做西装，在那里了解到乔丹对意大利皮鞋的钟爱。他见证了乔丹独到的时尚眼光，发现乔丹很有悟性，他会去评价诸如衣服翻领或下摆卷边的细节等时尚话题。廷克·哈特菲尔德回想到，乔丹想要一双更轻、束缚性更小的球鞋，这样的鞋能更好地辅助他完成各种空中动作，并且能配合他敏捷灵活的特点。乔丹的胃口已经被吊了起来，当他们揭开盖在样品鞋上的黑布时，乔丹立刻拿起球鞋，脸上露出了微笑。

Air Jordan 3 与过去的篮球鞋截然不同。像建筑师设计房子一样，廷克·哈特菲尔德细心听取了客户的需求，再结合自己的观察，最终交出了一个超出所有人预期的设计。这款球鞋的鞋面将仿麂皮皮革嵌于独特的象皮样式中，配上一块经过鞣制过程而凸显出自然颗粒感的水洗皮（floater）。乔丹希望每场比赛都能穿新鞋，而这种设计不需要提前适应、磨合。借鉴 Air Max，Air Jordan 3 在中底设置一个窗口，人们从这里可以看到脚跟处耐克最重要的缓震技术部件。耐克的 Swoosh 对勾标志变成了后跟处一个显眼的塑料条，而新的标志是乔丹在空中的剪影，它醒目地出现在鞋舌的前方和正中间。鞋帮的高度正好位于脚踝之下，这款球鞋满足了乔丹对重量更轻、更灵活的要求。只靠这个设计，廷克·哈特菲尔德就用前所未见的方式，将运动鞋的性能与时尚完美结合在了一起。乔丹被说服了，奈特和廷克·哈特菲尔德松了一口气。

Air Jordan 3 的成功，为耐克公司走上与运动员合作之路奠定了基础。对耐克的设计师来说，与最高水平的运动员建立良好关系，收集他们的意见并将他们的观点转化为新设计，对于不断提升产品起到了重要的良性循环的作用。在良性循环中，创新带来更多创新，风格演化不存在任何界限。大概源自廷克·哈特菲尔德做过建筑设计师，Air Jordan 3 最有意义的经验就是与运动员建立真正的合作，你需要认可他们在体育之外也是一个真正存在的人。凭借直觉将上述独特的线索合并进入最终产品，有助于推动耐克的设计向全新且不可预知的方向发展，说到此处，让人想起安德烈·阿加西的牛仔布短裤。当街头时尚与嘻哈风格逐渐成为主流，Air Jordan 3 不仅在篮球场上取得了成功，它的这段历史也是耐克成长为具有广泛文化影响力品牌的决定性时期，并且协助推动了当今球鞋文化的形成及发展。

如果说廷克·哈特菲尔德和乔丹的关系成为耐克公司在流行运动中与运动员合作的典范，那么耐克 SB（skateboarding）滑板鞋系列的崛起，则确定了一种利用亚文化，围绕限量版及定制合作为品牌创造更多活力的全新方法。21 世纪初，经过几次打入滑板市场的失败尝试后，桑迪·博德克接过了这个重任。桑迪曾经从事产品磨损测试工作，正是他的远见卓识让耐克公司打进了足球和极限运动市场，后来他也成为"破 2"马拉松项目的主管。桑迪知道，像耐克这么大规模的公司，想和体育界天生就有叛逆精神的极限运动建立联系，关键在于真实性与精妙性。"极限运动员总是很在意创造力、自我表达和挑战常规，他们总想尝试从来没有做过的事，"桑迪后来解释道，"他们与作为传统运动品牌的耐克截然相反。但显然在我们启动耐克 SB 滑板鞋系列时，世界正在发生改变，而耐克品牌想要跟上潮流，保持年轻并扩大吸引力，我们自然有必要试着和这群数量不断增加的反传统运动员建立真正的联系。滑板运动员从一开始就把运动鞋看作制服的一部分，所以我们的重点放在很基础的环节，并且尊重他们，而不是想着做不符合他们自身特点的事。"

"滑板运动的本质就是适应眼前的一切，不管是斜坡还是障碍。滑板不像其他运动一样存在架构，滑板不存在规则，"耐克 SB 滑板鞋系列研发部的凯文·今村（Kevin Imamura）从事这项业务近 20 年，他表示，"因为这样的心态，滑板运动员会使用能用的一切东西，不管是休闲滑板鞋还是旧的篮球鞋。滑板运动员一直在用耐克公司几十年来出产的高质量运动鞋，但这些鞋都不是专门针对滑板这项运动。我们意识到可以做一些小修改，那些运动鞋就会成为极好的滑板鞋。"

1985 年，Dunk 系列首次上市，耐克公司也在那时开始与 NCAA（美国大学体育总会）的篮球强校开展合作，创新的双色设计让球队配色球鞋开始兴起。上市后，Dunk 的风格立刻被当时还属于地下文化的滑板界接受。因此在 2002 年，Dunk 被耐克公司选为新生的 SB 业务的基石产品。但让这款运动鞋一经上市便立刻取得成功的，并不是在鞋舌上增加衬垫，或者在鞋垫后跟处增加 Zoom Air，甚至也不是改变外鞋底的构成以增加抓地力，而是耐克公司采用了全新的营销策略，比如选择了 4 名滑板运动员，让他们设计专属于自己版本的鞋子。Dunk 的实用性设计使之成为可用于定制及变换各种风格的理想候选产品，而丹尼·苏帕西瑞拉（Danny Supasirirat）、吉诺·扬努齐（Gino Iannucci）、理查德·穆尔德（Richard Mulder）和里斯·福布斯（Reese Forbes）都提出了迥然不同，但又符合个人风格的设计。

　　和其他运动不同，性能与时尚在滑板文化中永远是不可分割的。滑板板面是否漂亮，和滑板本身是否好用同样重要，这些还要放在包含图像、时尚、音乐和生活方式的更广泛的环境中去考量。等到第二年，当源自 Air Jordan 3 经典配色的设计 SB Dunk Low Pro Supreme "黑水泥" 和 "白水泥" 上市并立刻受到追捧时，耐克 SB 滑板鞋系列不仅在滑板界站稳脚跟，而且通过在特定地点的限定零售商销售的形式，点燃了人们对限量款的热情，从而将球鞋文化带上了全新高度。Dunk 接下来与更多的滑板运动员、艺术家，比如涂鸦艺术家 Futura、Pushead 和杰夫·迈克菲特里奇，其他合作品牌及乐队，比如 U.N.K.L.E.、De La Soul 和 Melvins 开展合作，在公司内部确立了积极活跃的文化反馈循环。

　　如果说 SB Dunk 本质上是产品拼接练习的话，那么同时期开展的另一个合作，可以说对公司的设计及创新项目产生了极其重大的影响。20 世纪 90 年代，澳大利亚工业设计师马克·纽森（Marc Newson）因为在阿莱西（Alessi）、马吉斯（Magis）和卡佩里尼（Cappellini）等意大利品牌的设计上声名鹊起，他的作品总能将高超的技术和太空时代乐观进取的精神融合在一起。双方从合作之初就能明确感受到，纽森想做的不只是普通的运动鞋。他和耐克公司总裁马克·帕克携手合作，希望证明运动鞋的构造可以从头开始重新思考。帕克本人对模块化运动鞋设计非常有兴趣，也是整个项目的重要合作者。2004 年推出的 Zvezdochka 是以 1961 年随人造卫星斯普特尼克 10 号（Sputnik 10）升空的俄罗斯太空狗命名的，它起到的正是这个作用。这个设计分为 4 个互相独立的组成部分：一个有孔的笼形外壳、一个连锁相扣的组合式大底、一个类似潜水衣的内套、还有一个 Zoom Air 内底。这 4 个部分可以随意组合拆卸，以满足不同的需要和使用环境。因其模块化结构，Zvezdochka 也消除了传统运动鞋对于黏合剂的固有需求，不论从字面还是技术现实上来说，这都是循环利用极难解决的问题。尽管这款鞋独特的美学设计可能引起争议，但毫无疑问，Zvezdochka 设计推动团队采用不一样的方法，思考材料、结构，甚至球鞋生产背后的逻辑。比如 2005 年的 Considered 系列，即专门以生态可循环材料为基础设计开发运动鞋。尽管这个系列产品的外观及触感和 Zvezdochka 大不相同，但它就是直接源自 Zvezdochka 的产物。Zvezdochka 这款运动鞋最终的销售数量不多，但时至今日，耐克公司的资深人士仍将其看作设计的关键基准与转折点。因为有了这款鞋的设计，再也不存在所谓的 "越界"，如果有必要，生产运动鞋的任何步骤都可以被质疑。

　　过去20年来，随着高级时装、街头服饰与运动服装之间的界限逐渐消除，耐克品牌已经确立了一种独特的地位，让自己成为几乎在各个领域都可以突破界限的品牌。这个过程中核心因素之一就是合作。自比尔·鲍尔曼在俄勒冈大学体育场看台下修补运动鞋时开始，与运动员合作就一直是耐克公司的重中之重，这种紧密的合作形式至今仍是耐克公司设计理念的核心。而 Air Jordan 3 却开辟了一种全新方法，将源自运动员个性中的风格与叙事元素和产品性能创新放在同等重要的位置。SB Dunk 证明，当耐克公司需要与新受众建立真正的联系时，运动鞋可以作为画布，帮助公司与不同文化进行有意义的互动。Zvezdochka 揭示了外部煽动者的价值，他们能够鼓动公司从新的角度进行思考，可以成为公司内部的变革催化剂。自然而然，这些策略均建立在耐克公司本身已经存在的复杂合作网络基础之上。新款运动鞋并非直接从设计师的办公桌就能进入街头。无数专业人士，从材料科学家到营销经理，都需要贡献出专业技能，才能将成功的产品带入人们的生活中。知识分享、共同创造和团队合作是构建耐克宇宙的关键组成部分。正是有了这个基础，才巩固了耐克公司与外部合作者的成功合作。

　　鲍尔曼大概不会想到，自家的运动鞋有朝一日也能进入巴黎时装周。随着与诸如阿部千登势（Chitose Abe）、维吉尔·阿布洛（Virgil Abloh）、金·琼斯（Kim Jones）、玛蒂娜·罗丝（Martine Rose）、高桥盾（Jun Takahashi）、里卡多·提西（Riccavdo Tisci）和马修·威廉姆斯（Matthew Williams）等大牌设计师的不断合作，如今，耐克的产品在时装秀上登场的机会并不少于赛场。让上述合作关系产出丰硕成果的一个关键人物，就是影响力营销特别项目组高级主管弗雷泽·库克（Fraser Cooke）。库克的活动基地在东京，远离比弗顿市耐克公司总部，他把自己比作唱片行业负责艺人和作品的研究人员。他要了解行业形势，寻找新人才，建立未来可能带来成果的人际关系。库克来自伦敦街头时尚圈，21世纪初，当耐克公司希望触达更多传统体育圈外的消费者时，库克加入了这家公司。"这得归功于马克·帕克和他的团队，他们预见到这是值得花时间去做的事，"库克回忆道，"耐克公司一直存在合作文化，但我觉得他们意识到存在另一种与他人合作的方法，可以提出过去根本想象不到的不寻常、具有挑战性且有趣的理念。"尽管这些设计师合作款只占耐克公司业务总量的很小一部分，但在过去20年里，随着合作款的重要性日渐突出，这样的产品帮助耐克公司突破体育边界的同时，也拓展了耐克品牌的内涵。

　　为了让这样的合作取得成功，耐克公司先从鞋类和服装品类开启这种合作模式。耐克公司招募了大量顶尖人才，其中很多是诸如伦敦中央圣马丁艺术与设计学院或荷兰埃因霍芬设计学院（Design Academy Eindhoven）这些世界知名时装与设计学院的毕业生，将他们各自独特的天赋融入耐克团队。不论是聘请外部设计师，还是公司内部团队合作获得新的设计概念，鞋类创意设计高级总监内森·乔布（Nathan Jobe）将这样的团队比作共同创造的颠覆性力量。考虑到这种合作关系备受瞩目，乔布和服装部的同事贾里特·雷诺兹（Jarrett Reynolds）很快就把重点指向了需求节奏和人员分工上。"非常繁忙，节奏非常疯狂，但也是我热爱这项工作的原因，"雷诺兹表示，"没有哪两天是一模一样的，也没有一模一样的合作者。"即便有十几个项目正处于研发的不同阶段，同时还有更多项目等待启动，但雷诺兹和他的团队仍会提前数周仔细地准备会议。他们会找来其他部门的同事，以确定是否存在特定需求需要被满足，同时处理颜色和材料样品，构思架构设计，并生产出样品分享给合作者。"这是在不断前进、不停推动与相互妥协中产生的一种平衡，"雷诺兹说，"开会时，我需要从耐克公司的立场出发；开完会，我又要站在设计师的立场，确保他们依然保有热情。"

对耐克的团队来说，真正有意义的合作能够为参与的各方带来超预期的成果，这样的成果是各方独自工作所无法取得的。耐克公司拥有的创新能力、专业技术、大量的设计资源及数量庞大的资料，为外部设计师提供了充足的机会。这些合作不仅提升了品牌知名度，也让耐克公司的创造性精神得到了提升，而这种精神通常在体育用品行业并不常见。按照雷诺兹的说法，最糟糕的合作方式就是为了合作而合作，或者如乔布所说："整个团队都参与进来，我们整天坐在一个房间里，向他们展示我们对什么感兴趣，询问他们对什么感兴趣。我们会分享各种各样的创意想法，包括形式、文化、音乐等一切可能影响产品的有关因素。听起来可能比较抽象，但这能让他们释放压力，不再认为自己必须为耐克公司解决问题。"最好情况下，各方观点汇合起来，能够带来全新的结果。产品采用限量款策略，数量有限，人们翘首期盼，产品上市后瞬间售罄，同时在互联网领域持续营销，耐克公司的合作款产品已经成为品牌差异化的关键。

2017 年，耐克公司团队与 Off-White 品牌的创始人兼创意总监维吉尔·阿布洛合作推出了 The Ten 系列，这个系列改造了耐克以及耐克自有品牌 Jordan 和匡威（Converse）的 10 款经典产品，这次合作正是联名合作的一次例证。以解构式的拼接设计理念为基础，这个合作就是要通过移除、混合及重构的方式，颠覆经典产品的庄重感。阿布洛为这个项目撰写了一本长达 258 页的名为 *Textbook* 的电子书，他在书中这样写道："在我看来，The Ten 的重要意义在于耐克团队认可过去经典的同时，也在向未来展示这些设计的卓越性。"他将这个项目描述为"将设计、文化、创新和运动性能的后现代理念融为一体"。尽管那些经典鞋最初是为运动而设计，但 The Ten 系列已在文化层面上更具影响力。The Ten 系列的前 5 款运动鞋被命名为"揭示"，是由乔布领导的团队在一次马拉松式的会议中构思推出。他们将每双运动鞋的表层与各种元素拆解下来，创造出了一些能被人一眼认出但又出人意料的新事物，同时他们又使用了能代表耐克公司内部鞋样的标签系统，以此突出新设计的来源。另外 5 款运动鞋命名为"重影"（Ghosting），研发团队通过替换材料的方式突出了"半透明"的特点，希望让消费者注意到原始版本中被人忽略的元素。尽管最初的概念构思得很快，但有意设置的不完美的创意细节，比如暴露在外且未加固的脚跟稳定器、套印的文字区域和明黄色，这些对于已经习惯了标准化生产、减少生产失误的工厂来说，却是件难事。然而最终，耐克团队通过改变自身已经固定的流程，实现了与阿布洛的合作，并使上述系列合作款成为大受欢迎的爆款。

从家具到时装，阿布洛强大的个人魅力的根源在于他拥有一种能力，能将种类繁多、数量无穷无尽的自助餐式文化，转变为完美符合公众品味、大众都可接受的开胃小菜。不管怎样，回顾青少年时期的渴望与抱负，阿布洛在 *Textbook* 里明确表示，这是每个人都能使用的工艺和方法，即便那些错过 The Ten 系列产品的人，也可以通过一把刀、一个套印模板或是给一双旧鞋加上拉链等方法打造出属于自己的标志性产品。耐克公司和阿布洛在纽约及伦敦举办的一系列 Off Campus 限定活动，进一步拓展了阿布洛的合作理念，相当于把接力棒传给了下一代志向远大的设计师们。

2018 年，耐克公司将旗下名气最大的两个巨星阿布洛和小威廉姆斯进行组合合作，为小威廉姆斯参加法国网球公开赛（French Open）打造全新产品，如 NikeCourt Flare、Blazer 和 Air Max 97。一年后，两人再度与耐克的设计团队联手，打造出一系列新装备，包括带有大量褶皱的披肩、露脐装，以及印有黑白两色文字的短裙。对于"统治"网坛多年的小威廉姆斯来说，这套印有"母亲""冠军""女王"等法语字样的服装只是多年来她极具话题性的时尚宣言的最新表达。"小威廉姆斯是世界顶级运动员，她清楚地知道自己适合什么，需要什么，并乐于直接表达自身需求。"帕克表示，执掌耐克公司期间，他与小威廉姆斯形成非常密切的工作关系。"她不害羞，不会过滤自身的想法后再表达，我喜欢这样的人。"小威廉姆斯坦率的态度也许让她成为要求极高的合作者，但帕克表示，正是小威廉姆斯的高标准和犀利的时尚感不断推动耐克公司自我提高。"在审美上，她知道什么适合自己，也知道上场比赛时自己想要怎样的感觉，对此，小威廉姆斯有着非常明确的看法，"帕克说，"同时她也知道想要高水平地表现自己需要怎样的支撑和保护。"

小威廉姆斯在 2018 年法国网球公开赛穿着的紧身连身裙和 2004 年美国网球公开赛穿着的牛仔布迷你裙配及膝黑色腿套，成为两套知名度最高且争议性最大的场上装扮，这两款设计不仅从审美角度出发，也考虑到了实用性。2018 年的服装是为了减少产后出现血栓的风险，而 2004 年的装扮则是帮助她受伤的膝盖进行康复。不过，牛仔布迷你裙和紧身连衣裙都因为不符合网球比赛服装礼仪规定而遭到禁穿。对耐克公司来说，争议只会带来更多的对话交流。为此，耐克公司做出了完美回应，他们推出的广告上明确说明："你可以拿走超级英雄的战袍，但你永远拿不走她的超能力。"

近 20 年来，小威廉姆斯倔强地将文化元素带进网球赛场的理念与实际行动，帮助耐克公司开辟了一大片介于体育和时尚之间的领地，为未来的合作及多种可能性打开了大门。所以当日本网球巨星大坂直美与耐克公司签约后，耐克团队自然而然地与日本品牌 Sacai 的先锋女性服装设计师阿部千登势展开合作，后者也为耐克公司设计出了一系列优雅、有叛逆风格的合作产品。自 2015 年耐克公司与阿部千登势开启合作，双方持续加强合作，在大坂直美的合作产品上，他们通过增加层次、裁剪与拼接的方式，将运动服饰提升到了全新高度。"我一直受到经典设计的启发，"阿部千登势表示，"面对以实用性为设计目的的传统服装，或者以性能为基础的运动服装，我的兴趣是创造出新的混合体，将不同面料与形状结合在一起，打造出人意料但又可穿着的设计。"创立自己的品牌前，阿部千登势曾经在 Comme des Garçons 品牌与川久保玲和渡边淳弥一起工作，做了 8 年的服装制版师，我们可以从她与耐克公司合作产品的有趣及出人意料的特点中看到这段经历对她的影响。从全新的角度使用科技羊毛面料，在服装内加入针织网眼花边，再加上重新调整的风行者外套（windrunner）使之变为褶皱式设计，这些做法都将耐克公司略显平淡乏味的经典款转变为全新的时尚服饰。对 Sacai 来说，上述改造的做法不只是装饰，而是在强调、突出穿着者，这是源自体育界的时尚发声。

2019 年巴黎时装周，Sacai 在春夏时装秀上首次推出了 Nike × Sacai 联名款产品 LDWaffle 和 Blazer Mid。这些鞋立刻席卷了运动鞋界，成为当年非常受追捧的两款运动鞋。"我们开会时原本是想优先推出一款鞋，"乔布表示，"后来他们觉得把两款鞋组合在一起同时推出是更酷的选择。"和 Sacai 其他联名款相似的是，这两款运动鞋也是将多款已推出的产品的设计融合在一起，形成了新的原创设计。阿部千登势的作品理念是在"稳定"与"叛逆"、"熟悉"与"独特"之间取得平衡。LDWaffle 和 Blazer Mid 两款运动鞋的"稳定"源于消费者一眼就能认出的复古配色，而"叛逆"则来自重叠元素，比如两个 Swoosh 对勾标志、两条鞋带和两个鞋舌，还配有独特的双层中底。全新女款的 Air Force 1 Shadow 和 Air Force 1 Shadow SE，也体现了这种超前的联名合作方式为耐克产品带来的生机。这些由 Sacai 设计的运动鞋也包含重叠元素，对原始的 Air Force 1 进行了有趣而轻松的改造。

耐克设计团队与 Sacai 的合作帮助耐克公司从运动走向时尚，而多年来与高桥盾的合作则正好起到了相反的作用，从时尚通往运动。高桥盾在 20 世纪 90 年代初创设了高端街头服饰品牌 Undercover，他也一直受到耐克公司的关注，由于之前没有适合高桥盾设计的产品，直到高桥盾开始认真对待跑步，双方才有机会开展合作。日语中的 Gyakusou 意为"反向奔跑"，这个名字源自高桥盾受朋克摇滚乐启发而创设的跑步俱乐部，当大多数跑者在东京的代代木公园按顺时针方向跑步时，高桥盾等人却选择逆时针的方式，由此开辟出了新天地。Gyakusou 系列于 2010 年上市，随后一年两次推出新品。Gyakusou 系列通过不断引入时尚和功能性的新元素，成为耐克跑步业务的核心产品。"高桥盾提供了真正属于跑者的见解，"雷诺兹表示，"高桥盾是世界上最优秀的设计师之一，他也是一位马拉松跑者。我们何其有幸能与他进行合作，我们太幸运了。这真是激动人心的事情。"

　　Gyakusou 系列的成功，取决于耐克公司与高桥盾的默契合作。高桥盾作为先锋设计师的创意与耐克公司具备的先进科技及丰富的材料相结合，带来了一系列的创新。从一开始与耐克团队合作，高桥盾就想要做出一个重大改变，引入更为细腻的颜色搭配，用融合了城市与乡村特点的自然色调，取代通常与体育用品联系在一起的大胆、明亮、对比鲜明的颜色。根据高桥盾自身经验，Gyakusou 系列也着重为城市地区的跑者解决现实问题。他为这个系列的大多数服装设计了特别口袋，通常可密封，以便装下类似钥匙、信用卡、钱和手机这样的物件，防止这些物件相互碰撞，分散跑者的注意力。根据体表温度绘图数据，设计团队了解跑者身体所需的透气部分，在此部位增加透气材质，这样同时满足实用性和美观性的设计已经融入耐克产品中。

　　这个合作系列中特点最为鲜明的一个创意理念，是 2016 年推出的 DF Utility Speed Tights 紧身裤，这个设计将跑者外穿的短裤与紧身裤结合在一起，形成了新的产品。高桥盾自己跑步时产生了想穿紧身裤的强烈意愿，因为紧身裤可以压缩肌肉，还能保暖，但是在回家的路上去咖啡厅排队买咖啡时，只穿紧身裤又会让他感到尴尬。在紧身裤外配上一条短裤可以解决礼仪问题，但又会导致裤腰重叠，重量增加，如果适配性不好也会导致更多摩擦。高桥盾东京工作室与雷诺兹展开合作，两人不约而同地提出了将两种短裤的优点结合在一起的想法。"我们想象如果把一条短裤和一条紧身裤永久放在一起，那将发生什么？它们会合而为一。"雷诺兹表示。对雷诺兹来说，这是他职业生涯的又一高光时刻。"开会之前，我们根本没有创造这个新东西的想法。我们不是总有机会能创造出全新的产品。"这个设计成为 Gyakusou 系列的代表作，后来也被耐克公司应用于多款常规跑步服装设计中。这些事例无疑证明了通过合作得到的创意能够帮助耐克公司拓展业务范围。

　　在与高桥盾合作推出 Gyakusou 系列产品的同时，耐克公司与艺术家汤姆·萨克斯（Tom Sachs）的长期合作，则是一种更为长久、开放且有利于解决问题的合作方式。双方的合作源自萨克斯固有的好奇心、逆潮流而动的本性以及耐克公司在产品创新上的专业能力。当萨克斯在 2009 年参与一个由耐克公司赞助的慈善活动时，他抓住了说服马克·帕克的机会。晚宴期间，萨克斯表示，耐克的产品越来越糟糕，特别是他自己的 ACG 运动鞋。帕克耐心听完大段抱怨后，邀请萨克斯前往比弗顿市了解耐克团队的工作方式。"工作于我而言最棒的一点是允许我可以一直做学生，"萨克斯回忆道，"所以耐克公司给我的礼物，就是让我有机会疯狂一次，去研究一切。"在研究了耐克公司的历史资料并与创新厨房的开发人员和设计师见面交流后，萨克斯很快明白，制造运动鞋完全不是想象中那么简单。

在艺术界，让萨克斯出名的是他亲自动手即兴创作，并擅长使用日常材料重构具有地方特色的物品、知名消费品以及历史文化标志物，比如茶室、太空飞船。与耐克公司合作设计可大规模生产的产品，让这名艺术家走出了自己的舒适区。与此同时，萨克斯也依靠耐克团队去探索过去产品中从未使用过的材料，比如，汽车上的安全气囊、帆船上的主帆，甚至 NASA 的太空舱单元。双方合作 3 年后，第一个成果于 2012 年首次亮相。萨克斯在纽约公园大道军械库（Park Avenue Armory）举办了名为"登陆火星"的展览（Mars exhibition）。以载人太空旅行为灵感，NIKECraft 系列中包含 Mars Yard 运动鞋、Trench 战壕风衣、Marsfly 夹克和轻质托特包（Lightweight Tote），其中每个设计都在其主要用途的基础上提供更多实用性，比如拉链头可以用作存储空间，降落伞绳可以用作止血带。萨克斯和他的团队穿着这些产品在展览期间执行他们想象中的"登陆火星"任务，他们展示的产品也可以在周围零售店购买。

萨克斯在与耐克团队的合作中投入大量精力，另一个表明他态度认真的证明便是 2015 年萨克斯和他的工作室团队成为耐克公司首批城市磨损测试员。绝大多数磨损测试都在科罗拉多乡下这种远离公众的地方进行，但耐克内部一致认为，来自城市的反馈也许能带来不一样的东西。萨克斯气定神闲地接受了这个任务，并从事至今。"有些合作者会说'是啊，那看起来不错'，"雷诺兹表示，"萨克斯说的是'好，一个月后我会给你答复'，然后，他会去测试，会去穿，会用到坏。他会一直测试产品，直到用坏为止。吸取失败的教训，我们会造出更好的产品。萨克斯如同我们的运动员，他对产品的测试强度比其他任何人都要高。"

有一个例子可以体现萨克斯对产品磨损测试的专注，Mars Yard 运动鞋经过 5 年的测试后，萨克斯在 2017 年对其设计重新进行了调整，以改善最初设计中存在的明显缺点。Mars Yard 2.0 的强度更高，透气性更强，为配合"登陆火星"的主题还配上了更适合在城市地面上使用的大底，因为原始的运动鞋是以沙漠地形为基础做出设计的。他们换掉了最初的 Vectran 鞋面，这是一种类似于 NASA 使用的凯夫拉纤维的高弹力纤维。Vectran 鞋面使得新款运动鞋穿起来更透气。为了满足那些不想穿袜子的用户，他们还别出心裁地使用了抗菌鞋垫。

与耐克公司的紧密合作，也让萨克斯设计的产品得以批量生产，这显然是定制生产无法实现的。有时，如同 NIKECraft Poncho 雨衣的故事告诉我们的一样，双方合作需要不断碰撞才能产生优秀的解决方案。Poncho 雨衣的研发时间超过 4 年，源于雷诺兹的一个设想。他希望可以设计一个轻便背包，内置一件可快速拉开的便捷雨衣，用完后又能轻松地重新收纳。他已经想出了把雨衣从背包里取出来的方法，但还没有解决把雨衣轻松放回去以便再次使用的问题。当他和萨克斯分享自己取得的进展时，身为艺术家的萨克斯很感兴趣，他开始在自己的工作室里尝试各种方法。"当我看到他的第一个样品时，我将其视为魔术戏法。"萨克斯说，"后来当我偶然了解到高速赛车减速伞的开伞机制并看到如何收回减速伞后，我就发现我们产品面对的复杂的开合问题已经在其他行业得到了解决。"

"萨克斯用 FaceTime 跟我视频通话时，差不多已是圣诞前夜的晚上 9 点左右，我正在岳父母家，"雷诺兹说，"他想出了新办法，那年的圣诞节我过得非常开心。"雷诺兹和萨克斯共享了这个技术的专利。对耐克公司来说，这也是通过联名合作实现创新的有力证明。

对萨克斯来说，与耐克团队的合作并非其艺术生涯的附属品，两项工作已经彻底融为一体。和著名雕塑家野口勇（Isamu Noguchi）认为自己的商业照明与家居设计和艺术品本质上并无二致一样，萨克斯与耐克公司的合作也完美地符合更广义的艺术品范畴。"这个产品系列背后的理念体现了材料和结构的透明性，同时获得了良好的反馈，我很荣幸能设计出这些产品，"萨克斯表示，"它们和我在工作室里创造出的艺术品拥有相同的价值。"在耐克公司，能让萨克斯这样声名显赫的艺术家与服装和鞋类设计师合作，等于张开双臂接纳了一定程度的个人风格。不一样的材料、结构工艺和标准，改变了耐克公司以往仅以性能为目标的工作方法。

外部合作不断取得的成功，也让参与合作的耐克内部团队在信奉创新理念的同时，拥有了实际的创新能力。尽管耐克公司的创新一般关注的是为传统运动员解决问题，但乔布却有不一样的看法。"我们的运动员通常住在大城市，生活很繁忙。他们每天早上 8 点开始一天的生活，也许因为训练，凌晨 3 点才能回家。他们可能住在离工作、上学或者做事的场所比较远的地方，所以他们需要通过步行、骑自行车、坐公交或火车进行长距离通勤，这就是他们的现状。这也是我们想做出创新的地方。"从这个角度去思考，并且与来自不同领域的同事紧密合作，耐克团队因此开发出了 React Element 系列，以及 Air Max 270 和 Air Max 720，这些都成为耐克公司的主要标志性产品。上述研发进展证明耐克公司选择了正确的做法，再加上包括阿布洛设计的 The Ten 系列及 Sacai 设计的 LDWaffle 上市时引起的轰动，团队准备开启另一种尝试，即内部合作。

将内部工作流程与为都市运动员开发产品的目标相结合后，团队确定了"即兴、整合、保护、适应"的指导理念。这一理念缩写为 iSPA 后，迅速成为他们对外宣传的要素。因为可以不受任何限制地尝试各种想法，iSPA 团队成为运动服装领域的先锋队，他们用超越自身时代、具有争议性且前所未见的审美设计及概念，不断推动设计向前发展。这些理念的灵感既来自耐克公司内部，也来自世界其他地区。团队曾多次集体旅行，从看似不可能的地方汲取灵感。他们不仅向职业设计师学习，还从木工及苔藓园艺师这些专业人士身上学到知识。回到比弗顿市，随着团队自由地从公司其他地方借鉴创意、材料和技术，再转化为新的原创产物，"整合"这个理念得到了真正应用。连 iSPA 的标志反映的也是这个理念：i 来自 Air Max，S 来自 Shox，P 来自 Presto，A 的来源则是 VaporMax，合在一起却给人一种来自未来的感觉。

耐克的各个系列产品受叙事主题的影响，比如"紧急状态"（State of Emergency）系列中的所有产品都被设计为具有可以快速装饰、轻巧、适应性强且可应对自然及人为灾害的特点，"合成聚居地"（Synth Colony）反映的是对公共生活与共享的深入理解。耐克公司团队在继承创新传统的同时，也推动了公司的美学发展。尽管在外行人看来他们的设计可能稀奇古怪，但所有功能包括闭锁系统、额外的牵引力及网面等，在设计时都考虑到了都市运动员的需求。一个更能直观反映 iSPA 团队理念涵盖即兴、整合、保护、适应 4 个要点的例子就是 Air VaporMax Flyknit Gaiter iSPA 这款产品，这种鞋套式设计可以迅速将 Air VaporMax 变为全天候防水长筒靴。在与外部合作设计师不断拓展合作项目的同时，iSPA 已经提前三季为新品做好了准备。"人们会问我最喜欢的合作是什么，"乔布说，"说真的，就是和我自己的团队合作。我们通过自己的专业能力不断增加产品的价值，也为能创造出沟通无碍的工作流程而感到自豪。"

耐克公司的一切都可以追溯到某种形式的合作。这家公司起源于一名曾经的跑步运动员和他的教练之间的合作。与运动员合作，正是耐克产品创新的根基。跨部门、跨领域合作，则进一步强化了知识分享，以此激发创新。与外部设计师的合作，推动耐克公司走上让人兴奋且未知的方向，从而寻找新的合作者，解决新的问题。当耐克公司的管理者畅想未来并看到体育版图已经被或大或小的力量改变时，无论是与个人，还是与社区、学校或机构进行合作，耐克公司都不会再局限于产品，而是围绕公司的价值观与使命，展开更为广泛的合作与体验。

2020 年 2 月，耐克公司启动了名为"未来体育交换"（Future Sport* Exchange）的一系列对话，旨在提供一个更开放的沟通方式。对话由《淑女》（*The Gentlewoman*）杂志编辑佩妮·马丁（Penny Martin）主持，这个由 43 名创意人才组成的圆桌式论坛包括安尹（Yoon Ahn）、埃罗尔森·休、西蒙·雅克慕斯（Simon Jacquemus）、麦克斯·兰姆、辛西娅·卢（Cynthia Lu）、玛蒂娜·罗丝和马修·威廉姆斯，他们坐在一起共同探讨时尚、设计和体育的可持续发展的未来。这些对话不预设任何结论，讨论的内容从产品到商业模式无所不包，这些对话就是要触及合作真正的核心意义，那就是推动多元化思维的发展。

"我觉得好的合作能激发出不同观点，能让人带着同理心去倾听，而且从更深层次去倾听其他人的观点，去理解他们话语背后隐含的意义，"帕克表示，"以开放的心态面对新的观点，去了解可能挑战自身现有观点的想法，能让你换一种角度去看待问题。我喜欢这些兼容并包，或者说有些古怪的人员组合，这些通常不会合作的人聚集在一起，你仿佛能看到车轮在转动。你会说，'哇，我从来没想到过这一点。'如果拥有这样的开放性，有那么多才华横溢的人带来多元化的观点，他们能把创意和对话变为对其他人具有吸引力的东西，这是非常厉害的方式。"对耐克公司而言，这种方式经受住了时间的考验，适用范围也会在未来不断扩大。

Air Jordan 3	白 / 火红 – 水泥灰 / 黑	1988 年

虽然 Air Jordan 3 是迈克尔·乔丹的第三款签名鞋，但它的创作过程却有着里程碑式的意义：它将设计师与运动员合作确立为创新的驱动力，这是耐克公司历史上的第一次。

这种演变可以直接与该鞋的设计师廷克·哈特菲尔德联系在一起。1987年秋天，廷克·哈特菲尔德得到邀请设计 Air Jordan 3 时，他结合了来自迈克尔·乔丹对鞋子的见解，并对乔丹无与伦比的表现和风格进行了细致入微的观察。

该鞋的中帮高度满足了迈克尔·乔丹对更轻、更灵活的鞋款的要求，而其独特的外观与他独具慧眼的审美观保持一致。

Air Jordan 3 也是第一款采用飞人标志的 Air Jordan 系列鞋款，可视化 Air 气垫、仿麂皮皮革和柔软的水洗皮，让这双鞋不用磨合即可轻松穿着上场比赛。

Air Jordan 1 产品目录封面

1985 年

| Dunk High | 白 / 红 | 1985 年 |

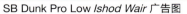

| SB Dunk Pro Low *Ishod Wair* 广告图 | 2015 年 |

| SB Dunk Pro 广告图 | 2011 年 |

　　耐克公司首次成功进军滑板运动是偶然的，1985 年的 Air Jordan 1 和 Dunk 凭借其卓越的性能、较高的耐用性和设计风格，有机地融入这一独具特色的运动文化。

　　2002 年推出的 Nike SB 滑板鞋系列颠覆了传统。Nike SB 滑板鞋系列在耐克老将桑迪·博德克的引领下，并没有只采用现有的创新技术，而是招募顶级滑板选手。从 SB Dunk 开始，为滑板产品的具体设计提供相关信息。

　　耐克设计师在鞋垫后跟处增加 Zoom Air，加强鞋舌衬垫，增强鞋底抓地力，以此回应运动员对于滑板鞋的需求与见解。

　　为了增加滑板系列产品在街头的信誉，桑迪招募了耐克公司新签约的滑板选手里斯·福布斯、吉诺·扬努齐、理查德·穆尔德和丹尼·苏帕西瑞拉合作进行定制化鞋款设计。

SB Dunk Low Pro "Mulder"	白 / 猎户蓝 – 白	2002 年

SB Dunk Low Pro "Supa"	安全橙 / 超蓝 – 白	2002 年

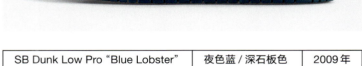

SB Dunk Low Pro "Blue Lobster"	夜色蓝 / 深石板色	2009 年

SB Dunk High "De La Soul"	白 / 萤火虫	2015 年

SB Dunk Low Pro "Pigeon"	中灰 / 白 / 深灰	2005 年

| Zvezdochka | 黑 / 浅石墨色 | 2004 年 |

| Zvezdochka 大底 | | 2004 年 |

| Zvezdochka | 皇家蓝 / 浅石墨色 | 2004 年 |

| Zvezdochka | 奇异果色 / 浅石墨色 | 2004 年 |

"MARC CAME IN AND WE HAD A VERY FREE-FORM, ORGANIC CONVERSATION THAT WENT ALL OVER."

MARK PARKER

"EXPLORATION

IS BEST DONE

TOGETHER."

MARK PARKER

Zvezdochka 组合式设计的鞋子部件

2004 年

如果说 Air Jordan 3 和 SB Dunk 证明了合作的商业价值，那么 2004 年与澳大利亚工业设计师马克·纽森共同打造的 Zvezdochka 鞋款则揭示了外部合作颠覆传统思维的潜力。

以搭乘斯普特尼克 10 号进入太空的俄罗斯太空狗的名字命名，Zvezdochka 这双鞋被想象成为宇航员打造的多用途鞋。

这双鞋采用了组合式设计，由可以相互连接和交换的 4 部分组成，包括：外壳、组合式大底、内套和内底。该组合式设计消除了黏合剂，标志着耐克团队首次探索闭环式创新。

虽然该鞋款的销售量并不算高，但它的实验精神促使耐克公司立即进行了持久的内部变革，建立一种促进创新和合作的全新方式。

HTM 标志	2012 年

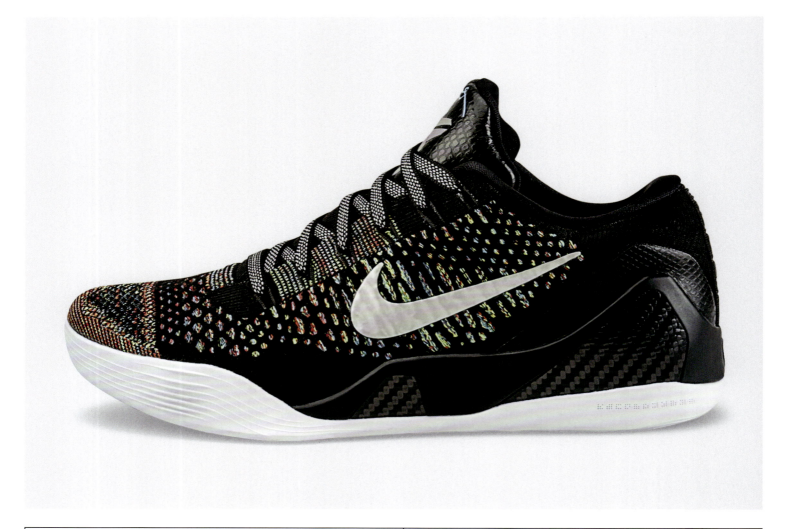

Kobe IX Elite Premium Low HTM "Milan"	黑 / 反光银 – 多彩色	2014 年

2002 年，耐克公司的跨界合作实践产生了一条独立的合作产品线：Nike HTM，一个由日本时尚品牌 Fragment Design 创始人藤原浩（Hiroshi Fujiwara）、耐克公司创意概念部副总裁廷克·哈特菲尔德、耐克公司总裁马克·帕克组成的持续设计团队。

HTM 由马克·帕克发起，旨在实现自发的知识交流。HTM 将设计师们不同的风格和方法整合为一种自由形式的合作关系，从 Air Force 1 开始，对耐克产品经典款式进行革新，引入新的耐克设计理念，如 Sock Dart 就是这样的产品，同时还展示耐克的创新技术，包括 Flyknit 编织技术。

HTM 拥有热情的全球粉丝群体，他们都在焦急地等待新产品不经意间的上市，同时 HTM 也在不断打造一种实验性的内部文化，通过有目的地打破设计规则，对未来的耐克产品设计产生了重大影响。

| HTM2 Run Boot Low TZ "Black" | 黑 / 白 | 2010 年 |

| Lunar Flyknit HTM | 白 / 黑 – 电压黄 | 2012 年 |

| Sock Dart HTM | 粉 / 黑 – 蓝 | 2004 年 |

| Air Force 1 HTM "Fragment" | 白 | 2008 年 |

| Air Woven Boot HTM | 卡其色/类星体紫–彩虹 | 2002 年 |

| Air Moc Mid HTM | 黑 / 浅石灰 | 2002 年 |

| Air Footscape Woven HTM | 校园皇家蓝 / 校园皇家蓝 – 自然灰 | 2005 年 |

| Zoom Macropus LC Priority HTM | 黑 / 黑 – 团队红 | 2006 年 |

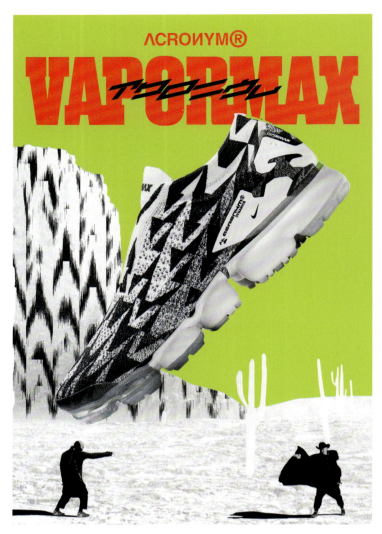

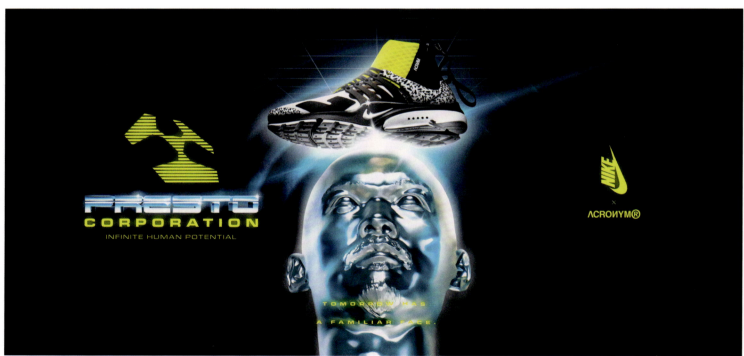

Air VaporMax Moc 2 × ACRONYM（上图）和 Air Presto Mid Utility × ACRONYM（下图）广告图 | 2018 年

　　耐克公司与 Acronym 品牌联合创始人埃罗尔森·休的合作始于 2015 年，休将其注重实用性、极具冲击力的设计理念应用于 Lunar Force 1，在鞋子的个性鞋面中加入一条拉链，方便穿着者穿脱，并以大胆的拼色强调这一设计。

　　他在 2016 年首次发布的 Air Presto Mid Utility×ACRONYM 和 2017 年 NikeLab AF1 Downtown×ACRONYM 两款产品中采用了同样的理念。

　　与此同时，2018 年 Air VaporMax Moc 2×ACRONYM 的合作款将正在进行的设计项目推向了新的领域。该鞋的功能已经非常先进，休和他的团队致力于保持产品兼具美感及前沿科技感。鞋面以箭头为装饰，遍布夺目的迷彩图案，同时点缀上 Acronym 和耐克的标志。

| Air VaporMax Moc 2 × ACRONYM | 浅骨色 / 电压黄 – 浅骨色 | 2018 年 |

| Air Presto Mid Utility × ACRONYM | 白 / 黑 – 动力黄 | 2018 年 |

| Air Monarch IV × Martine Rose | 中度软粉 / 黑 | 2018 年 |

| Air Monarch IV × Martine Rose | 黑 | 2018 年 |

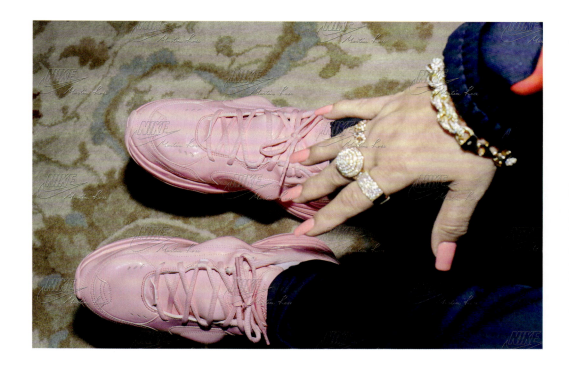

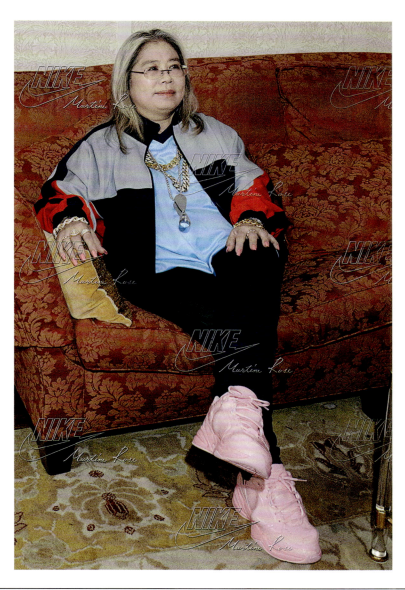

Nike 与玛蒂娜·罗丝合作系列图   2018 年

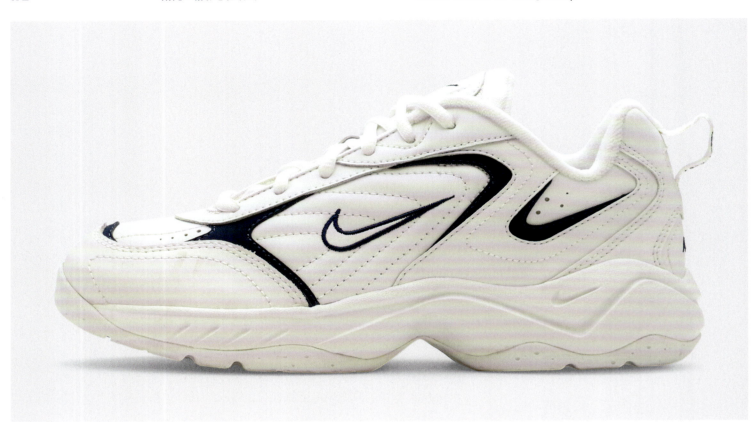

Air Monarch	白 / 白 – 海军蓝	2002 年

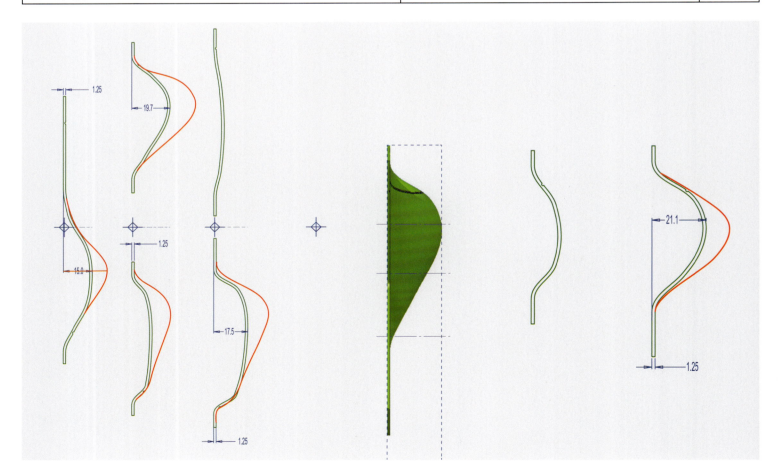

Air Monarch IV×Martine Rose 设计概念图	2017 年

耐克公司不断拓展与外部合作伙伴的合作，在 2017 年邀请玛蒂娜·罗丝重新打造经典鞋款 Air Monarch。

Air Monarch 最初于 2002 年上市，这双鞋的设计被广泛认为是一款普通的、非常美国化的鞋，直到这位英国设计师彻底改变了它的比例，让这双鞋变得非常具有玛蒂娜·罗丝风格，这意味着在 42 号鞋的鞋底上安装了一双 50 号的鞋面。

从原型设计到商业化生产的不断演变，推动了耐克公司和罗丝的合作，催生出了新的设计和创意，这对双方来说都是意料之中的，完美达到预期。

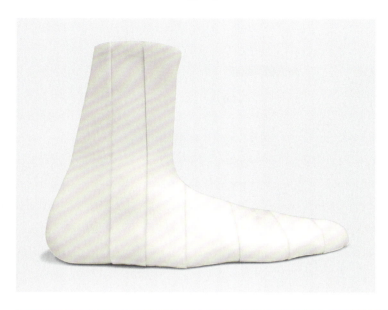
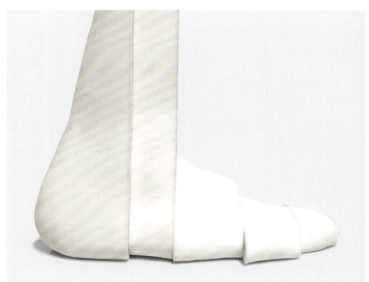

Nike × Martine Rose 设计原型 | 2017 年

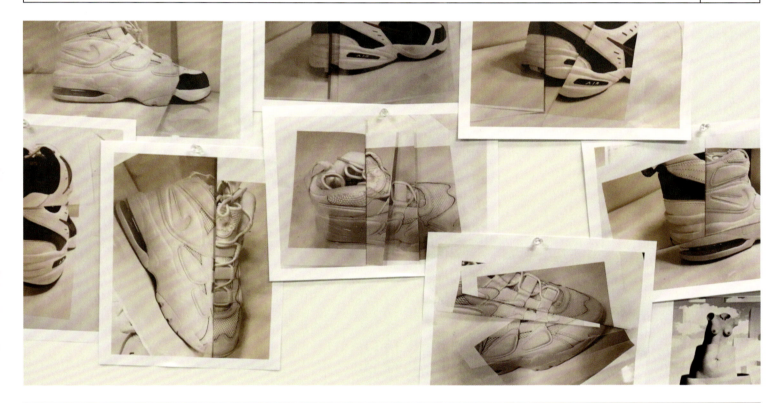

Nike × Martine Rose 设计灵感看板 | 2017 年

Air Monarch IV × Martine Rose 样鞋 | 2017 年

Nike × MMW Series 003 系列推广图   2019 年

Nike × MMW Free TR 3 SP	黑	2019年

Nike × MMW Free TR 3 SP	黑 / 黑 – 大学红	2019年

　　耐克公司和马修·威廉姆斯的设计合作点是将耐克团队的创新精神和传统设计，与威廉姆斯的超现代风格结合起来，对训练服进行大胆假设。

　　Nike×MMW 服装专为高强度户外间歇训练而设计，除了采用数据驱动设计及科技编织等前沿技术，设计师更敏感地关注到个体需求。

　　从 Nike×MMW Free TR 3 SP 到 Nike×MMW Joyride 的鞋款都有类似的基于多功能需求的设计。

| R.T. Air Force 1 Mid | 皮棕 / 黑 | 2014 年 |

| R.T. Air Force 1 Low | 皮棕 / 黑 | 2014 年 |

| R.T. Air Force 1 Boot SP | 皮棕 / 黑 | 2014 年 |

| R.T. Dunk Lux High | 白 / 黑 | 2016 年 |

| R.T. Dunk Lux High | 黑 / 白 | 2016 年 |

| R.T. Air Force 1 High Victorious Minotaurs 系列 | 太阳红 / 波尔多红酒色 / 团队橙 | 2018 年 |

| R.T. Air Force 1 High Victorious Minotaurs 系列 | 运动红 / 黄 – 黑 | 2018 年 |

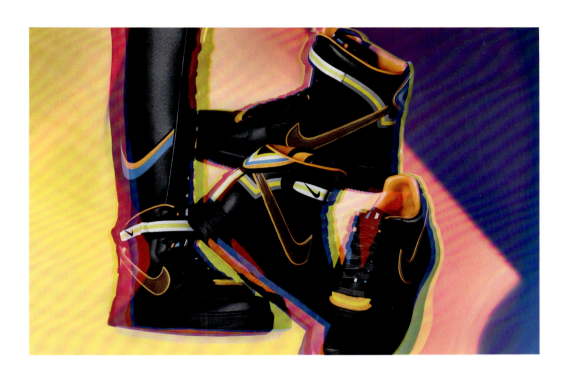

R.T. Air Force 1 系列广告图   2014 年

R.T. × Victorious Minotaurs 系列标志款 T 恤	2018 年

R.T. × Victorious Minotaurs 系列篮球短裤	2016 年

R.T. × Victorious Minotaurs 系列篮球长裤	2018 年

R.T. × Victorious Minotaurs 系列网眼针织连衣裙	2018 年

R.T. × Victorious Minotaurs 系列校园夹克	2017 年

R.T. × Victorious Minotaurs 系列背心	2016 年

R.T. × Victorious Minotaurs 系列 T 恤	2016 年

根据耐克服装创新部特别项目高级创意设计总监贾特·雷诺兹的说法，耐克公司与里卡多·提西多年来的合作是团队合作的一个缩影。

"我们可以帮助里卡多进入运动性能领域，这是我们的专长。反过来，里卡多的愿景，将我们的设计推向了一个我们自己无法达到的境界。"

在实践中，这一合作关系将里卡多对时尚的不羁态度，与耐克的创新材料和运动元素结合在了一起，最终打造出了让人意想不到却又印象深刻的鞋类和服装，并拥有了狂热的拥趸。

| The Ten: Blazer Mid × Virgil Abloh | 白 / 黑 – 薄纱色 | 2017 年 |

| The Ten: Chuck Taylor All-Star Vulcanized Hi × Virgil Abloh | 白 / 空心白 – 蓝 | 2017 年 |

　　大多数合作设计都展示了合作伙伴各自的美学层次。2018 年，耐克公司与时尚品牌 Off-White 创始人维吉尔·阿布洛合作，将耐克的 10 个经典原型设计重回其基础设计之上，然后围绕两个主题进行重构。第一是"揭示"，拆解鞋子的表层与各种元素，形成基于鞋子基本特征架构的新设计；第二是"重影"，采用半透明材料展示鞋子的设计特征。

　　阿布洛宣称，这次的合作设计方式，有双重目的，既要揭示 The Ten 系列鞋款的物理架构元素，也要引出他认为束缚运动员和设计师的哲学观念：来自内心的力量，促使人们追求完美。

The Ten: Air Max 90 × Virgil Abloh	帆白 / 白 / 薄纱色	2017 年

The Ten: Zoom Fly × Virgil Abloh	白 / 白 / 薄纱色	2017 年

The Ten: Air Presto × Virgil Abloh	黑 / 黑 / 薄纱色	2017 年

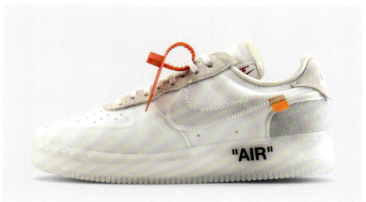

The Ten: Air Force 1 Low × Virgil Abloh	白 / 白 – 帆白	2017 年

The Ten: Hyperdunk Flyknit × Virgil Abloh	白 / 白 – 白	2017 年

The Ten: Air Max 97 × Virgil Abloh	白 / 空心白 – 蓝	2017 年

The Ten: Air VaporMax Flyknit × Virgil Abloh	黑 / 白 – 透明	2017 年

The Ten: Air Jordan 1 × Virgil Abloh "OG Chicago"	白 / 黑 – 学院红 – 黑	2017 年

The Ten: Nike × Virgil Abloh 系列广告图　　　　　2017 年

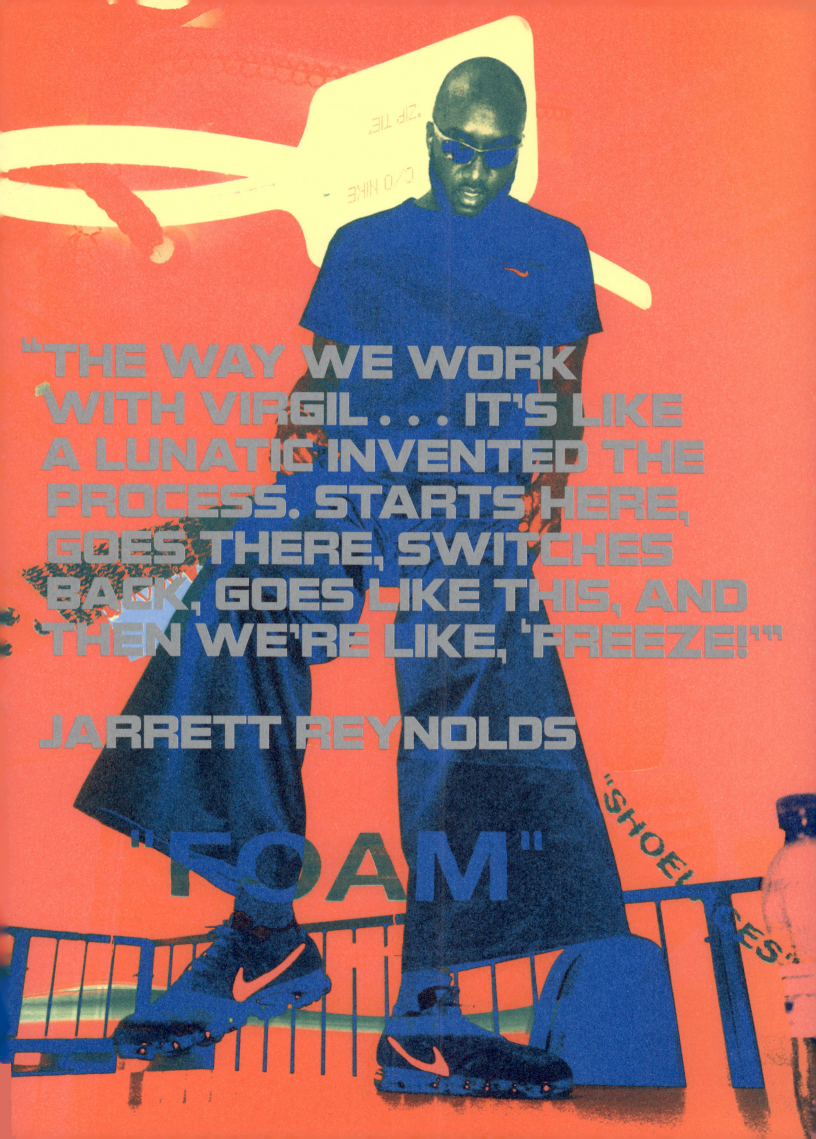

"THE WAY WE WORK WITH VIRGIL . . . IT'S LIKE A LUNATIC INVENTED THE PROCESS. STARTS HERE, GOES THERE, SWITCHES BACK, GOES LIKE THIS, AND THEN WE'RE LIKE, 'FREEZE!'"

JARRETT REYNOLDS

"FOAM"

"SHOELACES"

"ZIP TIE"

C/O NIKE

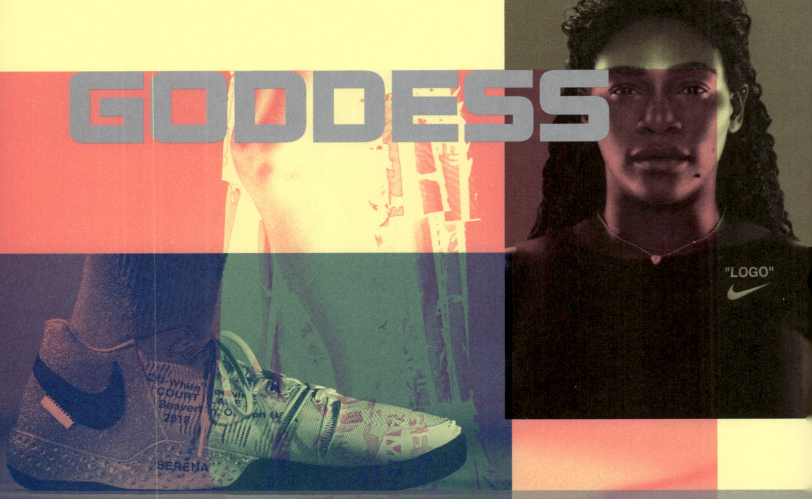

MOTHER

CHAMPION

QUEEN

GODDESS

"LOGO"

"LOGO"

NikeCourt Flare 2.0 PE × Virgil Abloh 小威廉姆斯"女王"系列	灰 / 黑 / 银	2018 年

Blazer Studio Mid × Virgil Abloh 小威廉姆斯"女王"系列	狼灰 / 酷灰 / 纯铂金色 / 电压色	2018 年

法国网球公开赛 NikeCourt Day Dress × Virgil Abloh 小威廉姆斯"女王"系列	2018 年

维吉尔·阿布洛随后与小威廉姆斯合作,为她设计了参加 2018 年法国网球公开赛的装备。独具慧眼的阿布洛通过与小威廉姆斯的合作,将其兼具力量与女性优雅的特点相结合,进一步展示了运动员和设计师的互补优势。

这个名为"女王"系列的标志性功能鞋款和服装,以冠军运动员和女性的多重身份向小威廉姆斯致敬。

2019 年,两人再度合作,阿布洛为小威廉姆斯设计了一件披肩和短裙,上面用法语印着"母亲""冠军""女王"等字样。

在 2019 年法国网球公开赛期间推出的这套装备,旨在激励世界各地的新一代运动员。

| Shox Glamour SW × Serena Williams | 黑 / 银 | 2004 年 |

| Shox Glamour SW 及压缩腿套 × Serena Williams | 黑 / 银 | 2004 年 |

| 小威廉姆斯在 2004 年美国网球公开赛中 | 美国，纽约 | 2004 年 |

小威廉姆斯与阿布洛的合作系列只是她与耐克公司近 20 年合作关系的体现之一，这样的合作与马克·帕克密不可分。

耐克公司总裁马克·帕克盛赞小威廉姆斯勇于担当的天性，以及对产品功能需求和个人风格偏好的敏锐理解，这也促使耐克团队拥有更高的设计水平。

从小威廉姆斯在球场上穿着的服装便可看出：2004 年美国网球公开赛，她穿着牛仔布迷你裙，镶钉黑色背心，及膝的黑色腿套搭配运动鞋；2018 年法国网球公开赛，她穿着紧身连衣裤。这两件衣服都因为不是常规赛服，而被临时禁止参加比赛。

小威廉姆斯和耐克公司没有屈从于这些指责，而是继续挑战现状，我们应为这位有着大胆天性的冠军鼓舞庆祝。2020 年 1 月，双方再次合作组建了一支由纽约新兴设计师组成的团队，负责创造一系列以这位运动员为灵感的鞋类和服装。

| Studded Leather Jacket × Serena Williams | 2004 年 |

| Denim Skirt × Serena Williams | 2004 年 |

| Studded Dress × Serena Williams | 2004 年 |

| French Open Catsuit × Serena Williams | 2018 年 |

| 小威廉姆斯在 2018 年法国网球公开赛中 | 法国，巴黎 | 2018年 |

| Nike × Sacai LDWaffle | 活力绿 / 黑 – 校园玉米黄 – 安全橙 | 2019 年 |

| Nike × Sacai LDWaffle | 松绿 / 陶土橙 / 阳光 / 帆白 | 2019 年 |

| Nike × Sacai LDWaffle | 黑 / 无烟煤 – 白 – 烟雾灰 | 2019 年 |

| Nike × Sacai Blazer Mid | 校园玉米黄 / 午夜海军蓝 – 白 – 校园红 | 2019 年 |

| Nike × Sacai Blazer Mid | 黑 / 大学蓝 / 帆白 / 白 | 2019 年 |

　　如果说耐克公司的每一次合作都能从不同的角度诠释公司的设计理念，那么耐克公司与时尚品牌 Sacai 的合作则凸显了耐克公司对颠覆性创新的偏好。

　　正如耐克公司经常以创新的名义颠覆设计和技术标准一样，Sacai 品牌创始人阿部千登势以其独特的能力而闻名，她能够将原型拼接和分层，形成

引人注目的混合时尚：一件背部有喷发形褶皱的风行者外套、耐克经典鞋款混合而成的两款 Nike×Sacai 运动鞋。自 2015 年联手以来，耐克团队和阿部千登势一直在模糊时尚和运动的界限，甚至通过为网球天才大坂直美设计一种独特的场上造型，勇敢进入高性能服装领域。

SACAI BLAZER MID

SACAI LDWAFFLE

81J SAFETY

Nike × Sacai 系列广告图　　　　　　　　　　　　　　　　　　2019 年

Gyakusou Transform Jacket 可变形夹克	2019 年

Gyakusou Helix Shorts 紧身短裤	2019 年

Gyakusou Helix Shorts 紧身短裤	2019 年

在日语中 Gyakusou 意味着 "反向奔跑"，正如其名，Gyakusou 系列最初采用了一些与正常概念相反的设计思路。

2010 年，耐克团队与高端街头服饰品牌 Undercover 的创始人高桥盾合作推出跑步系列服饰，一年发布两次新品。其早期设计基于高桥盾的风格与见解，即对自然色调的偏好，再加上耐克公司的创新。随着高桥盾对跑步的热情与日俱增，该系列对实用性的关注也日益增加，从根据跑者需要而设计隐蔽口袋到根据体表数据图设计透气部位，每一季都在推进和引领跑步服装越来越多的革命性设计，如 Gyakusou DF Utility Speed Tights 紧身裤，它将短裤和紧身裤合而为一。

Gyakusou Collections campaign imagery 广告图

2010—2016 年

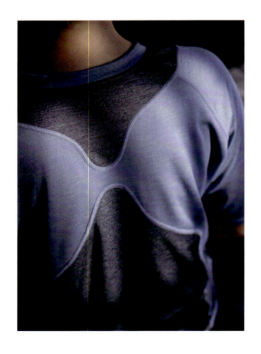

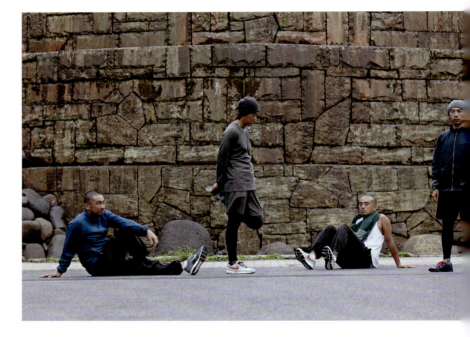

Gyakusou Collections campaign imagery 广告图

Gyakusou Short Sleeve Packable Jacket 可收纳短袖夹克   2018 年

Gyakusou DF Utility Speed Tights 紧身裤   2016 年

React Element 87 × Undercover 大底设计原型	2017 年

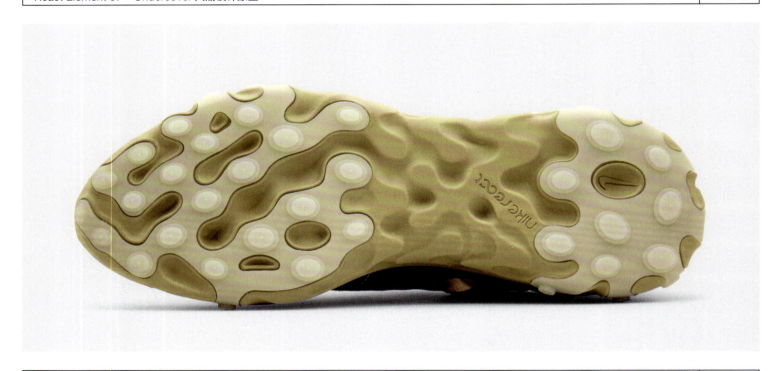

React Element 87 × Undercover 大底	2018 年

　　自 Gyakusou 系列创立以来，鞋产品就以高桥盾的审美标准为主，淡化了耐克公司的尖端创新技术。2018 年，设计师与耐克公司彻底改变了这种观点，确定了将运动带入时尚而不是将时尚带入到运动中的目标。

　　在巴黎时装周 Undercover 的 T 台上，Nike React Element 87×Undercover 首次亮相，这双非凡的运动鞋结合了耐克经典跑步鞋元素，来自 Nike Internationalist 跑步鞋的设计灵感，并加上了最新的 React 泡棉。

　　雕塑般的 React 泡棉以非传统的形式展现了 React 科技的特别之处，通过反光透明的细节、标志性 Undercover 品牌和 4 种活力四射的配色，进一步彰显其原创身份。

React Element 87 × Undercover	粉笔浅米色 / 信号蓝 – 大学红 / 黑 / 经典石色	2018 年

React Element 87 × Undercover	雾绿 / 顶峰白 – 深勃艮第 – 黑	2018 年

MARS YARD SHOE

From NIKECraft 2012

DONNING STRAP

TONGUE

(NOTE: IN TIME, TONGUE FOAM MAY SHED. THIS DOES NOT AFFECT PERFORMANCE BUT PROVIDES FORENSIC BREAD CRUMB TRAIL.)

LABEL

HEEL STAY (HEEL PATCH)

DONNING STRAP

AGLET

(PADDING) COLLAR

EYE STAY

PARACORD SHOE LACES

JUMBO EYELET

VAMP

TOE CAP (FOXING)

UPPER

BRANDING

HEEL COUNTER

MIDSOLE (POLYURETHANE)

OUTSOLE

TOOLING

OUTSOLE (RUBBER)

VECTRAN RIPSTOP FABRIC

At NIKECraft, products are developed for athletes, not consumers.

Our athlete, Tommaso Rivellini, is a mechanical engineer at Jet Propulsion Laboratory in Pasadena, California. Among many other projects, Tommaso invented the airbags used on the 1997 and 2004 Mars rovers. Long gone are the days of wingtipped brouges, pocket protectors, and skinny ties. The rocket scientist uniform of today is faded jeans, a golf shirt, and sneakers. These shoes are built to support the bodies of the strongest minds in the aerospace industry.

Special features include: outsoles borrowed from the NIKE special forces boot (SFB), vectran fabric from the Mars Excursion Rover airbags, and detailing from Apollo Lunar Overshoes. These premium athletic shoes thrive in the rugged terrain of the simulated Mars Yard in Pasadena, CA - as well as stealthily creeping the mission-funding hallways of headquarters in Washington, D.C.

8

NIKECraft Mars Yard 运动鞋规格图	2012 年

NIKECraft Mars Yard 运动鞋	自然色 / 运动红枫色	2012 年

NIKECraft 轻质托特包	2012 年

NIKECraft Marsfly 夹克的细节	2012 年

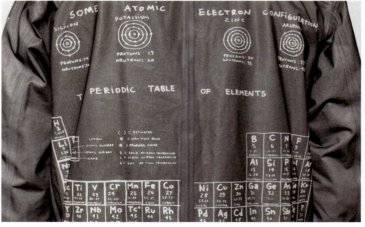

NIKECraft 战壕风衣的细节	2012 年

| 太空计划：登陆火星展览 | 美国，纽约，公园大道军械库 | 2012 年 |

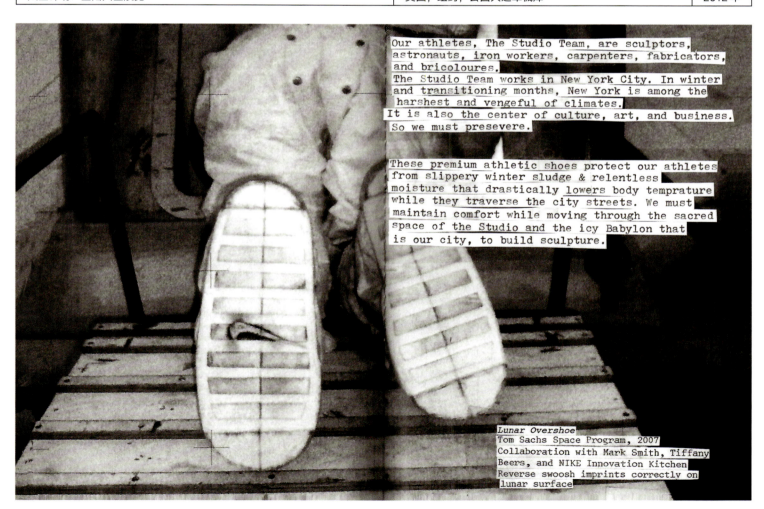

Our athletes, The Studio Team, are sculptors, astronauts, iron workers, carpenters, fabricators, and bricoloures.
The Studio Team works in New York City. In winter and transitioning months, New York is among the harshest and vengeful of climates.
It is also the center of culture, art, and business. So we must presevere.

These premium athletic shoes protect our athletes from slippery winter sludge & relentless moisture that drastically lowers body temprature while they traverse the city streets. We must maintain comfort while moving through the sacred space of the Studio and the icy Babylon that is our city, to build sculpture.

Lunar Overshoe
Tom Sachs Space Program, 2007
Collaboration with Mark Smith, Tiffany Beers, and NIKE Innovation Kitchen
Reverse swoosh imprints correctly on lunar surface

| 登月套鞋：一封写给桑迪·博德克的信，来自汤姆·萨克斯（Lunar Overshoe: A Letter to Sandy Bodecker) | 2007 年 |

Do you own your things or do your things own you?

We all die alone and we die without our sneakers.

Spend time caring for and repairing your old things. Build a personal history with your possessions. When they don't serve you anymore pass them on with generosity and without delay.

Just because you posses something doesn't mean you have to keep it. There is freedom in having less. More can be a burden. It takes time to manage your possessions. How do you want to spend your time? Time is the only thing you have in limited supply and the thing you control most.

21

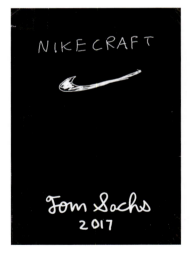

NIKECRAFT

Tom Sachs
2017

Forever Things

Just because it's on sale doesn't mean it's a good deal.

A tee shirt purchased for 1 dollar that you wear 1 time costs you 1 dollar per use. That's a very high cost per use.

A tee shirt purchased for 100 dollars that you wear 200 times costs you only 50 cents per use – a good value.

Always buy your forever thing, and use it until its end (or yours).

18

Ernest Shackleton's Nimrod Expedition to the south pole, 1908

Mars Yard 2.0 杂志的页面，来自 NIKECraft	2017 年

随着 React 泡棉和 Free 技术等创新的出现，偶然的相遇往往会带来非凡的发现。艺术家汤姆·萨克斯、鞋类创意设计高级总监内森·乔布和服装特别项目高级创意设计总监里特·雷诺兹之间的合作，恰恰证明了这一点。源于耐克公司总裁马克·帕克和萨克斯在 2009 年的一次幸运邂逅，滚雪球式的磨损测试和设计交流立刻开启。

通过这种特殊的跨界合作，将艺术家独特的 DIY 工作流程与耐克数据驱动创新和可扩展的制造方法相结合。

2012 年，这一合作催生了 NIKECraft 系列，灵感来源于萨克斯对太空旅行的研究以及对耐用产品性能的痴迷。

NIKECraft 系列的开端，是通过将耐寒材料，包括宇航服、汽车安全气囊和船用主帆等，融入手工打造的 Mars Yard 运动鞋、Trench 战壕风衣、Marsfly 夹克和轻质托特包，满足载人航天任务的需求。

对多功能性的高度关注体现在对拉绳的使用上，比如拉链头可用作存储空间、降落伞绳可用作止血带等无数将视觉乐趣有目的结合在一起的细节。

In NIKECRAFT 2012 we attempted to channel the vision of John Ruskin, who in 1849 wrote of the changing times and the loss of handmade quality in the age of mechanical production. The Mars Yard Shoe was an expensive attempt at building a durable yet light weight athletic shoe that would last and even support the act of being repaired instead of replaced. We failed. The flexible Vectran fabric used in the upper part of the shoe is unbelievably strong in tension, abrasion resistance, and heat resistance. It passed every possible test we threw at it, but no one could guess what we could only learn by using it in real life.

Vectran, though very strong, failed quickly under folding fatigue, just like a paper clip which breaks when folded twice. That's why you'll see it tear in the corners. This was compounded by using only a single layer of vectran (to save weight and increase breatheability) without a liner material against the user's sock.

Every material has its strengths and weaknesses.

Some of the red tongue donning straps tore out. They were not sewn through the tongue ████████ as specified by me in the studio in NYC. We have repaired many of these straps by hand in the NYC studio. On 2.0 each strap is secured through the tongue with an X box stitch. It might seem like overkill, but the X provides visual confirmation that this detail won't fail because of me.

We provide an optional cork sock liner because many users rock the shoe sockless and research shows that cork has natural antimicrobial properties. Try it and see if you like it. Yes this shoe comes with 2 pairs of sockliners. Use one and save another for later, to extend the life of the shoe.

Multiple fabric layers distribute the shoe load and prevent "hot spots" where the foot will eventually wear the shoe from the inside out. This happens sometimes in the toe area. In the Mars Yard 2.0 we use polyester warp-knit tricot mesh, a tested more breathable material. It will not fail.

Lastly, some users complained that the protruding tread nipples on the outsole (taken from the SFB for use in the desert-like Mars Yard) contributed to hydroplaning when used on smooth wet surfaces. We have inverted this detail for safety in the non-desert urban environment.

Mars Yard 2.0 杂志的页面，来自 NIKECraft | 2017 年

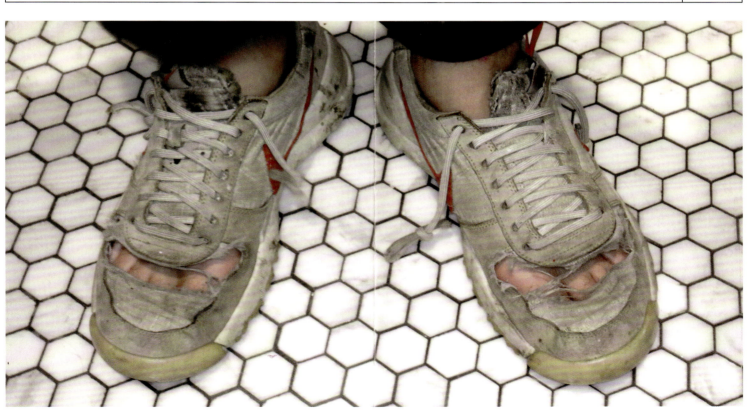

Mars Yard 2.0 杂志的页面，来自 NIKECraft | 2017 年

NIKECraft 变革系列	2020 年

NIKECraft Mars Yard 套鞋	白 / 运动红 – 黑 – 极乐钴蓝	2018 年

NIKECraft 斗篷	2020 年

　　在纽约公园大道军械库，NIKECraft 系列在太空计划前夕首次亮相于萨克斯举办的 2012"登陆火星"的展览中。

　　萨克斯和他的团队穿着这些产品在展览期间执行他们想象中的"登陆火星"任务，游客也可以在附近的零售店购买相关产品。

　　2017 年，Mars Yard 2.0 上市，根据萨克斯的磨损测试进行了材料升级。一年后，经过进一步研发，Mars Yard Overshoe 鞋款面世，这双鞋是原版的升级，适用于雨天。

　　2020 年，双方的合作延伸至服装领域，一个纤细的腰包，可以通过标志性的释放方式变为一件防雨斗篷。

　　经过 4 年多的合作，防雨斗篷终于诞生，这也体现了 NIKECraft 产品的核心理念。NIKECraft 作为耐克公司和萨克斯合力打造的系列，萨克斯将其定义为"以透明性和验证性为基础进行设计的理念和方法"。

| React LW WR Mid iSPA | 顶峰白 / 灰白色 – 浅红色 | 2018 年 |

| iSPA Air Max 720 | 顶峰白 / 黑 / 白 | 2020 年 |

iSPA

IMPROVISE
SCAVENGE
PROTECT
ADAPT

+1(503) 671-6453 | 1 One Bowerman Dr. Beaverton, OR 97005

ABOUT I.S.P.A.

IMPROVISE / SCAVENGE / PROTECT / ADAPT

Functional, versatile and adaptable footwear and apparel informed by the built environment prioritizing performance and utility.

—

Within the built environment, we live in a constant state of evolution. The updates to it — particularly in movement in and around it — force a constant reappraisal of what it means to be human. *ISPA* is a response to, and solution for, the shifting variance of this change. It is a declaration of communication with and awareness of the perpetual challenges.

— — — — — —

ISPA is a philosophy. A set of design principles that represents a pinnacle, experimental expression of Nike design across all categories, including the latest innovations and established creations. It is product-agnostic, driven by experimentation and targeted toward solving problems for unique athletes.*

ISPA is a belief that, with a little inspiration, any problem can be solved with the materials at hand.

Part of *ISPA*'s philosophy is manifest by a guide. See below:

I	*[never be blocked by the first answer to a problem, **IMPROVISE** to see if it can be improved]*
S	*[to find the materials you need, **SCAVENGE** and pull together the best available options to solve the problem]*
P	*[your solution must **PROTECT** against the problem]*
A	*[**ADAPT** all solutions to fit their broadest potential]*

* *Unique athletes are people who push themselves and their bodies as part of their own idiosyncratic routines. ISPA treats these athletes the same as any pinnacle athlete, recognizing that, just as solving for Breaking2 realized a new design, tackling the niche problems faced by city dwellers can do the same.*

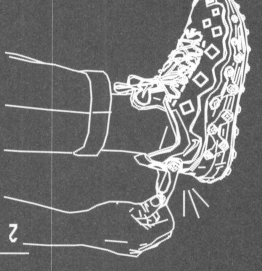

PACK

3

POP

2

PULL

1

PACK

CONTAINS HIGH PRESSURE NITROGEN

ispn

| iSPA Joyride Envelope | 黑 / 金属银 / 白 | 2019 年 |

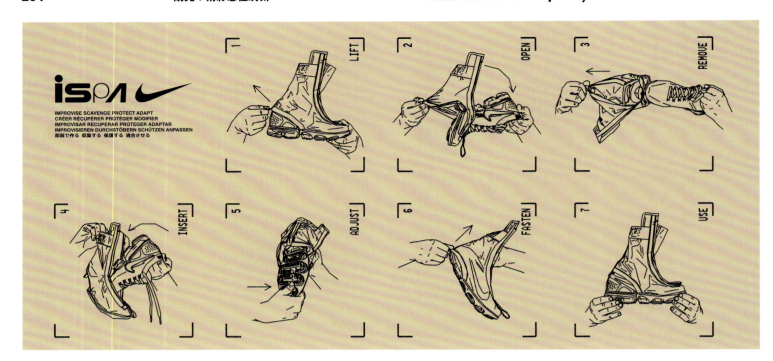

Air VaporMax Flyknit 3	黑／黑／黑	2019 年

Air VaporMax Flyknit Gaiters iSPA		2019 年

Air VaporMax Flyknit Gaiters iSPA 和 Air VaporMax Flyknit 3	金属银／黑／白／金属银	2019 年

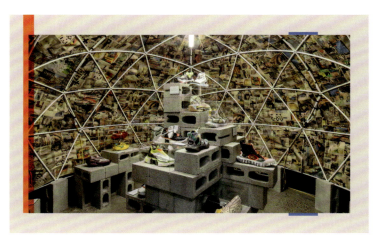

iSPA 内部设计演示图

2018 年

iSPA 杂志拼贴	2020 年

iSPA 团队提前三季准备新品，以文化叙事为灵感，推出诸如"紧急状态"系列产品。iSPA 的先锋设计总是迫使人们对公认的设计实践和美学进行反思。

2018 React LW WR Mid iSPA 是该系列的首款产品，其独特的轻质、弹性、防水鞋面和尖端鞋底借鉴 React Element 87 设计风格，可在发生自然或人为灾害时快速装配，并适应自然或人为带来的灾害。

2019 年 Air VaporMax Flyknit Gaiter iSPA 作为一款可拆卸的腿套实现对 Air VaporMax Flyknit 鞋子的保护，为抵御潮湿环境提供一种解决方案。而 iSPA Joyride Envelope 则为 Joyride NSW Setter 加入了一个易穿脱的鞋面。

2020 年推出的一款 iSPA 新品是一件充气夹克，将 iSPA 理念应用于户外运动服，可以手动充气以应对外界变化的气温。

iSPA 设计不受传统设计思路的束缚，展示了实验性设计潜力，同时有预见性地解决日常性能问题。

iSPA Zoom Road Warrior	帆白 / 电压黄 – 云杉光环	2020 年

iSPA Zoom Road Warrior 大底	2020 年

iSPA OverReact Flyknit	帆白 / 多色 – 橙	2020 年

iSPA Drifter	雾灰 / 黑 – 橄榄 – 云杉光环	2020 年

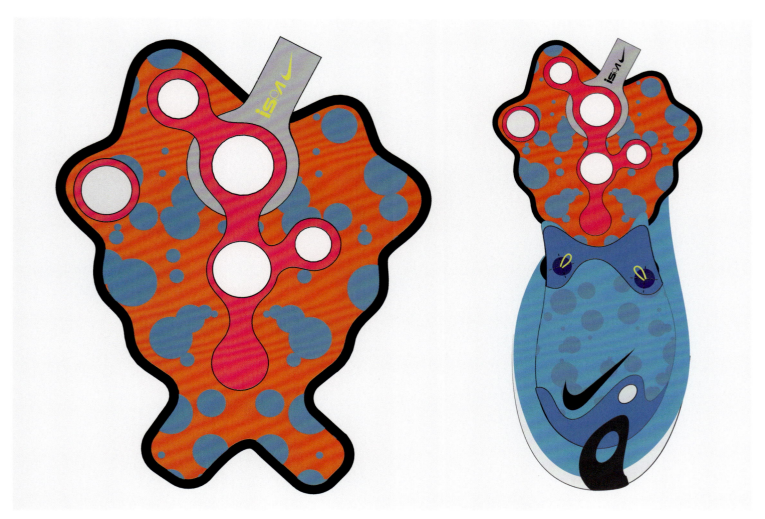

iSPA Flow 线条艺术	2018 年

iSPA Flow 2020	中橄榄色 / 波斯电压黄 – 藏红花石英	2020 年

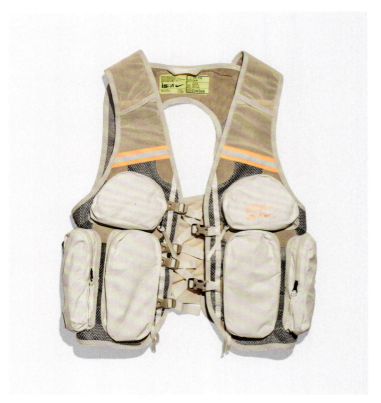

iSPA 短裤	2020 年

iSPA 充气马甲	2020 年

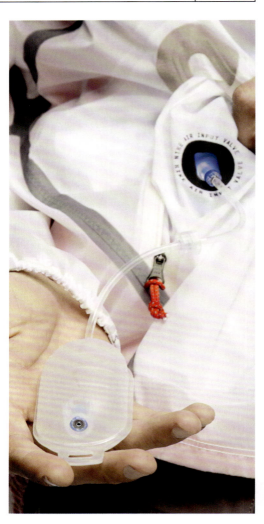

iSPA 充气夹克及其细节	2020 年

第 4 章　打开视野

Air Gauntlet

Air Zoom Drive

Air Presto

LeBron Soldier 8 FlyEase

LeBron Soldier 9 FlyEase

Lebron Soldier 10 FlyEase

Lebron Soldier 13 FlyEase 4

Air Zoom Pegasus 33 FlyEase 4E

Air Zoom Pegasus 35 FlyEase

Air Zoom UNVRS FlyEase

AJ 1 High FlyEase

Air Max 90 FlyEase

Sole

(M) Swoosh Bra

Nike × MMW 2.0 AeroAdapt Bra

Pro Luxe Tight

Nike × Gyakusou Knit Hoodie

CruzrOne

在耐克公司历史上，很少有人能比杰夫·约翰逊（Jeff Johnson）更具传奇色彩。甚至退休后，他仍然保留着非官方的"一号员工"头衔。20 世纪 60 年代初，约翰逊在斯坦福大学和菲尔·奈特相遇。1965 年，他成为蓝带体育公司的第一名正式员工。他不仅领导过销售部门，协助建立公司的第一批工厂、研发中心和门店，而且在 1971 年时，他还为公司起了个新名字。所以在 2004 年，当终生热爱跑步的约翰逊因为中风导致右半边身体麻痹时，奈特和帕克均表示，他们愿竭尽全力伸出援手。

由于活动能力受限，约翰逊发现，过去穿脱耐克运动鞋这样的小事，现在却变成了巨大挑战。帕克找到了运动创新部的高级总监、创新团队资深设计师托比·哈特菲尔德，看看他能否找到解决方案。托比开始尝试一种替代性的环绕式设计，使得约翰逊的脚能从鞋的后部滑进鞋内，托比还为他打造了一系列定制的款式。约翰逊不断接受康复训练并最终痊愈，与此同时，托比也在大力推广更轻松地穿脱鞋的理念。在其他工作任务之余，托比也在不断尝试改进穿脱鞋、定制款和调整鞋松紧的新办法。

几年后，因为另一段经历，托比进一步确信，业界忽视了自适性运动员的需求。2011 年，他认识了萨拉·莱纳特森，她是一名美国铁人三项运动员，也是第一个依靠假肢完成夏威夷铁人三项世界锦标赛的女性。在交流过程中，莱纳特森花了一个小时的时间为托比演示了一段特殊的"穿鞋"过程。她将碳纤维制成的刀片假肢放进一个可以走路的具有保护性的"运动鞋"里。所谓的"穿鞋"其实是用胶带和魔术贴将普通跑鞋的鞋底与假肢固定在一起。震惊的托比对莱纳特森说："我们不仅要努力解决这个问题，还要让穿鞋用时从现在的 60 分钟变为 6 秒钟。"假肢本身的设计对穿鞋带来一定的限制，还有 6 秒钟的承诺穿鞋时间，所以托比选择了极简主义法，只保留绝对必要的环节。

经过与莱纳特森的密切合作，托比设计出了 Nike Sole，这是一种重量轻且由耐用复合材料制成的鞋底，可与奥索公司的福莱长跑飞毛腿（Össur Flex-Run）碳纤维运动脚板搭配使用。这款设计包含大底和中底，两者之间还使用了一层名为 Aeroply 的热塑性聚氨酯材质（TPU），这一层由回收利用的 Air 气垫制成。尼龙塑料拉环的灵感源于冲浪板脚绳的绑带，用来固定运动脚板。这次合作带来了耐克公司第一双专为运动假肢设计的鞋，但更重要的是，这种设计拓展了耐克公司创新的边界，使之能够惠及更多的运动员。

为众多顶尖运动员提供服务，耐克公司通过这种方式成为体育世界里的"王者"。50 年来，公司一直在设计和创新上推陈出新，帮助每个领域的优秀运动员取得更好的成绩。尽管联合创始人比尔·鲍尔曼对赢得冠军充满执念，但他也认为，"只要还有一口气，人人都是运动员"。

20 世纪 60 年代，鲍尔曼在前往新西兰旅行时，第一次看到了无竞争性的"慢跑"运动。受这次旅行的启发，他开始致力于将这个概念引入美国，还在 1966 年出版了《慢跑：适合所有年龄人群的健身项目》（*Jogging : A Physical Fitness Program for All Ages*）一书，这本书的目的并非打造更多的精英跑步运动员，而是帮助普通人改善身体健康状况。这种参与性极高、包容性极强的运动理念始终存在于耐克公司的 DNA 中，如今也拓展到范围更广的新领域。"耐克公司发自内心地关心每个人，"托比表示，"探索这些理念，为我们打开了另一种既存的视野。"

"我们在探讨如何才能为更多的人在更广的范围内提供接触体育运动的机会，"帕克说，"这可能开始于某个特定的群体，但解决那些问题的方法实际上与更大范围的消费者存在关联。"在现实中，这种与普通人相关的流程和耐克公司与顶尖运动员的合作并没有太大区别。他们需要经过设计咨询、磨损测试、有洞察力的探讨和迭代，直到做出超出所有参与人员预期的产品。然而，这里的目标并不是打破世界纪录或者赢得冠军，而是为每个人创造更多接触体育运动的机会。

如今，FlyEase 系列能够帮助用户快速且便捷地穿脱鞋，能够实现以上为更多人创造接触体育运动机会的目标。这一系列于 2015 年秋天首次上市并应用于 LeBron Soldier 8 FlyEase 产品上。按照托比的描述，那是对一双高人气篮球鞋的"即插即用"式改造，穿着这双鞋的正是勒布朗·詹姆斯。托比认为，这个技术首次应用时，最重要的是要用在一双学生和运动员都会穿的球鞋上。当耐克公司成立了一个小型团队，希望不断改善 FlyEase 技术使之未来能应用于更多型号的产品时，他们收到了各种意想不到的反馈意见。其中既有兴奋和感激，也有大量残障人士及其看护人员提出的独到观点。

这段经历让人想起了托比职业生涯的早期，那时他也会认真倾听跑步运动员的需求，最终设计出了一系列改变耐克设计理念、与人们直觉感受相反的创新产品。"我们当时正在研发这款非常复杂的缓震运动鞋，我看到鞋面使用了很多层材料，一层又一层。"托比回忆道。他和数不清的运动员进行了交流，后者都在抱怨，他们只想要一双穿着舒服，而且感觉"刚好合适"的鞋。于是托比开始把后掌与前掌紧密连接成一个整体，并且尽可能减少鞋面上的材料，使得运动鞋重量更轻，脚面部分也更多地采用无缝设计。

1998 年推出的 Air Gauntlet 产品第一次展现了上述新理念。这双鞋的前掌采用了单层弹力网状面料，提供轻质且舒适的感觉；脚踝部分设计成 V 型切口，方便脚部自然运动；同时还设置了一个可调整的钢夹，让穿着者可以自行将运动鞋调节到适合自己的程度。Air Zoom Drive 和 Air Presto 更进一步，将这一理念变为主流。"鞋子不是重点，脚才是，"托比表示，"鞋只是随行的辅助用品。"最能反映这句座右铭的，莫过于托比在 2004 年推出的 Free 系列产品。这个特别的设计灵感，源自他对运动员强化脚部力量的光脚跑步训练的观察。

在托比看来，不是公司想要创新，就一定能创新。他表示："对我来说，最好的一点就是我能和我们的专家、运动员、训练师和教练进行交流，问他们什么有用、什么没用。从本质上说，他们为我们提出了生动有效的指引。我们不需要书面文件，我们只需要和真实的个体交流，他们会告诉我们问题在哪里。在这个基础上，我们会想出办法解决。"

在 FlyEase 产品的问题上，团队认为，让更多人参与交流能带来更好的结果。所以在 2016 年，耐克公司启动了一个名为耐克轻松挑战赛（Nike Ease Challenge）的公开创新竞赛，寻找全新的好创意，以加速解决与穿脱鞋及鞋子稳固性有关的难题。

他们从 500 多名参赛选手中选出了 3 名决赛选手，让他们飞到俄勒冈州比弗顿市，在包括帕克等耐克工作人员及 17 枚残奥会奖牌获得者塔蒂亚娜·麦克法登（Tatyana McFadden）、9 枚奥运金牌得主卡尔·刘易斯（Carl Lewis）和 6 次入选 WNBA 全明星队并且赢得 2019 年 WNBA 最有价值球员（MVP）的艾琳娜·戴尔·多恩等运动员组成的评委团面前展示自己的设计款式。获奖设计对 Hyperdunk 2016 进行了改装，这个设计参考了吊桥的设计思路，采用铰链式设计将鞋的脚后跟部分与其他部分连接在一起，人们可以轻松地使用单手从后方穿鞋。同时，当脚完全伸入鞋内，后跟闭合时，一块小型的轻质磁铁可以将后跟固定到位。

戴尔·多恩尤其喜欢这个设计，她想知道能否将这个设计用在自己的比赛用鞋上。身高接近 1.96 米的戴尔·多恩赢得过奥运金牌，还是两届 WNBA 常规赛 MVP，她已经在篮球场上取得了常人难以想象的成就，而她身有残疾的姐姐莉齐（Lizzie Delle Donne），一直是她心中的榜样。戴尔·多恩推动托比和耐克团队，希望他们打造出一双鞋，不仅能满足篮球赛场最佳表现的要求，而且自己的姐姐也能穿。根据通用设计原则，即公平合理的设计理念能够为所有人带来更高质量的产品，Air Zoom UNVRS 就是第一款从零开始设计的 FlyEase 产品，它并非对耐克的已有产品进行改进。对戴尔·多恩和 FlyEase 团队来说，最重要的就是让

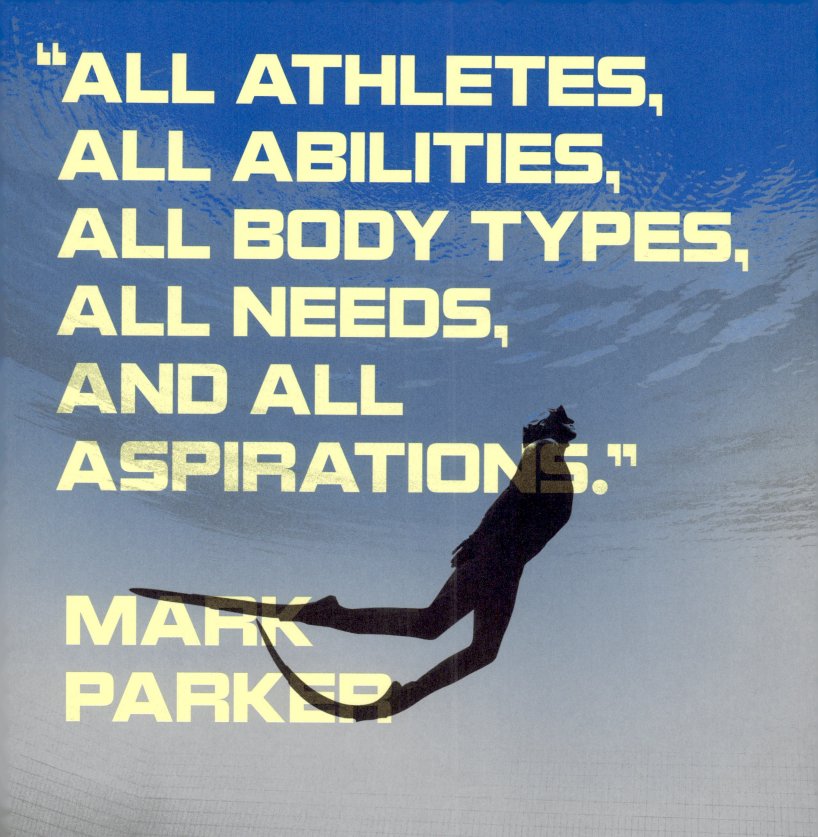

"ALL ATHLETES,
ALL ABILITIES,
ALL BODY TYPES,
ALL NEEDS,
AND ALL
ASPIRATIONS."

MARK
PARKER

"AS OUR CENTER HAS GOTTEN BIGGER, THE OUT-SIDE EDGES HAVE GOTTEN CLOSER. OUR EYES HAVE BEEN OPENED TO PLACES AND PEOPLE THAT ARE YET TO BE SERVED."

MARTHA MOORE

这双鞋成为所有人都愿意穿的鞋。

从耐克轻松挑战赛的获奖设计中获取灵感后，项目团队开始了漫长的设计和研发流程，戴尔·多恩和她的姐姐都成为试穿员。整个设计流程，最麻烦的就是设计出合适的脚后跟开关机制。团队没有用磁铁锁定闭合鞋跟，而是将它装在鞋跟的外部，以便使用者提着磁化后跟向后弯折直接吸附在中底上，保持后跟打开的状态。

鞋的整个后面配有魔术贴，可以让用户单手调节使用了 Flywire 飞线技术的绑带，以此调整合适度。鞋面采用了 Flyknit 编织技术，其中印有非常显眼的信息，用以推广 FlyEase 的指导理念，即"将创新和灵感带给世界上的每一位运动员"。设计师甚至为戴尔·多恩的姐姐准备了一个彩蛋：鞋的右脚拇指处用盲文印上了她的名字，左脚拇指上印的是姐姐莉齐的名字。

Air Zoom UNVRS 在 2019 年 8 月首次亮相，赶上了当年的 WNBA 总决赛，让戴尔·多恩可以穿着这双鞋上场比赛。"感觉很棒，我穿着这双鞋赢得了总冠军，"她兴奋地说道，"你还能对一双鞋有更高要求吗？"她很快提到了这款设计最让她感到骄傲的地方。"我姐姐既听不见声音，也看不见，她是盲人，因此她的其他感官变得更加敏锐。她看不见鞋的样子，但她能感觉到。当她第一次拿到鞋时，她的手指来回摸着蓬松的质地，接着又摸到了后面柔软的魔术贴。她也用自己的方式感受了这双鞋。"莉齐的故事可能有点儿特别。

如果说 FlyEase 教会了耐克设计与创新团队什么道理的话，那就是，一个人眼中的卓越可能是另一个人眼中的平凡。耐克公司仍在不断研究各种易于穿脱、轻松调整产品的方法，不仅让产品更加适合残障人士使用，也能为每一个人提供更智能、更优越的运动鞋。

对耐克公司的管理层而言，以上独特而开放的问题解决方式，对公司的未来有着至关重要的作用。在过去，扩张意味着从宏观层面拓展全新的产品类别，比如高尔夫或足球，但如今在首席设计师约翰·霍克看来，扩张越来越多地指的是解决高度特定化的问题。"我们想邀请更多的人加入体育的世界，"霍克表示，"但仍存在我们的创新无法触达的个人或群体，所以在这方面我们需要更加努力。"即便是耐克这样规模庞大的公司，商业化并不一定是其发展最根本的动力。和帕克一样，霍克明白，让设计师在一系列严密的限制条件范围内解决问题，通常可以带来让公司走上意外新方向的解决方案。

对耐克内部而言，"破 2"马拉松项目带来的最大影响，就是激励公司的设计与创新团队从更全面的角度去看待和解决问题。公司需要考虑和运动员相关的一切因素，包括他们的身体、精神状态以及与其运动经历有关的背景及环境。在服装创新部副总裁珍妮特·尼科尔的带领下，创新团队接到的任务是研发更优质的材料和更高效的生产方法，使得产品既能提供新的性能特点，又能从全新角度为越来越多的运动员解决他们所面对的难题。"我觉得有一些优秀的创新就在我们的眼前，"尼科尔表示，"我们之所以看不到，是因为我们总在寻找光鲜、耀眼的大项目。然而，最能引起反响的，通常是一些非常简单的东西。"

可以证明她观点的是，耐克公司在服装上采用的一些先进技术，均源自人体最基本的生理需求，比如体温调节，用更常见的说法表示，就是出汗。1991 年，耐克公司首次推出了 Dri-FIT（快速排汗专利布），这是一种能在服装表面均匀地散发汗液的聚酯纤维，让汗液迅速蒸发。在此基础上，如今耐克的设计师们可以使用更多的技术，包括大量的运动数据，比如从身体的出汗部位到服装的弹力位置等各种信息、计算设计技术和制造工具如 3D 编织机。

2019 年推出的 AeroAdapt 面料就是将上述技术突破应用于实践的一个案例。这种专利材料使用的纱线在潮湿环境中会出现扩张，增大空气流动量。与此相反，这种材料在干燥环境中会收缩，为穿着者提供保温性能。另一个例子是耐克的 Therma-FIT（保暖专利布），这是一种利用工程编织技术制成的摇粒绒替代物。2020 年春季，使用了此项技术的 Gyakusou 跑步系列被推向市场，这个新技术就是希望以前所未有的方式调节体温，让运动员在运动前、中、后都可以保持适宜的温度。

Dri-FIT 的最新技术 Stealth Evaporation Fabric（隐形蒸发面料），也许是迄今最让人印象深刻的技术。我们从名称可以看出，研发这种面料的目的，就是减少运动过程中衣服上不断积累的难看汗渍。很多女性明确提到了这个担忧，她们告诉耐克的调研人员，汗渍让人尴尬而分心，严重时甚至会影响她们的信心和表现。

耐克的新型面料将速干纱线与防水纱线组合在一起，通过双面编织结构让面料内部拥有更多可以加速排汗的表面积，避免汗渍出现在衣服外面。配合耐克内部创新团队的工作方式，这些技术已经被广泛应用于各种品类与产品线，同时还在帮助耐克公司拓展新的业务方向。

Nike（M）系列针对的则是女性怀孕期间和产后体形的变化。我们可以从中看出耐克公司在面对全新环境时如何对自身的服装设计做出调整。Nike（M）系列拥有 4 个主打基本款，自 2017 年启动研发流程开始，经过耐克团队近 3 年的细致研究、测试与设计，确保能够满足妈妈们在怀孕不同阶段的各种需求。这与耐克公司为赛场上的运动员设计装备并无区别。

研发过程中，耐克团队搜集了 15 万名未孕及已孕女性的身体数据进行对比研究，从而论证出女性的身体在妊娠期间如何从 XS 号逐渐变为 XL 号。为了制造出能够适应这种身体剧烈变化的服装，团队从耐克现有产品出发，但又为那些产品添加了全新功能。Tight 紧身裤配上了可伸缩的腰带，可以根据女性腰围的大小调整松紧。测试表明，即便被拉伸到 100%，面料也能恢复到原始状态。

像斗篷一样的 Pull Over 套头衫和 Tank 背心在设计时都考虑到了哺乳的因素，方便女性轻松穿脱衣物，同时还特别关注接缝是否平整，以尽量避免造成不适。Swoosh Bra 运动内衣的滑扣，可以让女性在怀孕期间随着胸部变化调整大小，同时使用了 3 层 Stealth Evaporation Fabric 面料，从而减少哺乳期间乳汁不可避免地溢到衣服上的窘境。搭配耐克先进的技术和制造工艺，Nike（M）系列代表的是更具同理心、更全面的问题解决方式，这个系列从运动改变生活体验的角度，重新定义了性能表现。

CruzrOne 的设计也采用了相似的理念，这是耐克公司为"真正的慢跑"设计的第一双跑鞋。CruzrOne 面向的是 20 世纪七八十年代与耐克公司一同成长的硬核跑者，是耐克联合创始人奈特与创意概念部副总裁廷克·哈特菲尔德一次对话后的产物。在那次对话中，81 岁的奈特不服气地表示，他不是出门散步，而是用非常慢的速度跑步。廷克没有对奈特的这个玩笑一笑了之，而是用一个认可两种运动细微差别的设计做出回应。

当人们跑步速度更慢时，脚后跟撞击地面的力度就会更强，所以 CruzrOne 使用了船形的鞋底，以便自然地推动穿着者的脚向前运动，完成从脚跟到脚趾的一系列动作。与普通鞋相比，这双鞋还配有羊毛衬里和双向伸缩鞋面，使得它比一般跑鞋更舒服，也更容易穿脱。随着越来越多慢跑型产品进入研发生产流程，托比认为，未来可能因此形成一个全新的品类。

尽管有些创意看起来像处在耐克宇宙的外围，但随着公司不断成长，可供探索的方向似乎也无穷无尽。"30 年前，我从没想过自己会做这样的产品，"Victory Swim 系列的工作人员摩尔解释道，"我们从未把这一人群看作焦点。可随着我们的关注点变得越来越大，外围边界也会离我们越来越近。我们的视野打开，从而看到过去没有关注过的地方和人。"

　　毫无疑问，尽管耐克公司的未来仍然取决于如何帮助世界上最优秀的运动员取得越来越好的成绩，但公司也致力于激励每个人参与体育运动，为每个人提供参与体育运动的机会。放在过去，这可能意味着开发全新品类的产品，比如开发高尔夫或网球产品，但在今天，这意味着寻找机会，为那些因个人能力、年龄、文化、性别或其他原因而难以接触体育运动或根本无法参加体育运动的人提供服务。这种做法不仅改善了通常被忽视的人群的生活质量，而且实现了一种设计理念，即采用新方法解决新问题能够带来惠及所有人的创新。"这比赢得冠军和金牌更有意义，"廷克表示，"坦白地说，我觉得这会成为耐克公司在历史上做过的最重要的事。"

| Air Gauntlet | 白 / 红 / 黑 | 1998 年 |

| Air Zoom Drive | 银 / 青 / 黑 | 1999 年 |

设计师托比·哈特菲尔德的设计不仅涵盖 Free 系列等运动鞋，也包括一种用于假肢上的刀片。尽管它们非常不同，但每种设计都体现了该公司"倾听运动员声音"的承诺。这一承诺应归功于耐克联合创始人比尔·鲍尔曼。托比在俄勒冈大学学习期间，也接受过鲍尔曼的指导，并经过鲍尔曼的介绍，结识了当时一位年轻的撑竿跳高运动员并为其量身定制了一双助跑钉鞋。

在耐克公司，托比一直坚持并延续鲍尔曼的传统。1996 年托比设计的新品在脚踝附近有一个 V 型切口，以满足人们对更合身、更舒适的鞋款的需求。这一设计催生了一系列跑步鞋型，并最终带来了 Air Presto，被誉为"如 T-shirt 般合脚"的鞋款。

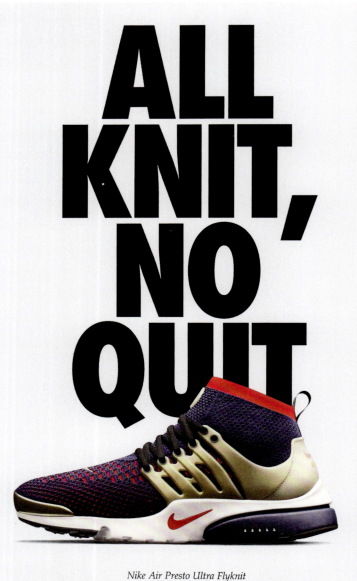

Nike Air Presto Ultra Flyknit

We've never liked quitters. So we made the Presto's Flyknit material so soft and comfortable that once they're on, you'll never want to stop.

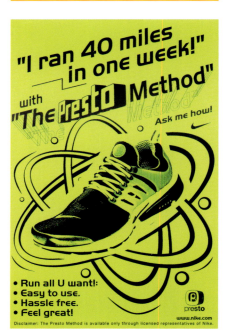

Air Presto 的广告图

2000—2016 年

| Air Presto "Brutal Honey" | 黑 / 中性灰 – 黄条纹 | 2000 年 |

| Air Presto "Orange Monk" 及其大底 | 白 / 橙 – 黑 | 2000 年 |

| Air Presto "Rogue Kielbasa" 及其大底 | 彗星红 / 白 – 黑 | 2000 年 |

| LeBron Soldier 8 FlyEase | 白 / 金属银 – 黑 | 2015 年 |

| LeBron Soldier 9 FlyEase | 黑曜石 / 金属金色 | 2016 年 |

| Lebron Soldier 10 FlyEase | 白 / 白 – 金属银 – 冰蓝 | 2017 年 |

| Lebron Soldier 13 FlyEase 4 | 雷灰色 / 亮深红 – 闪电绿 | 2019 年 |

托比将对运动员的洞察力，转化为传神设计的能力体现在 2015 年的 LeBron Soldier 8 这双鞋上。这款极易穿脱的运动鞋配有环绕式拉链，专为各种不同能力和年龄的运动员设计。2004 年耐克公司的第一位员工杰夫·约翰逊突发中风，托比开始根据杰夫的需求研发一款新产品。最终，托比设计制造了一双满足其需求的鞋子，以弥补约翰逊暂时丧失的运动技能。

约翰逊的需求促使托比重新全面审视鞋类的基本功能，最终促成了 FlyEase 系列。

这种突破性的设计思路首次应用于勒布朗·詹姆斯的签名鞋后，很快在耐克的各个运动品类的产品中出现，并根据不同的运动类别进行了调整。

此外，FlyEase 系列还确认了一套设计准则，即成为能为所有运动员创造卓越的鞋款。

| Air Zoom Pegasus 33 FlyEase 4E | 黑 / 白 – 无烟煤 – 酷灰 | 2016年 |

| Air Zoom Pegasus 35 FlyEase | 纯灰 / 热冲压色 | 2018年 |

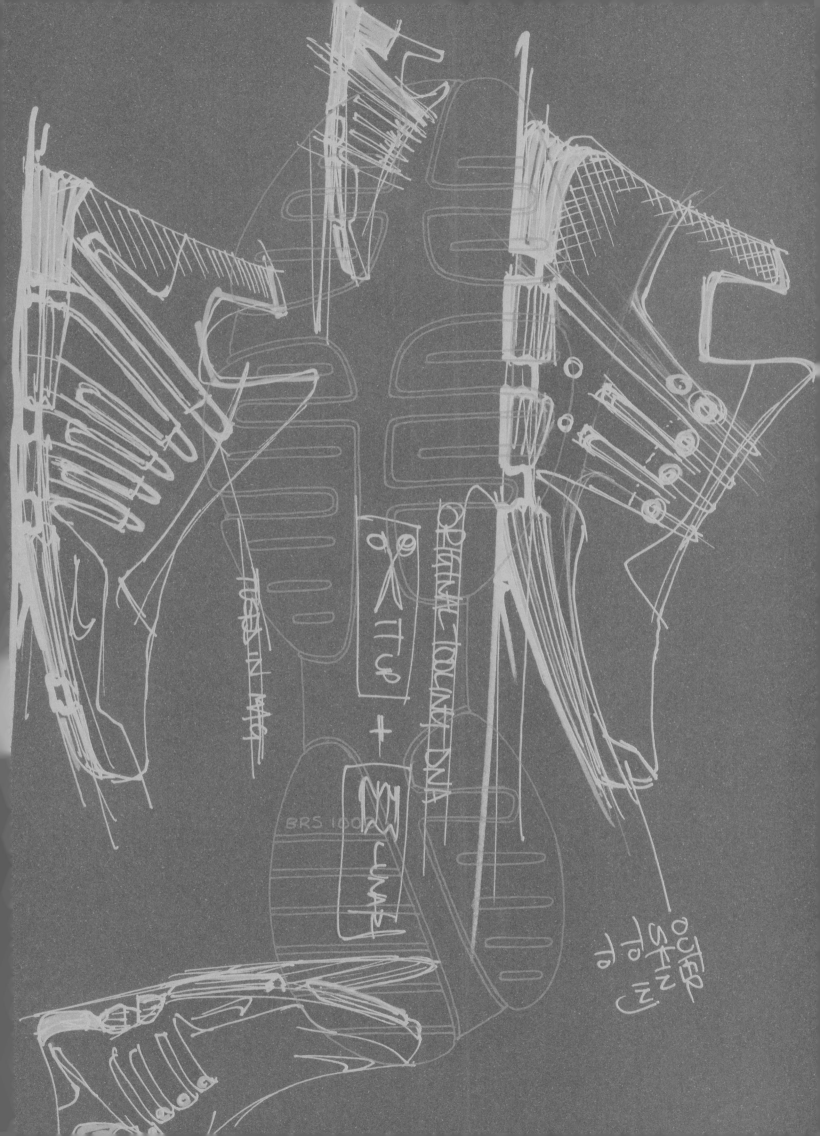

TUCKS IN BAG

✂ CUT IT UP

ORIGINAL TOOLING DNA

+

≡ LUNAR

BRS 100

OUTER
SKIN
TO
TO
(IN)

"I WANT THIS TO BE A SHOE FOR EVERYONE, WHETHER YOU'RE MALE OR FEMALE, WHETHER YOU'RE AN ATHLETE OR AN ADAPTIVE ATHLETE."

ELENA DELLE DONNE

耐克轻松挑战赛获奖作品 | 2017 年

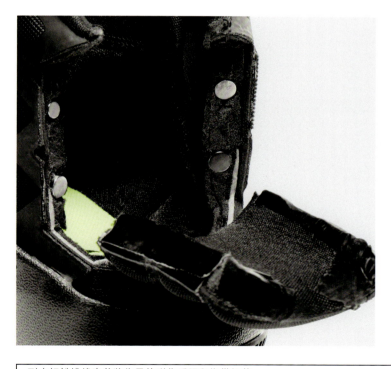

耐克轻松挑战赛获奖作品的磁化后跟和绑带细节 | 2017 年

Lebron Soldier 8 FlyEase 的到来，既证实了 FlyEase 系列存在的意义，又阐明了这个系列也有进一步发展创新的必要性。除了收集穿着者的反馈并将其融入新的 FlyEase 系列外，耐克公司试图通过组织 2016 年耐克轻松挑战赛与更多的人进行对话，参赛者包括设计师、工程师、制造商和创新者，为各种不同能力的运动员改进和革新鞋类。

在参考了来自美国各地的参赛作品后，挑战赛的评委们精心选择了一个参赛方案作为获胜者。这个方案以 Hyperdunk 2016 支撑系统为灵感，采用了功能强大但轻质的磁铁，将鞋后跟打造成一个"吊桥"，让这双鞋拥有一个简易且空间够大的穿脱区域。

Air Zoom UNVRS FlyEase	白 / 运动红	2019 年

Air Zoom UNVRS FlyEase 的铰链式后跟及绑带		2019 年

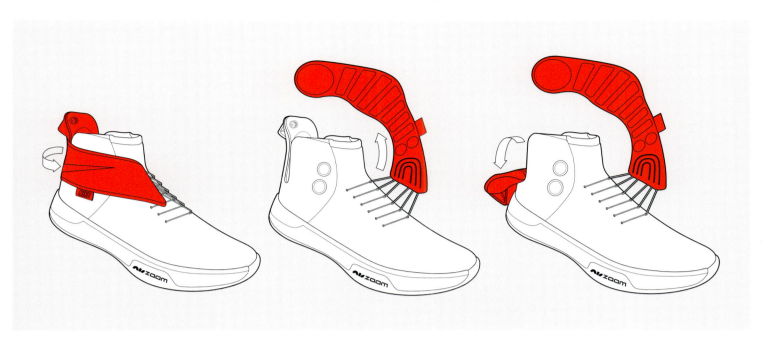

Air Zoom UNVRS 带绑带的闭合系统使用了 Flywire 飞线技术	2019 年

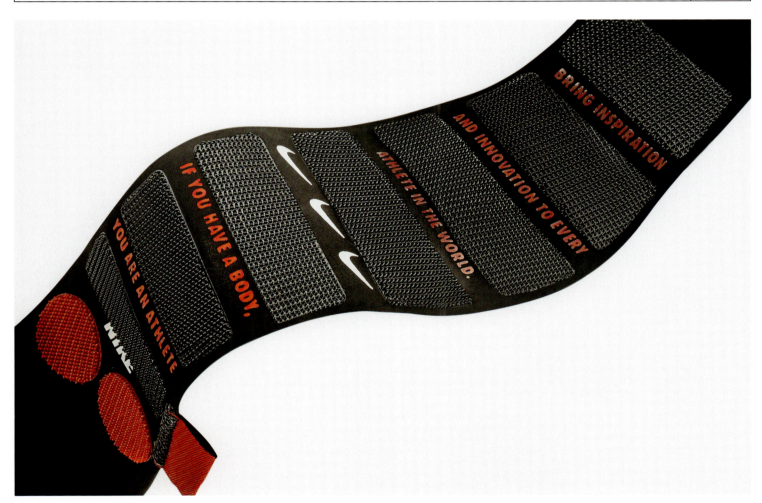

Air Zoom UNVRS FlyEase 的绑带细节图	2019 年

2019 年 8 月，艾琳娜·戴尔·多恩在 WNBA 总决赛中穿着了一双 Air Zoom UNVAS FlyEase 鞋款。该鞋款以耐克轻松挑战赛的设计为基础，推出全新 FlyEase 系列，包括可折叠的带有磁力的后跟与中底相连，方便双手帮助穿脱。铰链式魔术贴与 Flywire 飞线技术完美结合，使用单手即可穿着，鞋子具有稳固贴合感，进一步提升运动鞋的性能。

戴尔·多恩决定推出这款鞋并非偶然。首先，这位篮球明星曾是耐克轻松挑战赛的评委之一，她亲自参与了设计；其次，她的姐姐莉齐由于身体上的缺陷所遭受到的困扰，促使戴尔·多恩主张设计一款既能满足姐姐的需求，又能满足自己在球场上的需求的鞋。这款鞋的功能直接满足了这些需求，而设计细节则体现了它的灵感。

鞋头上印制了盲文，右边是戴尔·多恩，左边是莉齐，而耐克公司的使命"将创新和灵感带给世界上的每一位运动员"则隐藏在魔术贴里。

| AJ 1 High FlyEase | 黑/运动红/白/黑 | 2019年 |

| AJ 1 High FlyEase 闭合系统的细节 | 2019年 |

| Air Max 90 FlyEase | 白 / 皇家深蓝 / 超粉 | 2020 年 |

| Air Max 90 FlyEase 大底 | 2020 年 |

与所有的耐克其他创新产品一样，FlyEase 始终处于不断升级更新的状态。耐克团队以洞察运动员的需求为灵感，以明确的标准为基础，推出了新的外观设计：FlyEase 系列的鞋类必须易于开合，必须易于穿脱，并且必须适应不同的脚型。

随着 Air Zoom UNVRS 等全新鞋型的诞生，这些设计指导原则也为耐克公司的许多经典鞋款带来了可以轻松穿脱的版本，包括 Air Jordan 1 High FlyEase、Air Zoom Pegasus FlyEase 和 Air Max 90 FlyEase。

后一款鞋也是哈特菲尔德兄弟首次联手与耐克鞋产品团队进行合作，将廷克·哈特菲尔德的标志性设计与托比·哈特菲尔德的 FlyEase 技术相结合。

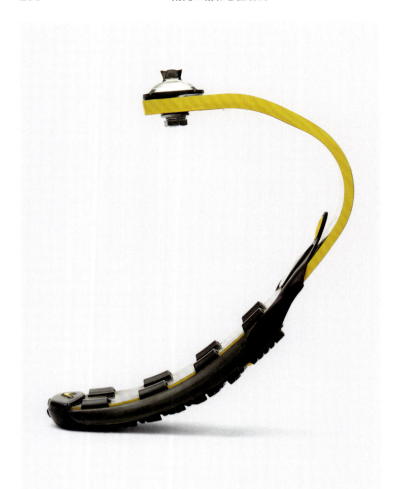

Össur Flex-Run 刀片式假肢的鞋底	2012 年

鞋底	2012 年

　　耐克公司"倾听运动员声音"的这一承诺，越来越受到外界的关注，而这种承诺早已存在于公司内部的创新原则中。

　　耐克公司定期为特殊奥运会选手和残奥会选手定制产品，并与这些运动员合作，以满足高定制化的装备需求。

　　2012 年，耐克公司与铁人三项运动员、世界纪录保持者萨拉·莱纳特森合作。由于缺少适合截肢运动员的产品，莱纳特森不得不将传统跑步鞋的大底固定到她的比赛假肢上，这是一个并不完美且不稳定的解决方案。

　　为了解决这个问题，托比·哈特菲尔德与莱纳特森联手为她打造了一种鞋底，这是一种轻质耐用的复合鞋底，专为搭配奥索福莱长跑飞毛腿碳纤维运动脚板而设计。

　　除了为截肢运动员提供急需的创新产品之外，通过特殊的鞋底，进一步巩固了莱纳特森与耐克公司的关系，她现在是 FlyEase 系列产品创新高级经理。

萨拉·莱纳特森在测试 Össur Flex-Run 的人造刀片假肢 | 2011 年

Nike（M）系列 Swoosh Bra 运动内衣 | 2020 年

  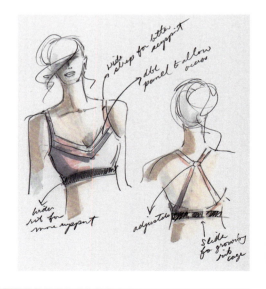

Nike（M）系列设计草图 | 2020 年

　　2020 年，Nike（M）系列孕装产品，也就是为怀孕运动员精心设计的系列服装推广上市，这个系列具有标志性的耐克风格，让耐克的服装创新达到了全新高度。设计师们从经验出发，打造出 4 件基本款产品能最大程度为那些从怀孕到产后的女性运动员提供支持。耐克团队分析了 70 多种材料的伸缩性，最终选择了其中 7 种材料，打造出 Swoosh Bra 运动内衣、Tank 背心、Pull Over 斗篷式套头衫和 Tight 紧身裤。不论是根据穿着者身形变化做出调整，还是利用方便的滑扣式设计及 Stealth Evaporation Fabric 技术解决哺乳需求，每件服装均能适应穿着者身体发生的改变，并解决相应问题。

Nike（M）系列设计草图 | 2020 年

 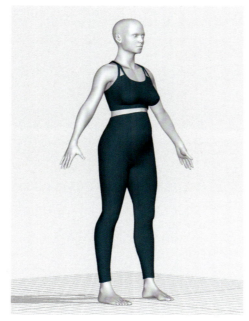 

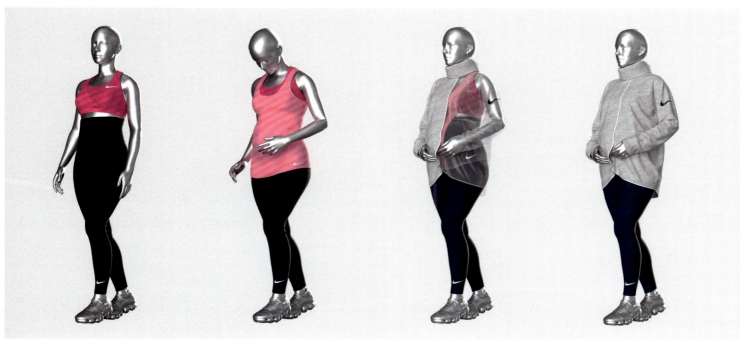

Nike（M）系列包括一条 Tight 紧身裤、一件 Swoosh Bra 运动内衣、一件 Tank 背心和一件 Pull Over 斗篷式套头衫 | 2020 年

Nike x MMW 2.0 AeroAdapt 运动内衣	2019 年

AeroAdapt 面料细节	2019 年

　　1991 年 Dri-FIT 诞生时，我们拥有了一种能将汗液从皮肤吸至织物表面并让其迅速蒸发的高技术面料。这项技术正是功能创新技术发展的一个缩影。正如其名，在接下来的近 30 年里，Dri-FIT 不断推动前沿创新，最终带来了 AeroAdapt，即 2019 年推出的从热身到运动后放松过程中可以维持运动员最佳体感温度的技术。感觉到汗液后，这种专利面料的纱线遇湿将会打开，以散发体热，促进空气流动。当运动员体温下降后，透气孔将会关闭，减少健身后打冷战的可能。这个智能过程既能被人感觉到，也能被人看到。当衣服干爽时，面料呈平整状态；当衣服汗湿后，纱线收缩，面料呈褶皱凸起状。

"ATHLETES WANT TO MAINTAIN AN IDEAL BODY TEMPERATURE, THEY WANT QUICK-DRYING APPAREL AND THEIR CLOTHING TO MOVE WITH THEM—DRI-FIT ANSWERS THESE NEEDS."

JOHN HOKE

MOISTURE VAPOR
PASSES THROUGH
HYDROPHOBIC FACE FABRIC

SKIN

SWEAT

MOISTURE ABSO
INTO HYDROPHIL
YARN SIDE ONLY

MOISTURE W CKIN
OFF OF SKIN

ART DIRECTION
PHOTOGRAPHER: BRENDAN COUGHLIN
LOCATION/PRODUCER: SHAUN DALEY
NIKE NXT HS

Pro Luxe 紧身裤	2019 年

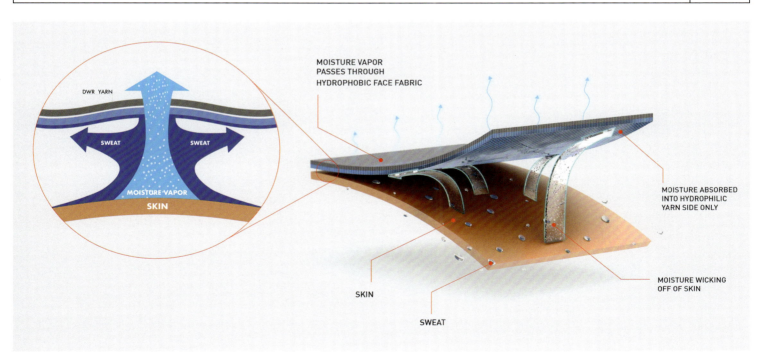

Stealth Evaporation Fabric 技术电脑渲染图	2020 年

　　一般来说，耐克公司在打造产品时会避免一刀切的方法，公司认为高度专业化的问题解决方式能够带来更多的创新。Stealth Evaporation Fabric 技术证明的就是上述两种看似矛盾的目标如何融为一体。耐克公司 2020 年推出了这个技术，以应对女性运动员想要避免汗渍的需求。在 Dri-FIT 基础上研发的 Stealth Evaporation Fabric 通过双面编织结构，别出心裁地将速干纱线和耐用防水纱线组合在一起以控制汗液，通过双面编织结构增加更多可以加速排汗的表面积，避免汗渍出现在衣服外面。这个技术首次应用在 Nike Pro 女性运动服系列上，后来很快拓展应用到其他领域，比如用在 Nike（M）系列运动内衣上以减少乳汁溢出。

Nike × Gyakusou Knit Hoodie 针织套头衫	2020 年

Therma-FIT 面料细节	2020 年

正如 Dri-FIT 为 AeroAdapt 的诞生铺平了道路一样，FIT 家族另一位成员 Therma-FIT 的演变也体现了耐克公司不断进步的原则。Therma-FIT 于 2020 年首次亮相时，引入了一项专利技术，该技术可使运动员在运动中保持体温，同时还不会显著增加服装重量。这是第一次将这项工程编织技术融入一种灵敏、轻盈的针织面料中以保证温度及空气流动。耐克运动研究实验室的数据显示，这种材料旨在保持穿着者的最佳体感温度：23 摄氏度。

这款全新 Dri-FIT 面料应用于 Gyakusou Spring 2020 春季新品针织跑步连帽衫和长裤之中。

| CruzrOne | 亮红 / 白 – 黑 – 闪电绿 | 2019 年 |

| CruzrOne 大底 | | 2019 年 |

　　无论是提高运动表现，还是实现全民运动，耐克公司的创新都会引发一系列的连锁反应。他们激发了人类的潜能，带来更多的洞察力，推动创新，让更多的运动员参与其中。这双 2019 年推出的 CruzrOne 跑鞋，是耐克公司首款专为"真正的慢跑"设计的跑步鞋，设计师廷克·哈特菲尔德称之为"巡航"。尽管该鞋款瞄准了耐克品牌的新消费群体，但它的灵感来自该公司的联合创始人菲尔·奈特。81 岁的奈特将他每天 13 公里的训练定义为"真正的慢跑"而不是散步，为了更好地解决两者之间的细微差别，廷克的设计使用了船形鞋底，以便自然地推动穿着者的脚向前运动。这双鞋还配有羊毛衬里和双向伸缩鞋面，使它比一般跑鞋更舒服，也更易穿脱。

"I DON'T WALK. I RUN ! JUST REALLY, REALLY SLOWLY."

PHIL KNIGHT

第 5 章　地球运动场

Air Max 1	Air VaporMax Flyknit Be True	Air VaporMax Flyknit Random 2
Air Max 90	ZoomX Vista Grind	FE/NOM Flyknit Bra
Air Max 180	Considered Boot	Zoom Vaporfly Elite Flyprint
Air Max 93	Considered Mowabb II	Flyleather Cortez
Air Max 95	Considered Humara	Flyleather Air Force 1 SE
Air Max 97	Considered Tiempo	Flyleather Jordan 1 SE
Air Max Plus	Considered Gem Shoe	Flyleather Air Max 90 SE
Air Max 360	Considered BB High	Flyleather Cortez SE
Air Max 2015	Considered Rock Shoe	Space Hippie 01
Air VaporMax Flyknit	Flyknit Trainer	Space Hippie 02
Air Max 270	Flyknit Racer	Space Hippie 03
Air Max 720	Flyknit Racer Be True	Move to Zero Collection
Air VaporMax CS	Flyknit Air Max	Team USA Medal Stand Collection
Air VaporMax 2019	Mercurial Superfly FG	
Air VaporMax Flyknit 2.0	Free Flyknit 3.0	

"这是一艘装备齐全的飞船，我们将坐在里面驶向太空。"亨利·乔治（Henry George）在 1879 年出版的《进步与贫穷》（*Progress and Poverty*）中写道："如果甲板上的面包和牛肉看起来不够，我们只需要打开一个舱门，就能看到新的储备，过去我们根本不知道存在这些补给。"尽管亨利·乔治只是把地球看作探索太空时维持生命所需的单一载体，但在接下来的一个世纪里，作为乘客的我们逐渐意识到，"补给无穷无尽且地球这艘飞船不需要保养"的观念实际上非常愚蠢。"我们没有把地球这艘飞船看作是一个经过整体设计的机器。"富有远见的建筑设计师巴克敏斯特·富勒（Buckminster Fuller）告诫道。他在 1969 年出版的《地球号太空船操作手册》（*Operating Manual for Spaceship Earth*）中进一步强化了这个比喻，"你要让机器保持良好状态，否则机器就会出现问题，无法正常运转"。

当我们朝着 2050 年进发时，地球的预警系统已开启。气温在上升，气候正在发生变化，海洋在变暖，生物种群受到威胁，资源正在枯竭。尽管如今我们已经从科学上深入了解了地球复杂的自然系统之间的相互作用与依存，也了解了人类行为对其产生的影响，但在某些领域，含糊不清、无知和惰性保守仍然是被广泛接受的解决方案。地球资源有限，未来出现毁灭性灾难的可能性正在变得越来越大，而想要在未来避免灾难发生，我们需要改变生活方式。尽管给人危言耸听的感觉，但随着全球人口数量的增长，该数字预计在 2050 年时达到 100 亿，人类的未来并不明朗。

回溯到 20 世纪 90 年代，耐克公司高管已经注意到了危险信号：地球如果在未来毁灭，那么体育也不会有未来。当耐克公司面临解决供应链劳动问题的巨大压力时，公司开始制定补充策略，减少自身对环境的影响。公司不是在消费者的要求下采取行动，而是主动意识到这是正确的做法，也是确保可持续发展的唯一办法。只有这样，世界各地的运动员才能拥有安全的训练和比赛环境。耐克公司在 21 世纪初为 2020 年设定了目标，其中包括消除产品设计中的废弃物，消除对人体健康有害，或者疑似有害的物质，对产品的整个生命周期负责，同时研究开发能够反映业务全部成本，包括环境、社会和其他成本的全新财务模型。截至 2016 年，耐克公司发布半年度《可持续发展商业报告》（*Sustainable Business Report*）时，耐克的业务规模翻了一番，但对环境的破坏程度却减少了一半。贯穿全产业链的规模化的可持续发展一直以来都是耐克公司的目标。这还带来了一个意想不到的结果，那就是在既定目标的严格框架内，不断寻找对环境更友好的新解决方案，让耐克公司获得了具有变革意义的创新，而这些创新也改变了耐克公司及其消费者和竞争对手对鞋类和运动服装设计的看法。换句话说，耐克公司提出的可持续发展并非额外的议题，而是未来业务不可或缺的部分。

我们不妨看看 Air 这个在耐克一系列成功设计中占据核心地位的标志性技术。自 20 世纪 70 年代末就被耐克公司用作缓震缓冲用途的 Air 气垫，是航空航天工程师马里昂·富兰克林·鲁迪（Marion Franklin Rudy）的发明。他一直设想将一小团空气放入运动鞋的鞋底中，从而减少冲击，为穿着者提供更柔软顺畅的行走体验。最开始的 Air 气垫中填充的是六氟乙烷气体（氟利昂 116）。当化工用品公司杜邦在 1989 年停产这种气体后，耐克团队将 Air 气垫中的气体换成了六氟化硫（SF_6）。两种气体都能起到预期作用，它们都很稳定且不易燃。这两种易于保存的大分子惰性气体对于 Air 气垫的设计及使用寿命发挥着重要的作用。但德国商品和服务测评机构（Stiftung Warentest）旗下的消费者杂志上发表的一篇文章提醒社会关注温室气体对环境的伤害，其中提到六氟化硫也是损害环境的罪魁祸首之一。尽管几乎没有国家立法禁止使用这种气体，但耐克团队还是决定寻找替代性气体，以保护整个品牌乃至地球的未来。

起初，没人想到寻找替代气体将花费 10 多年时间，其中涉及内部创新及工程团队的研发，与 50 多家外部机构的 60 名专家合作，并且投入大量资金用于定制专用设备进行测试和分析。"我觉得如果我无法找到可替代的气体，我可能会被炒鱿鱼。"当时担任鞋类部门主管的前首席运营官埃里克·斯普朗克（Eric Sprunk）回忆道。为 Air 气垫寻找可持续的替代气体的过程中，耐克团队尝试过氮气，这是一种能够满足耐克性能要求，又不会加速全球变暖的良性气体。问题是，氮气的分子结构比六氟化硫小得多，因此更难被压缩密封。"我们大概进行过 200 次不同的实验，"斯普朗克说，"但 199 次都失败了。"

团队并未放弃，团队成员研发出专利气体将 TPU 颗粒挤压为大片薄膜并使用这种材料制作 Air 气垫部件。为了控制氮分子，每片薄膜含有 74 层以交替方向排列的微层，阻挡层的核心厚度相当于人类的一根头发丝。这种新方法也让团队开发出了一种新的封装工艺，即热成型工艺（Thermoforming），从而制造出中空的或者双层三维 Air 气垫。这个创新至今仍是耐克公司最受人觊觎的商业秘密，为 Air 气垫创造了一系列全新的机会，也带来了更大、更好、弹性更强的 Air 气垫部件。Air Max 360 就是第一款采用上述工艺生产出来的运动鞋，它成为第一款拥有从脚跟到脚趾的全掌气垫的运动鞋，这其实绝非偶然。

到 2006 年时，耐克团队已经替换了全部产品中的六氟化硫气体，并且致力于进一步消除 Air 气垫生产过程中产生的废弃物。如今，在 3 个 Air 气垫生产创新中心（Air Manufacturing Innovation，MI），有超过 90% 的废弃物可以被循环利用于其他产品。比如在 Zoom Air 这种反应极为敏捷的缓震系统中，经过加压的 Air 气垫内就织入了被拉伸的弹性纤维。如果没有转而使用氮气带来的突破性的技术，畅销的 Air VaporMax 运动鞋和 Air Max 270 上色彩亮丽的大块 Air 气垫也不可能诞生。斯普朗克解释道："我们所有创新预算的投入方向可能最终并不会得到消费者的欣赏！但那是一个重大挑战，最后也让我们明白，可持续发展确实可以成为创新的催化剂。"

2004 年耐克公司任命汉娜·琼斯（Hannah Jones）为第一任首席可持续发展官，如今她担任耐克公司旗下企业孵化器（Nike Valiant Labs）部门总裁，并在耐克公司加速让可持续发展成为创新与成长驱动力的过程中起到了极为重要的作用。琼斯在 20 世纪 90 年代末加入耐克公司。"当时那算不上好工作，对拓展社会人脉也未必有利，"她回忆道，"但我相信，如果我的目标是社会及环境影响力，我可以去为一家陷入危机，而又愿意做出改变的大公司工作，这是值得投入的赌注。"早期她与工厂、社会团体和员工合作，而商业领袖让她明白，眼前的各种问题是不可分割的，只能通过全面而系统的改变才能解决。耐克的创新与设计团队将成为这个过程中必不可少的组成部分。她找到了总裁马克·帕克和首席设计师约翰·霍克这两个愿意合作的人，他们推动耐克的每一位设计师成为可持续发展的拥护者与推动者。

从一开始，琼斯和她新成立的团队就拥有大量操作空间。"有时，创新和设计中真正重要的是那些比较枯燥的部分，也就是真正找到证据和事实去了解自身的局限是什么。"琼斯解释道。为了那个目标，他们花费了 6 年时间和数百万美元，对耐克材料库（Materials Library）中的 75 000 种材料逐一进行环境影响分析，并用研究发现搭建了一个数据库。这项工作对未来具有至关重要的作用，一双鞋的生命周期，即从原材料到产品废弃的这段过程中，原材料对环境的影响大约占到 63%。团队利用数据库开发出了一种工具，可以帮助设计师在设计过程中做出更好的选择，比如选择相关替代性材料。同时，他们还从化学、能源、水资源、废弃物以及现有产品是否使用循环回收材料或有机材料等特定环境影响力的角度为产品打出可持续发展分数，进而对所有耐克产品做出排序。琼斯的团队随后将上述数据转变为耐克材料可持续发展指数（MSI），和其他评价鞋类、服装、生产制造和风险等指数一起，为耐克公司提供准确衡量成功的标准。

随着耐克将越来越多的资源投入环保领域，管理层也意识到，如果最终目标是在全球大规模改变现状，那么理所当然的做法就是尽可能多地分享自己的工作成果给其他人。"我们的竞争意识非常强，所以我们希望保护自己的创新和知识产权，"帕克表示，"但我认为在以上领域与合适的团队、产业和学术界展开更多合作具有重要意义。我们的目标不只是减少自己的生态足迹，而是产生更广泛的影响。"

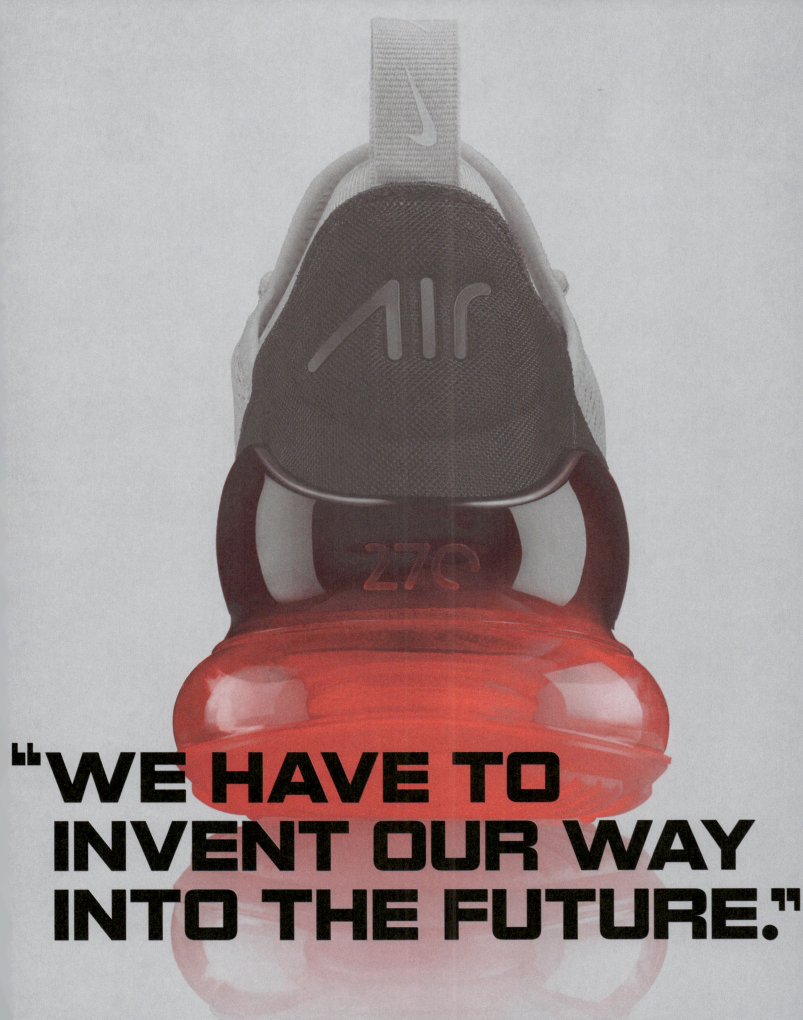

"WE HAVE TO INVENT OUR WAY INTO THE FUTURE."

HANNAH JONES

50% RECYCLED MATERIALS

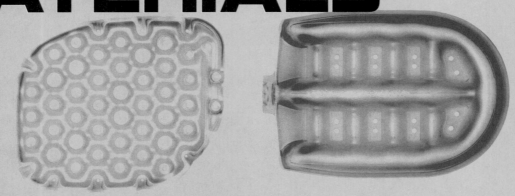

PRODUCED WITH 100% RENEWABLE WIND ENERGY

"尽管我们是家大公司，但我们只是这项产业中的一小部分，产业链中的各方依赖相同的资源而共存，"琼斯补充道，"如果不合作，供应链就不会出现变化。"尽管很多合作发生在被琼斯称为"赛前环境"的幕后，但耐克公司在其他方面分享工作成果的努力却不容忽视。2013 年，耐克公司推出了 MAKING 应用程序，这是一个供设计师使用的免费学习工具，其中含有耐克材料可持续发展指数数据，可以帮助设计师在材料上做出更优选择。设计师在 45 种材料类别中做出选择后，应用程序立刻就能依据化学、能源、水资源和废弃物这些标准提供合适的可替代物。

尽管建立材料可持续发展指数、打造 MAKING 应用程序这些工作表明了琼斯及其团队成员在耐克内部的工作效率，证明他们可以将这些可持续发展实践方式拓展到全球范围，但其实耐克公司坚持可持续发展的根源，却可以追溯到更早的时候。1993 年，耐克员工史蒂夫·波特（Steve Potter）开始尝试切割旧鞋，试图利用公司数量众多的废弃物创造有用的材料。他将运动鞋拆分成不同组成部分，分解为小颗粒后重新组合，公司由此开始生产一系列缓冲缓震表面材料应用于不同场景，包括操场和运动场这样的地方。每年，凭借收集生产废料、未出售的商品以及通过耐克的旧鞋回收计划（Reuse-A-Shoe）收集到的旧鞋（耐克零售商可以收集任何品牌的旧鞋用于回收利用），Grind（循环利用材料的统称）消耗的废料可达上万吨。从 1994 年通过使用回收材料建造第一块篮球场开始，这个项目已经回收利用了接近 5 500 万千克的鞋厂材料，这相当于约 700 架大型喷气式客机的重量，耐克公司将这些被视作无用废弃物的 3 000 万双运动鞋转变为跑道、比赛场地、操场和其他类型的地面材料。值得注意的是，源自耐克旧产品的 Grind 材料甚至被循环利用制造出新的耐克产品，包括运动鞋、服装和多种合成纤维与纱线。

以上做法会让人想起 2002 年迈克尔·布朗嘉特（Michael Braungart）和威廉·麦克多诺（William McDonough）发表的关于可持续生产的影响力极大的论文《从摇篮到摇篮：循环经济设计之探索》（*Cradle to Cradle: Remaking the Way We Make Things*），两者关于循环发展模式的观点一致并非巧合。20 世纪 90 年代，麦克多诺在建筑行业率先提出环境友好的做法，并推动美国绿色建筑协会（United States Green Building Council）推出能源与环境设计领导者（LEED）认证项目，由此声名鹊起。1997 年，耐克公司聘请麦克多诺的设计事务所，为耐克公司设计位于荷兰希尔弗瑟姆（Hilversum）的欧洲总部。第二年，他们又聘请麦克多诺和化学家布朗嘉特设计适合公司的"从摇篮到摇篮"（C2C）项目。就像耐克公司在 2001 年发布的第一份企业责任报告中描述的那样，这两个人让公司走上了"利用科技养分，设计可以被安全回收的消费产品以及利于工业循环的服务产品"的设计之路。

耐克公司的目标，是将可持续发展原则贯穿到产业价值链的每一个环节，而且让设计师主动引领这个趋势。迈克·阿韦尼（Mike Aveni）2000 年设计的 Air Woven 采用了独特的鞋面编织工艺，这种使用了尼龙条和橡胶的鞋面可以减少材料浪费，也能减少缝线和黏合剂的使用。耐克退休设计师布鲁斯·基戈尔构思出的 Presto Clip 则是一种全新的运动鞋结构，不使用黏合剂就能将鞋面固定在鞋底上。2005 年，Considered 系列将最初的这些努力推向高潮，这也是耐克公司在"从摇篮到摇篮"计划的明确限定范围内首个以整合方式设计运动鞋的产品线。公司通过具有特点的外观设计明确展示出其在产品上的努力。这也是将具有可持续发展特点的设计引入主流市场的有效策略。同一年，丰田公司向消费者传达"选择环保汽车，彰显身份价值"这一理念，丰田公司用这种方式一举打开了普锐斯混合动力汽车的市场。由设计师理查德·克拉克（Richard Clarke）牵头，Considered 系列使用了植鞣革、编织纤维、棉质帆布和含有回收橡胶的 Grind 材料，这与人们印象中耐克品牌具有的技术含量高、更具未来主义特点的风格形成了鲜明对比，也为消费者提供了表达自身理念的平台。Considered 系列言出必行，随着生产环节、缝线、分离式部件的减少，这条产品线将溶剂的使用率减少了 80%，生产过程中的能源消耗减少了 37%，相比耐克其他产品线减少了 63% 的废弃物。尽管 Considered 系列从未在主流市场获得巨大成功，但耐克内部始终视其为重要的解决可持续发展材料及生产方法问题的转折点。换句话说，Considered 系列着眼于未来。

随着向前发展，耐克的创新及设计团队意识到，若是想设计出能面向未来的产品，团队成员也需要重新设计生产方法。生产运动鞋时，传统方法是将裁剪下来的材料缝合在一起，这个过程可以称之为"减材成型"。在 Considered 系列中，特定部分的鞋面从一条鞋带开始编织，只会使用材料所需的长度，这就是"增材成型"。"我们不再买来材料，裁剪后再把所有部分缝在一起，"创新部副总裁迈克尔·多纳休解释道，"现在的重点是将正确的成分组合在一起，随后在生产车间里实时制造出你所需要的东西。"

推动耐克公司使用这一方法的另一个关键因素，就是确保采用消费者最关注的创新技术引领未来发展。"我认为人们不会只因为某个产品具有可持续发展性就会购买，"琼斯表示，"当他们走进商店时，按照各自的不同目的，根据性能、外观或者价格做出选择。这是正常的，我认为你有权选择自己喜欢的东西。可持续发展运动给人们一种虚假的承诺，好像人们一定会购买具有可持续发展特点的产品，并愿意在其他方面做出让步一样，这是一种懒惰的想法。"相反，琼斯及其团队意识到，只有当具有可持续发展的选项因为符合了其他所有标准而成为更好的选择时，这场绿色运动才算到达了引爆点。

以上这些假设很快合并为一个策略，推动耐克公司取得一个又一个颠覆式创新。公司通过利用、开发及创造新的技术，带来性能更好、审美更具先锋性且更受追捧的设计，同时还更有利于保护环境。21 世纪，全球性业务发展迎来一系列具有不确定性的挑战，耐克公司正是通过解决这些挑战而获得了快速成功。

让我们以 Flyknit 编织技术为例。2001 年，耐克的创新团队需要对一份内部设计提案做出回应，这份提案希望淘汰传统运动鞋的拼接方法，于是团队成员开始尝试新实验，即实时编织鞋面。经过几年的反复试验，他们终于调整并大幅改变了商业编织机器，使其可以将回收利用的聚酯丝编织成可用的样品。受计算设计推动，Flyknit 编织技术中的每一针均按次序进行了微设计，这就在审美上为产品的样式、质地和颜色创造了无数可能，还能让设计师配合脚部特点确定不同区域，最大程度发挥灵活、支撑、多孔和透气的作用，以提高运动鞋的合适度、舒适度和性能。当耐克公司在 2012 年夏天首次推出 Flyknit Racer 时，这款跑鞋不仅有着过去从未见过的形态，而且重量与使用传统制法生产的耐克跑鞋相比要轻得多。因其自身结构，Flyknit 编织技术可以大比例使用回收材料，比使用传统鞋面生产方法产生的废弃物平均减少 60%。由于这项技术已经应用于耐克的多个领域，从跑步、篮球到生活方式和服装等多条生产线，耐克产品对环境的正面影响也在不断增加。

Flyknit 编织技术最惊人的应用，也是最能证明耐克团队在迭代设计理念上不断探索的案例，就是 2017 年上市的 FE/NOM Flyknit 运动内衣。通常，一件内衣可能拥有多达 41 块布料和 22 道缝线，这也是生产过程中浪费情况最严重、能源消耗最多的产品。耐克运动内衣设计与创新部高级创意总监妮科尔·伦登恩（Nicole Rendone）及其团队开始与运动鞋产品团队合作，希望将 Flyknit 编织技术第一次从运动鞋转用在多款服装上。这不仅为了环保，也是为了打造出性能更优越的产品。耐克团队以超过 600 小时的严格生理测试及访谈为基础，最终制造出了 FE/NOM，专门应对内衣罩杯大的运动员所面对的难题。Flyknit 编织技术的多维度特点，使得设计师可以进行微设计，优化产品的压缩性、舒适性、透气性和支撑性。FE/NOM 只有两块编织面料和一个系扣，生产时所需资源更少，产生的废弃物也少于普通的耐克运动内衣。

在耐克公司，一项优秀的创新总能带来更多优秀的创新。Flyknit 编织技术不断获得成功，让公司越来越注重向产品周期的上游寻求突破。2016 年，耐克公司在俄勒冈州比弗顿市创建了先进产品开发中心，这是一个能为设计师提供大量生产方法和制造工具的园区。现在，设计师不再需要空等数周才能从海外供应商处收到样品，走进园区，他们几个小时就能完成对新样品的测试。某种程度上，先进产品开发中心还起到了产业运动场的作用，人们可以在这里进行批判性探索、实验和发明创造，推动像耐克第一个 3D 打印纺织鞋面 Flyprint 一样的先进技术诞生。通过 Flyprint 技术，TPU 纤维从线圈上松开并融化，进而层层编织、固化，设计师可以将运动员数据转变为前所未见的全新编织形状，同时还能减轻重量，减少黏合剂和缝线的使用量。耐克公司已经使用这种技术制造出了旗下最先进的运动鞋，如 Zoom Vaporfly Elite Flyprint 概念鞋。

　　向设计流程的更上游寻求突破，在这种理念的推动下，耐克公司重新审视了自身另一个经典却对环境带来挑战的材料。在工程学网眼材料和 Flyknit 编织技术发明出来前，皮革是运动员的首选，而且至今仍是足球鞋和棒球鞋这些产品中不可替代的原材料。但皮革生产却是能源密集型产业，鞣制阶段需要使用大量化学品，也会产生大量废料。为了将皮革替换成现代高性能材料以减少碳足迹，Flyleather 材料应运而生。这是一种工程皮革，其中至少含有 50% 的皮革纤维（包括其他生产流程中的皮革废料），以及合成纤维和纤维基础结构。Flyleather 编织技术从黏合性到触感、味道模仿的是全粒面皮革，因其以卷状而不是牛皮的形态呈现，所以这种材料有效利用率更高，也更加稳定。

　　尽管耐克公司将可持续发展的理念融入公司的每一步都取得了重大进展，但他们的回收循环之旅仍在继续。就像"从摇篮到摇篮"计划提出的概念，所有东西皆为养分，皆可回归地球，将技术养分注入产品的生产周期。"作为一家大型消费品公司的员工，你一定不会怀疑自己做事的方式，"富有紧迫感的多纳休表示，"这恰恰是这些大公司在意并正在解决的问题。"耐克团队最新推出的一个产品系列，表明了公司在可持续发展问题上愿意付出多少努力。Space Hippie（太空嬉皮士）的名字是太空生存主义与共享乐观主义的结合。这个系列目前包含 4 款运动鞋，展示了耐克公司在产品设计上的颠覆式创新。耐克探索团队中的一个设计师小团队接到了实现下一代可持续发展目标的任务，团队能设计出 Space Hippie 系列，源于对耐克材料的科学数据进行深入挖掘。之所以有所突破，是因为设计师们对现存产品的废料进行了精确的统计。设计之初仅以现有废料为原材料，这让设计师团队必须换一种思考方式，即"这双鞋为什么长成这样？""这双鞋是怎么做的？"耐克公司其他为人熟知的系列也包含这种理念，比如 Flyknit、ZoomX 和 Grind，但 Space Hippie 以低碳足迹为目标进行创新，其中，再生材料占该系列鞋款重量比约为 25%。有斑点的灰色纱线，由废旧的 T 恤面料和回收的塑料水瓶废料融合在一起制成；厚实的蓝色中底，是由鞋底成型机加工再生材料所得；未经修饰的胶水印和成品细节，都是为了表达耐克公司在生产过程中努力减少能源消耗的决心。随着耐克创新实验室不断在循环利用的问题上投入更多精力，Space Hippie 系列理念将以一种全新且令人惊喜的方式彰显耐克精神。

几十年来，成为全世界最具可持续发展的品牌之一是耐克公司一直以来的目标，可能没有引起普通人的注意，而这正是耐克公司自身的策略。"我们不想东一下、西一下做几个系列，再围绕那些系列或绿色产品做公关宣传，"帕克表示，"对我们来说，可持续发展战略是我们的重中之重，牢牢嵌于所有商业环节、全产业价值链、各个终端和整个集团业务中。"不管是生产制造、材料、废弃物利用、水资源利用、可再生能源还是回收循环利用，所有环节都能支持帕克的观点。

"我们不是因为好玩才做这件事，"琼斯说，"我们给自己定下的目标，是成为能够不断发展繁荣的 21 世纪企业。"过去 20 年来，耐克公司发生的一切，并不是靠着一时兴起，公司靠自身的努力，有条不紊地获得了具有可持续发展的产品，这是严谨计划、坚持不懈的结果。公司正在向着最终目标一步一个脚印不断前进。琼斯离任后接替她担任首席可持续发展官的诺埃尔·金德（Noel Kinder）证实了公司在这个问题上的深思熟虑。"我继承了耐克公司惊人的可持续发展传统，在这个方向上继续前进。在公司内，我们从战略上将可持续发展融入各个团队的核心价值观中，从而帮助我们加速实现未来目标，"金德指出这一动力几乎影响耐克公司从创新设计、生产制造、零售店，到工厂设施、广告宣传和采购的每一个业务环节，"这个职位最让我感到鼓舞的一点在于，我需要搞清楚如何激发几千名员工的能量，因为他们也非常关心这个问题。很多时候，我们只需要提供火花，点燃已经存在的激情与力量，并将其引导至能够帮助我们实现目标的方向，帮助我们实现将碳排放减至零的宏大目标。"为了实现零碳零废弃物的目标，金德需要调动更多团队的积极性。

赛博朋克科幻小说作家威廉·吉布森（William Gibson）曾经说过："未来已经来临，只是尚未流行。"而这正是耐克的可持续发展团队看到的景象。一边观察宏观层面的各种力量，一边关注社会、政治、经济、气候、资源和消费领域的微观趋势，这让团队不仅能设想出公司在明天应该具有怎样的形态，更能想象出 10 年后的情景。可持续发展不存在简单的答案，没有暂停，也没有终点线。就像琼斯说的那样，"我们需要找到走进未来的路"。

| Air Max 1 及其气垫 | 白 / 浅自然灰 / 皇家浅蓝 | 1987 年 |

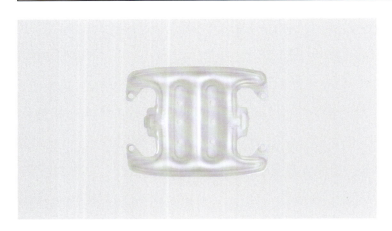

| Air Max 90 及其气垫 | 白 / 赞恩灰 / 和谐荧光粉 | 1990 年 |

| Air Max 180 及其气垫 | 白 / 蓝宝石 / 热石灰 | 1991 年 |

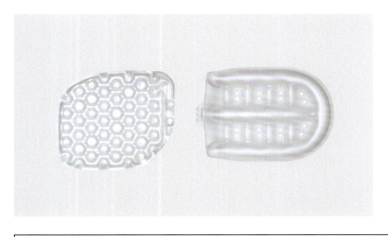

| Air Max 93 及其气垫 | 白 / 镭射石灰 / 皇家蓝 | 1993 年 |

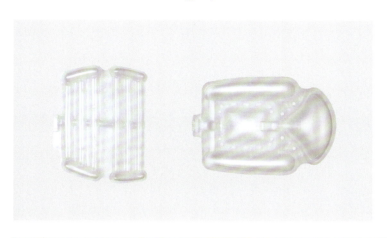

| Air Max 95 及其气垫 | 白 / 野葡萄 – 新鲜绿 | 1995 年 |

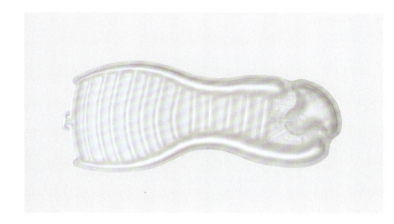

| Air Max 97 及其气垫 | 金属银 / 极地白 – 黑曜石 | 1997 年 |

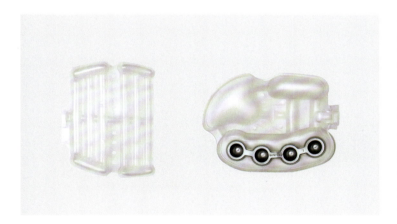

| Air Max Plus 及其气垫 | 机器灰 / 陶瓷色 – 午夜海军蓝 | 1998 年 |

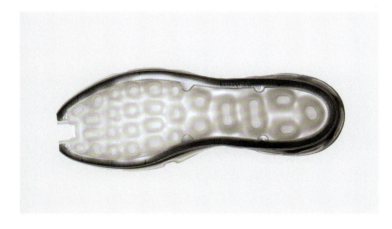

| Air Max 360 及其气垫 | 金属银 / 真白 – 皇家深蓝 | 2006 年 |

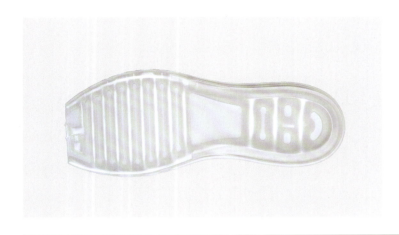

Air Max 2015 及其气垫	浅铁矿石 / 白 – 灰 – 鲜红	2015 年

Air VaporMax Flyknit 及其气垫	纯白金 / 大学红 – 狼灰	2017 年

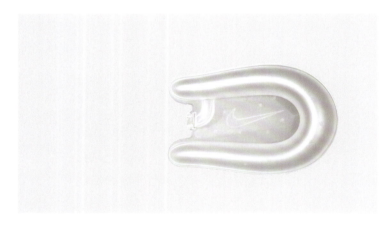

Air Max 270 及其气垫	纯玫瑰 / 元素玫瑰 / 白 / 复古酒红	2018 年

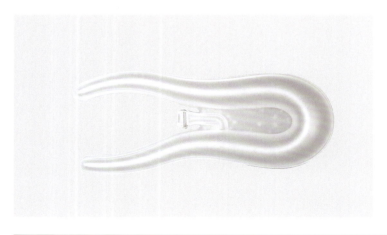

Air Max 720 及其气垫	超葡萄紫 / 黑 – 超粉	2019 年

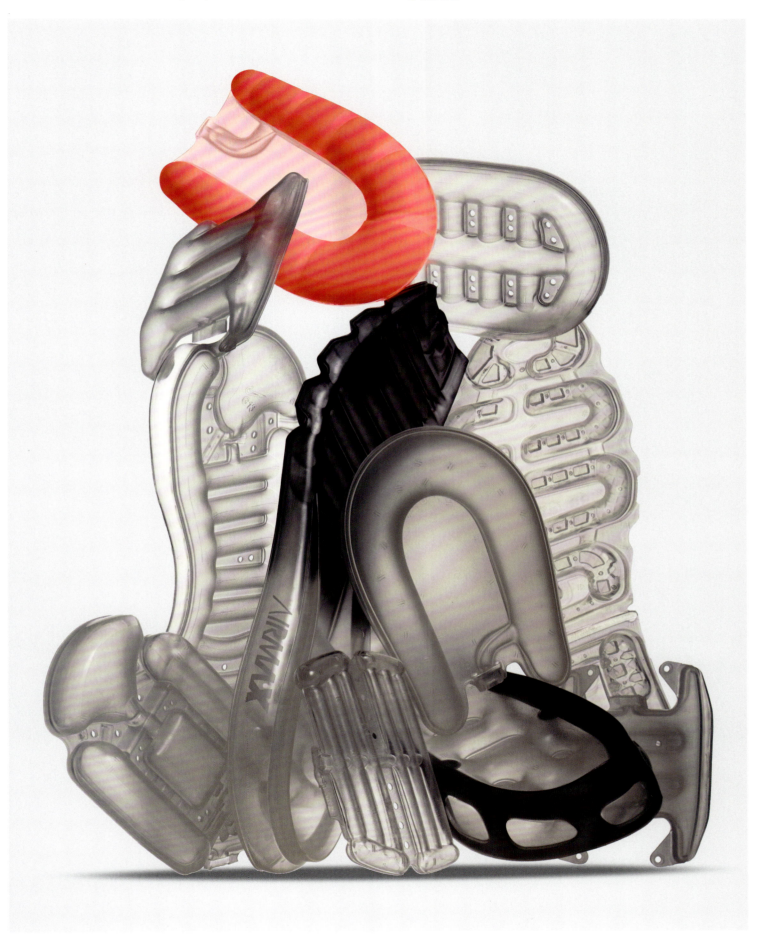

1987 年，随着 Air Max 1 的问世，可视化 Air 气垫通过一种类似于视觉美学的方式进入了公众视线，其特点之一是气垫部件中充满六氟化硫。5 年后，这种气体被披露为温室气体。这一消息促使耐克团队进行了一次内部竞赛，在不牺牲性能和美学的前提下找到这种污染物的替换气体。经过 10 多年的反复实验，耐克团队采用了一种专有的氮气制造工艺，能够制造出更多反应更灵敏的 Air 气垫，从而不断丰富 Air 气垫系列。此外，氮气囊的可持续性也将成为未来创新的基础。

Air 气垫的生产过程	俄勒冈州，比弗顿市，耐克全球总部，Air 气垫生产创新设备	2019 年

　　2006 年上市的 Nike Air Max 360 跑鞋，是首款采用 Air 气垫为整个鞋底提供缓震的运动鞋，它开创了全新的 Air 气垫时代。具体而言，它利用了耐克公司最新的制造工艺，将 TPU 颗粒挤压成含有氮分子的大片薄膜，并引入了一种被称为热成型的封装工艺，从而制造出双层三维 Air 气垫部件，且气室之间相互独立。这一功能使耐克设计师能够摒弃传统鞋底泡棉与橡胶的搭配方式，以更轻的重量提供更舒适的穿着体验，并进一步践行"让运动员完全在气垫上跑步"的设想。

| Air Max 360 | 金属银 / 白 – 无烟煤 – 校园红 | 2006 年 |

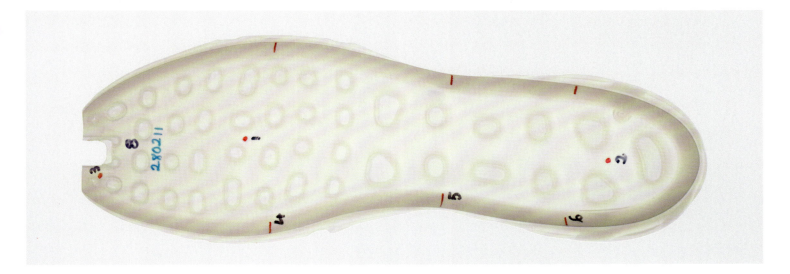

| Air Max 360 气垫 | 2006 年 |

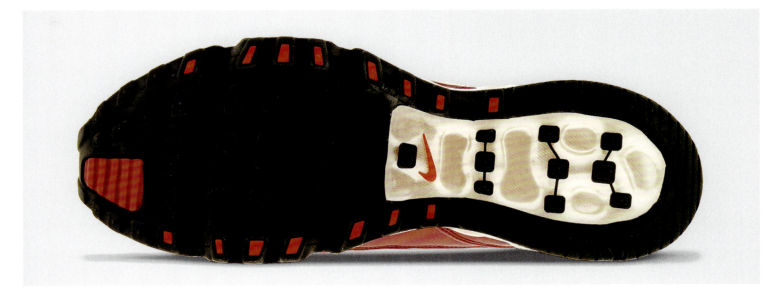

| Air Max 360 大底 | 2006 年 |

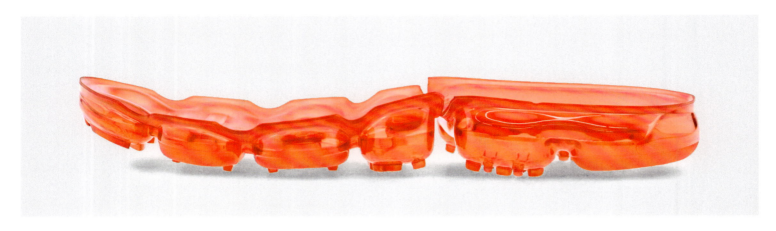

| Air VaporMax 气垫 | 2016年 |

| Air VaporMax 大底 | 2016年 |

| Air VaporMax 大底 | 2017年 |

Air VaporMax 在 Air 气垫科技问世 40 多年后，实现了独立全掌 Air 气垫的承诺。其先进的技术摒弃了 Air 气垫部件需要封装在二级保护层中，如固化的橡胶层的需要，同时也放弃了之前放置在气垫外圈的稳定结构。考虑到更大的弹性和放大的几何结构，VaporMax 在脚下放置了更多的气垫，并完全摒弃了传统的泡棉中底。

为了减轻鞋子重量并消除生产材料对环境的影响，耐克公司使用 Flyknit 编织技术改进鞋面，这一生产工艺的改进同时带来了另一好处，即减少材料的浪费。

| Air VaporMax CS | 黑 / 黑 – 黑 – 无烟煤 | 2017 年 |

| Air VaporMax 2019 | 黑 / 黑 – 黑 | 2019 年 |

| Air VaporMax Flyknit | 超山莓红 / 爆炸粉 | 2017 年 |

| Air VaporMax Flyknit | 纯铂金色 / 白 – 狼灰 | 2017 年 |

| Air VaporMax Flyknit | 样品配色 | 2016 年 |

| Air VaporMax Flyknit | 白 / 自然灰 – 冰蓝 | 2017 年 |

| Air VaporMax Flyknit 2.0 | 黑 / 热山莓红 – 白灰 – 仙人掌绿 – 铝 – 无烟煤 | 2018 年 |

| Air VaporMax Flyknit Be True | 皇家深蓝 / 和谐白 – 爆炸粉 | 2017 年 |

| Air Max 270 | 黑 / 煤黑 / 白 / 太阳红 | 2018年 |

| Air Max 270 | 白 / 白 – 电压黄 | 2018年 |

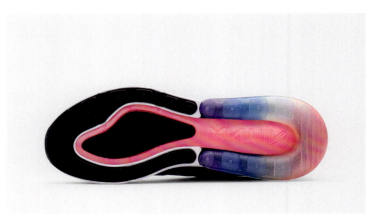

| Air Max 270 Be True 及其大底 | 黎明紫 / 爆炸粉 / 多彩 – 黑 | 2018年 |

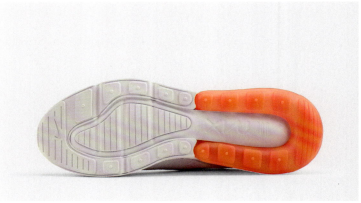

| Air Max 270 及其大底 | 白 / 白 – 热山莓红 | 2018年 |

| Air Max 270 | 元素金 / 黑 – 浅骨色 – 白 | 2018年 |
| Air Max 270 | 黑 / 大学金 – 热山莓红 – 白 | 2018年 |

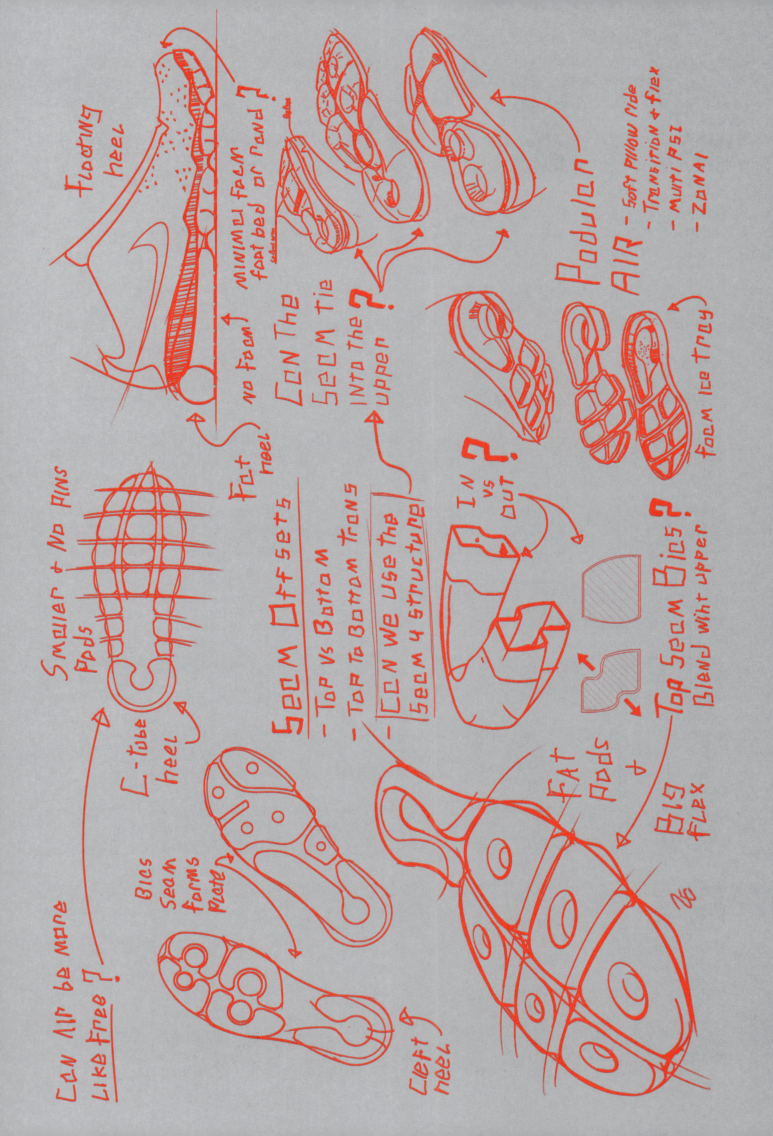

Floating heel

minimal foam foot bed of pod?

no foam↑

Can The Seam Tie into the upper ?

Fat heel

Podular
AIR
- Soft Pillow ride
- Transition + Flex
- Multi PSI
- Zonal

foam ice tray)

Can Air be more like Free ?

Smaller + No Pins Pods

C-tube heel

Bias Seam forms Plate

Seam Offsets
- Top vs Bottom
- Top to Bottom trans
- Can we use the seam 4 structure

IN vs OUT ?

Cleft heel

Fat Pods
+
Big Flex

Top Seam Bias ?
Blend wiht upper

"THE FALSE MATH IS THAT IF YOU'RE SUSTAINABLE, YOU'RE GOING TO BE MORE EXPENSIVE AND YOU'RE GOING TO PERFORM LESS WELL. GO TELL THAT TO THE ATHLETES WHO WON GOLD IN FLYKNIT."

HANNAH JONES

Air Max 720	团队红 / 大都会铜红 / 运动红	2019 年

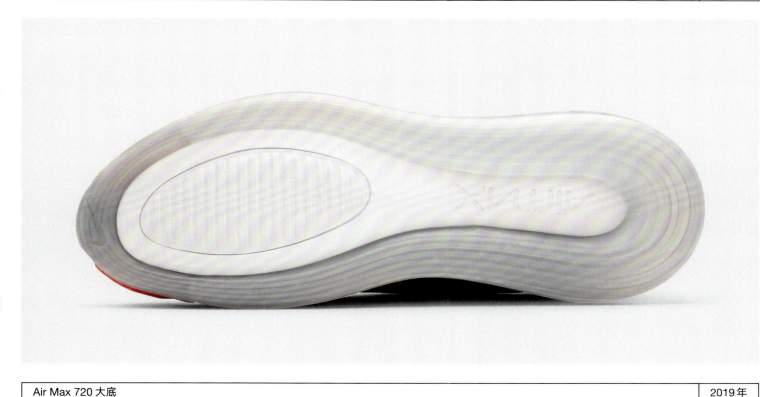

Air Max 720 大底		2019 年

耐克公司设计师将制造升级与公司的迭代精神相结合,不断探索 Air 气垫的形状,为了注入更多气体,将更多的可回收物用于制造 Air 气垫,公司认真开展了一系列创新活动。Air Max 270 和 Air Max 720 就是这一进步的典范。

Air Max 270 于 2018 年推出,这是首款 100% 生活时尚类的 Air 气垫运动鞋。

从 1987 年的 Air Safari 开始,过往的生活系列产品中的 Air 气垫均直接使用为跑步运动而设计的气垫。

Air Max 270 则不同,这双鞋的 Air 气垫采用了全新的设计。鞋跟气垫高达 32 毫米,是当时史上最厚气垫,并有望通过这样的体积与高度实现最大的缓震性和舒适性。Air Max 270 也在向伟大的经典 Air 气垫跑鞋致敬,270 这个名字原本是耐克公司设计师为产品 Air Max 93 所取的名字,因其 270 度可视化 Air 气垫而得名,如同袜子一样的一片式鞋面设计灵感则来自 Air Max 180。

一年后的 2019 年,Air Max 720 凭借前所未有的 38 毫米厚度的全掌 Air 气垫,超越了 Air Max 270,成为第一双拥有全掌气垫的生活款 Air Max 运动鞋。

气垫 360 度的形状为脚创造了一个"摇篮",这样的气垫形状也真实反映了其名称,即数字"720"表示 360 度的 Air 气垫部件在水平和垂直两个方向同时可见。其中,制作鞋身所使用的 75% 的材料是可回收材料。

从创新到重塑,Air 气垫的不断演变一再证明了耐克公司的信念,即稳定的发展比偶尔的高光时刻更重要,这样才能最终改变游戏规则。

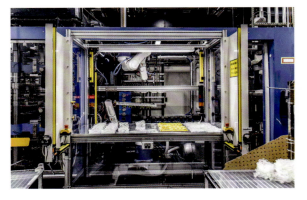

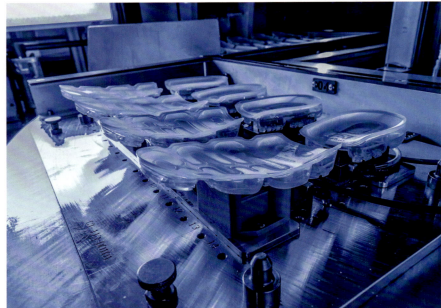

Air 气垫的生产过程	俄勒冈州，比弗顿市，耐克全球总部，Air 气垫生产创新中心	2017 年

在俄勒冈州的比弗顿市、密苏里州的圣路易斯市和亚利桑那州的古德伊尔市，耐克团队在生产创新中心里不断探索 Air 气垫的各种可能性。耐克团队不断尝试可以降低影响环境、增强产品性能的具有可持续发展的材料及新生产方法。最终超过 90% 的生产废料可以被重新利用，所有 Air 气垫创新部件必须含有至少 50% 的可回收材料。这样的专注与投入不限于制造 Air 气垫部件，而是延伸至整个工厂的制造环节，超过 95% 的生产垃圾不再进入垃圾填埋场。截至 2019 年 12 月，这些工厂可以做到仅依靠可再生风能供电。

MAKING 应用程序	2013 年

2004 年，在耐克第一任首席可持续发展官汉娜·琼斯的带领下，发现在一双鞋子的生命周期中，原材料对环境的影响大约占到 63%。因此，耐克公司启动了一项长达 6 年的工作，对材料库中的 75 000 种材料进行分析。2013 年，耐克公司将分析得到的材料可持续发展指数整合进了 MAKING 应用程序。这个免费的学习工具通过分析化学、能源、水资源和废弃物等因素，鼓励设计师使用可持续发展材料替换传统的制造材料。MAKING 应用程序也证明了耐克公司在变革全球供应链方面承担了主动且重要的角色。

| Grind 处理工厂（上图和对页） | 田纳西州，孟菲斯市 | 2013 年 |

    汉娜·琼斯表示："创新和设计上的发展，重点都在于挑战思维模式。如果你对"什么是材料"的思维模式发出挑战，突然间，整个世界变成了可以让你随心所欲发挥的空间。"Grind 材料验证了这个理念。Grind 材料是耐克员工史蒂夫·波特的发明。1993 年，他想象如何才能将运动鞋切割成为可以循环使用的材料。Grind 材料中包含橡胶、泡棉、纤维、皮革及混合纺织颗粒，这些都来自运动鞋。这种颗粒最初被用在各种体育场地上。1994 年使用这种材料铺设的第一块场地，是一个篮球场，位于纽约市布鲁克林的男孩女孩俱乐部（Boys & Girls Club）里。

来自循环创新挑战赛（Circular Innovation Challenge）的 Grind 材料加工装置及产品   田纳西州，孟菲斯市   2013—2018 年

ZoomX Vista Grind	浅电压黄 / 电子绿 / 海军色 / 黑	2019 年

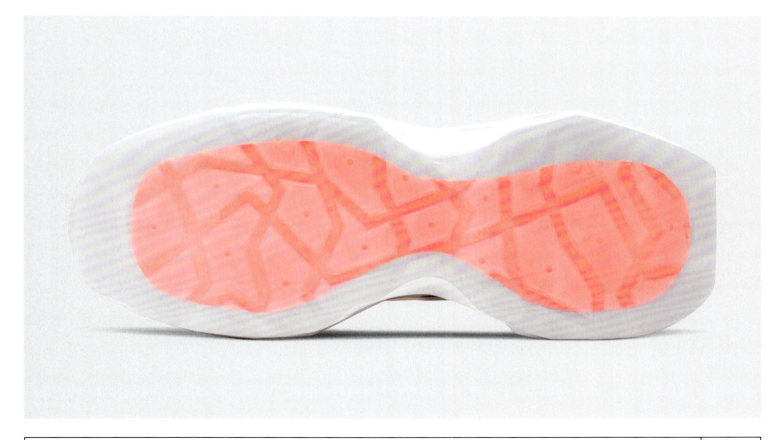

ZoomX Vista Grind 大底	2019 年

随着耐克公司可持续发展目标的推进，Grind 材料也在不断发展。回收的材料成为全球运动场地的原料，也可以用其制作商用地毯。2018 年举办的循环创新挑战赛证明了耐克公司对循环未来的雄心。

此次挑战赛邀请世界各地的创新者，为 Grind 材料提供更有前景的新用途，在这次挑战赛中，Grind 材料被重新组合成瑜伽垫、治疗床垫和攀岩壁支架等用品。

2019 年，耐克公司自己的设计师推进了这一探索，将 ZoomX 跑步鞋的生产废料融合到 ZoomX Vista Grind 的中底里，这诠释了 Grind 材料的革命性精神和极具前景的未来。

Considered Styleとは？

環境にも妥協しない

究極を目指す、改革の過程

ナイキ イノベーション

SOTOKOTO

Considered Style宣言！

For Considered Lifestyles

Considered Styleとは？

"Considered 风格" Considered 系列日语广告　　　　　2005 年

如果说 Grind 材料是耐克公司第一次尝试将垃圾变为财富，那么 Considered 系列就是其创造可持续性产品的最初实践。

为了减少浪费，消除有毒物质并最终使用环保材料，Considered 系列设计师开始分析各种材料及生产制造方法。与其他耐克产品相比，2005 年上市的 Considered 系列将溶剂的使用率减少 80%，制造能耗减少 37%，废弃物减少 63%。2007 年，Considered Index 诞生，这是一个用于耐克内部设计团队的参考指标，用以衡量单个耐克产品的可持续性。这个指标开始在全公司范围内应用于各个产品线，随后，Flyknit 编织技术应运而生，这款颠覆性的技术具备可持续性。

值得注意的是，Grind 材料是由回收运动鞋、塑胶瓶及生产废料包括橡胶、泡棉、纤维、皮革和织物合成物等制造而成的再生材料。

| Considered Boot | 巴洛克棕 / 铁色 | 2005 年 |

| Considered Mowabb II | 棕 / 米色 | 2005 年 |

| Considered Humara | 棕 / 橙 | 2005 年 |

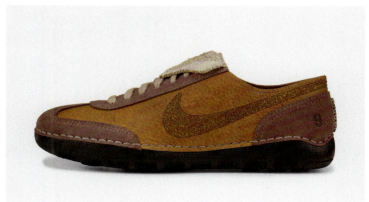

| Considered Tiempo | 棕 / 棕 / 米色 | 2006 年 |

| Considered Gem Shoe | 棕 / 米色 | 2005 年 |

| Considered BB High | 棕 / 绿 / 米色 | 2005 年 |

| Considered Gem Shoe | 经典橄榄色 / 卡其色 / 貂皮绿 | 2005 年 |

| Considered Rock Shoe | 棕 / 米色 | 2005 年 |

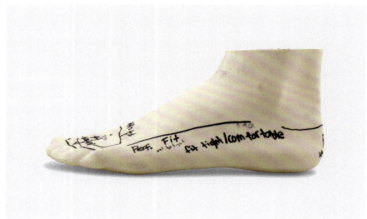

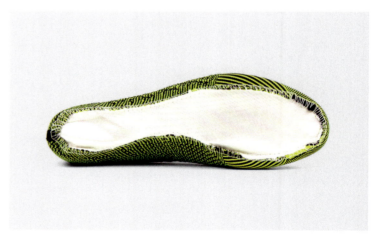

Flyknit 鞋面的研发	2009—2012 年

2012 年 2 月 21 日，耐克公司总裁马克·帕克在纽约正式推出了一款前所未有的运动鞋。他宣布："今天，我们将推出一项新技术，我们相信该技术可以提高运动员的运动表现，使用耐克公司 Flyknit 编织技术的鞋面将重新定义跑步鞋的概念。"

正如帕克所言，在发布会上所展示的这双马拉松跑鞋与之前所见过的任何鞋都不一样。它的袜子状的鞋面由再生聚酯纤维制成，并由经过编程的针织机编织而成，可对每一针进行微调，以优化贴合度、舒适度和性能。它斑驳的外表有很好的透光性。

Flyknit 编织技术是耐克公司的设计理念"形式必须遵循功能"的一个体现，它始于 2001 年耐克公司的一个内部提案，"使用纺织品制造工艺为鞋面创造替代织物"。

这一看似简单的要求经历了 10 多年的跨学科研究和开发，如同滚雪球一般。研究结果最终提供了一种独特的可持续发展技术，继续推动高性能纺织材料的制造。

| Flyknit Trainer, 伦敦 2012 "奖牌榜" 系列样鞋 | 电压黄 / 黑 / 红杉色 | 2012 年 |

| Flyknit Racer | 电压黄 / 黑 / 红杉色 | 2012 年 |

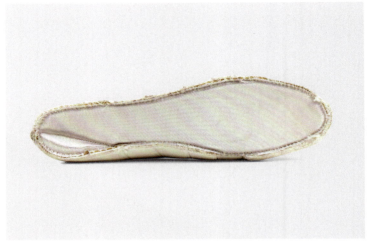

Flyknit 打样	2008 年

Flyknit 鞋面材料钉板	2010 年

　　2012 年夏天推出的 Flyknit Racer 将运动鞋制造行业彻底颠覆，其数字化设计的鞋面呈现出一种全新的高性能运动鞋的构造方式，同时使用了并不常见的撞色搭配设计。

　　这双鞋的迅速成功和随之而来的影响力，促使该技术在各个运动类别的运动装备中得到广泛应用。

　　在足球场上，荧光 Flyknit 钉鞋取代了传统足球鞋古板的皮革风格。

　　在篮球场上，光滑的 Flyknit 高筒袜套设计取代了笨重的传统篮球鞋。

　　在全球范围内，撞色鞋成为精明都市人的代名词。2018 年，耐克公司对其 Flyknit 编织技术制造流程进行了改进，使其能够对人体解剖形态 360 度地进行立体微工程设计，而非停留在传统的平面设计上，这样可以根据每项运动所需要的支撑、质感和透气性提供更精确的鞋面贴合感。

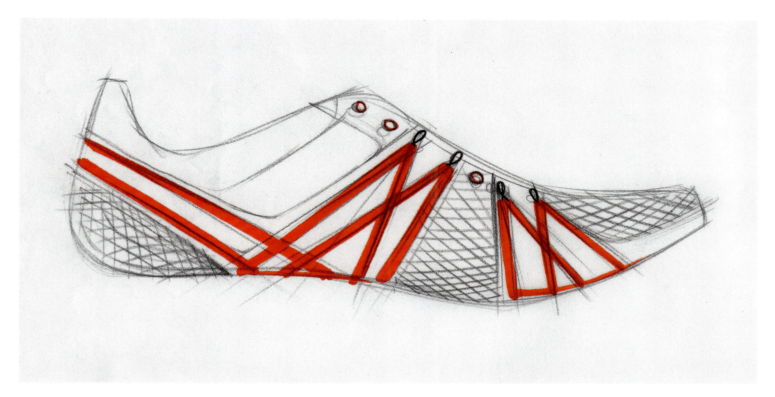

Flyknit 设计草图 | 2009 年

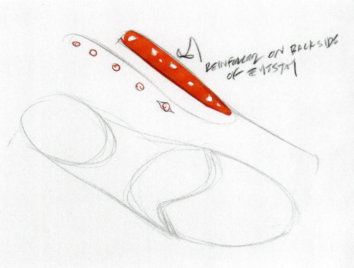

Flyknit 设计草图 | 2008 年

Flyknit 设计草图 | 2008 年

Flyknit Trainer	黑 / 白 / 白	2018 年

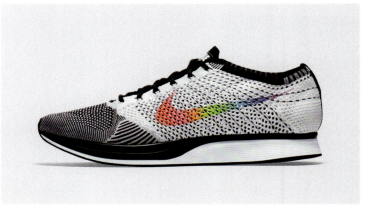

Flyknit Racer Be True	白 / 多彩 – 黑 – 爆炸粉	2017 年

Flyknit Air Max	黑 / 氯蓝 – 全橙 – 白	2015 年

Flyknit Air Max	黑 / 帆白 – 原子橙 – 电压黄	2014 年

Mercurial Superfly FG 及其大底	超山莓红 / 电压黄 / 金属金	2014 年

Free Flyknit 3.0 及其大底	白 / 电压黄 / 镭射橙	2014 年

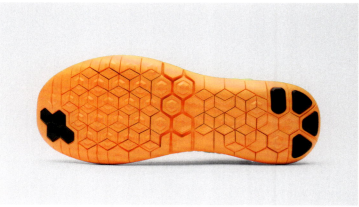

| Air VaporMax Flyknit Random 2 | 多彩 / 多彩 – 超山莓红 | 2019年 |

| Air VaporMax Flyknit Random 2 | 多彩 / 多彩 – 超粉 | 2019年 |

FE/NOM Flyknit 运动内衣	黑 / 深灰	2017 年

　　2017 年，随着 FE/NOM Flyknit 运动内衣上市，Flyknit 编织技术的使用范围第一次从鞋类转向服装。耐克公司的 Flyknit 编织技术源于超过 600 个小时的生理测试的数据结果。传统运动内衣需要约 41 片布料和 22 条缝线，而新设计减少为 2 块编织面料和 1 个系扣，使得产品重量减轻了 30%。有针对性的工程设计进一步提高了内衣在结构上的压缩性能，从而为更大罩杯的穿着者提供更好的支撑。这个产品为运动内衣的外观带来革命性的变化，同时也成为 Flyknit 编织技术应用于服装品类的起始点。

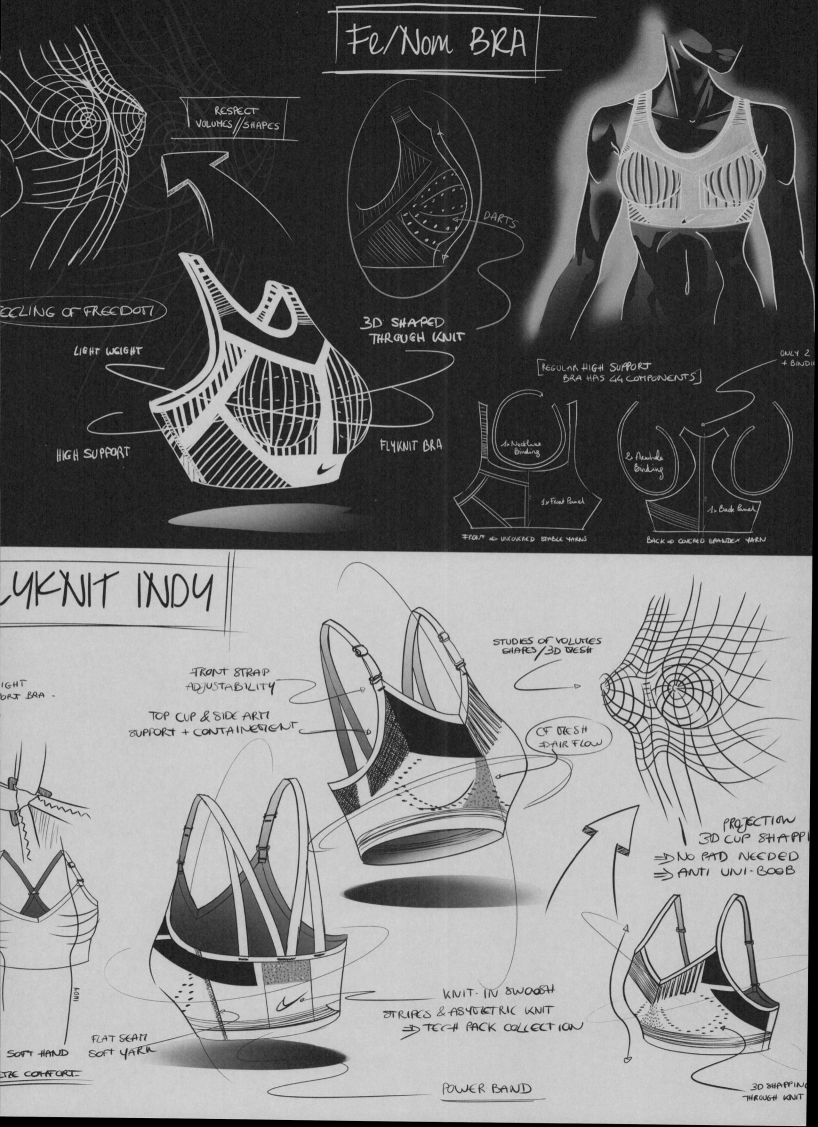

Fe/Nom BRA

RESPECT VOLUMES // SHAPES

FEELING OF FREEDOM

LIGHT WEIGHT

HIGH SUPPORT

DARTS

3D SHAPED THROUGH KNIT

FLYKNIT BRA

[REGULAR HIGH SUPPORT BRA HAS 44 COMPONENTS]

ONLY 2 + BINDI

1x Neckline Binding

2x Armhole Binding

1x Front Panel

1x Back Panel

FRONT ⇒ UNCOVERED STABLE YARNS

BACK ⇒ COVERED SPANDEX YARN

FLYKNIT INDY

LIGHT PORT BRA -

FRONT STRAP ADJUSTABILITY

TOP CUP & SIDE ARM SUPPORT + CONTAINMENT

STUDIES OF VOLUMES SHAPES / 3D MESH

CF MESH AIR FLOW

PROJECTION 3D CUP SHAPPI

⇒ NO PAD NEEDED
⇒ ANTI UNI-BOOB

KNIT-IN SWOOSH

STRIPES & ASYMETRIC KNIT
⇒ TECH PACK COLLECTION

SOFT HAND

FLAT SEAM SOFT YARN

E COMFORT

POWER BAND

3D SHAPPING THROUGH KNIT

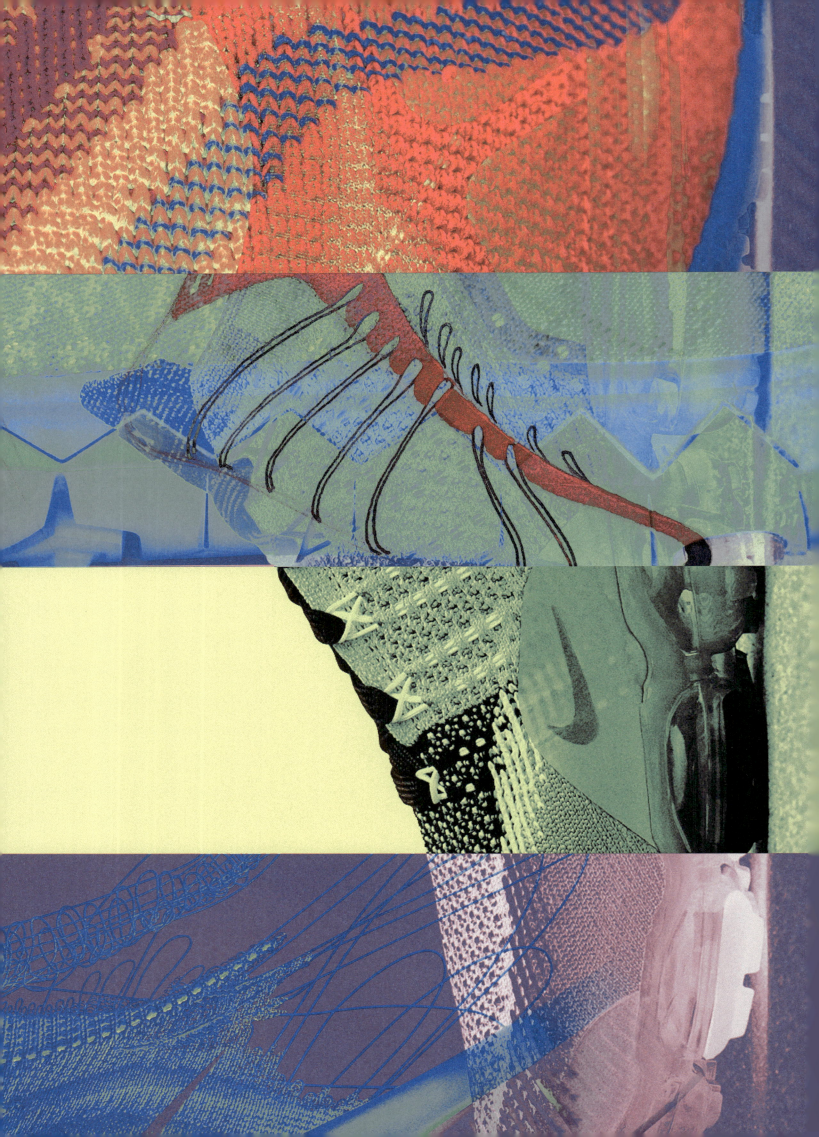

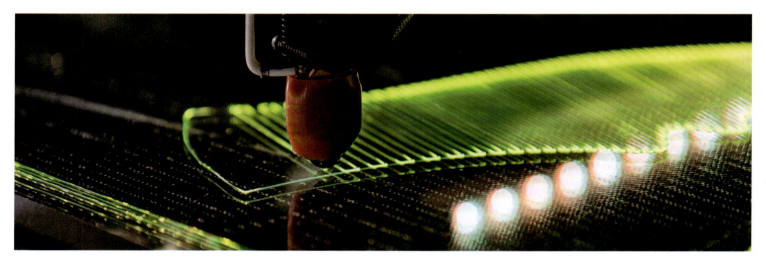

Flyprint 3-D 印花织物鞋面	2018 年

Zoom Vaporfly Elite Flyprint，由埃鲁德·基普乔格穿着并签名	多色 / 黑	2018 年

耐克公司在 2018 年推出 Flyprint 编织技术，将可持续性与性能完美结合。作为高性能鞋款中的首款 3D 印花织物鞋面，工程织物将运动员的数据转化为新颖的几何图形。它将 TPU 纤维从线圈上松开并熔化，进而层层编织、固化，以服务于特定的运动员。

此外，这一开创性的工艺将设计迭代从几天缩短至几小时，并可与 Flyknit 纱线结合，当纱线与 Flyprint 热黏合时，可消除胶水或缝合。Flyprint 技术制作的织物也比耐克公司以前使用的纺织面料更轻、更透气。这项创新首次亮相是应用于埃鲁德·基普乔格的定制款 Zoom Vaporfly Elite Flyprint，他穿着该鞋赢得了 2018 年伦敦马拉松赛冠军。

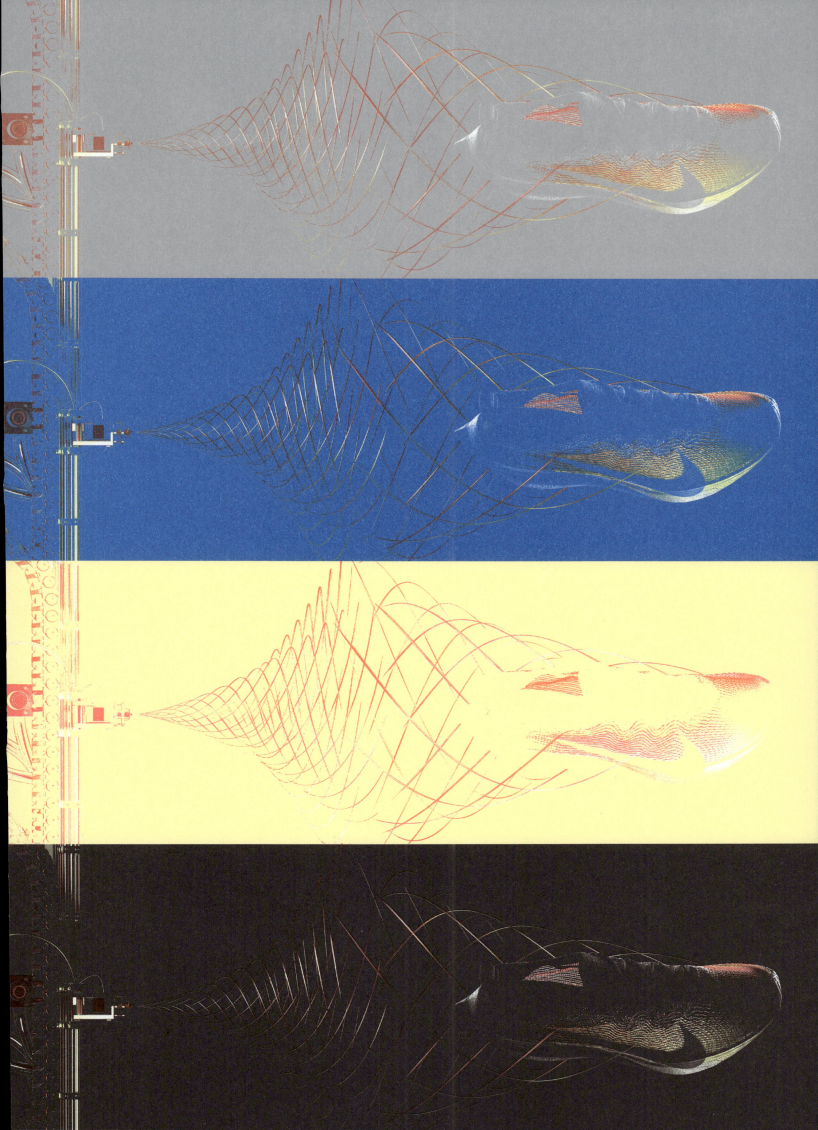

50% RECYCLED LEATHER FIBER

40% LIGHTER

5×MORE ABRASION RESISTANT

| Flyleather Cortez | 白 / 浅银 – 白 | 2017 年 |

随着继续将可持续发展与增长相结合，耐克公司必须对具有重大环境影响的传统材料，如皮革等进行审核。传统皮革制造业因其低效和毒性，以及会生产出无数的废料而受到诟病。自 2017 年起，耐克公司重新利用这些废弃物，将其与合成纤维和基础面料相结合，打造出 Flyleather 材料。这种复合织物由至少 50% 的再生皮革纤维制成，采用强大的水压工艺，将各个成分融合成单一织物材料，并且复制出优质的全粒面皮革的质感。除了减少浪费，Flyleather 材料比传统皮革使用更少的水和更低的碳排放。它也更轻，更耐用，因其呈卷状制作，进一步提高了切割效率。

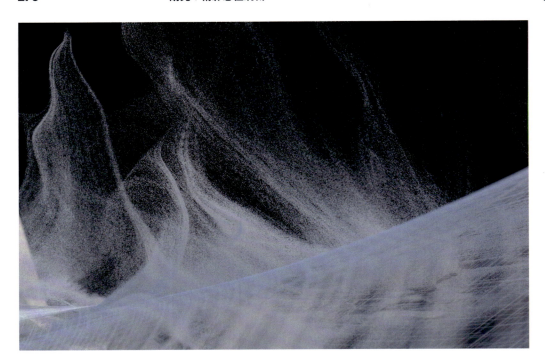

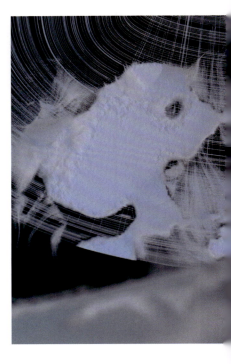

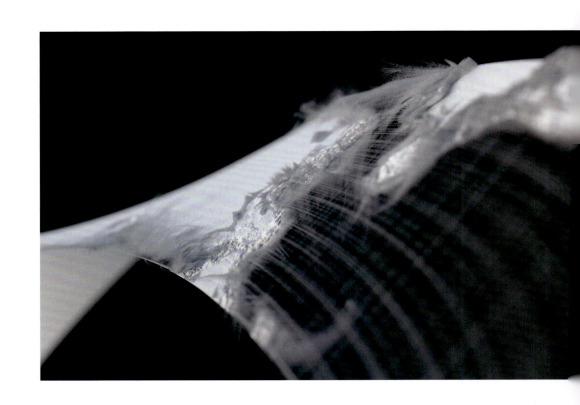

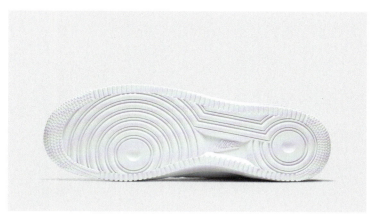

| Flyleather Air Force 1 SE 及其大底 | 白 / 玫瑰金 / 金属金 | 2017 年 |

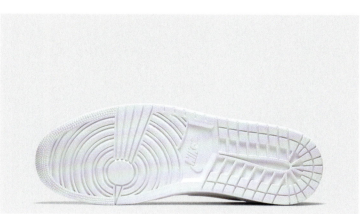

| Flyleather Jordan 1 SE 及其大底 | 白 / 玫瑰金 / 金属金 | 2017 年 |

| Flyleather Air Max 90 SE 及其大底 | 白 / 玫瑰金 / 金属金 | 2017 年 |

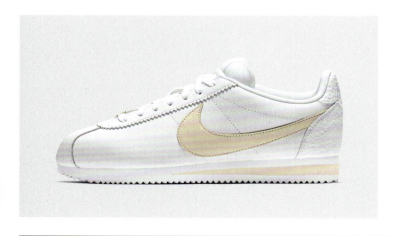

| Flyleather Cortez SE 及其大底 | 白 / 玫瑰金 / 金属金 | 2017 年 |

Space Hippie 03 及其大底	灰 / 深红 – 尚布雷蓝	2020 年

经过近 30 年不断推动具有可持续发展和运动表现的创新，耐克公司在 2019 年推出了全新的设计理念，并将其过往积累的可循环设计全部结合在一起，提出了 "Move to Zero"（零碳行动）计划。

公司以 "零碳零废弃" 为目标，"零碳行动" 明确希望通过以缓解气候恶化为目标和理想，保护体育的未来。

不到 6 个月，耐克公司在 Space Hippie 系列上取得了进展。

由 4 双鞋组成的 Space Hippie 运动鞋系列的名称和精神，来自太空探索任务，在太空中资源是有限的，与此同时创造力亦是必不可少的。

具体来说，它的鞋面采用至少 85% 的 Flyknit 纱线，这些原料来自回收的塑料水瓶、T 恤和纱线废料。缓震系统重新利用了 Zoom Vaporfly 4% 生产过程中的工厂废料，Space Hippie 特有的坑状泡棉（Crater Foam）使用 15% 的 Grind 材料和 100% 的回收泡棉材料。

接下来值得夸耀的，便是耐克公司迄今为止最低碳排放的设计。

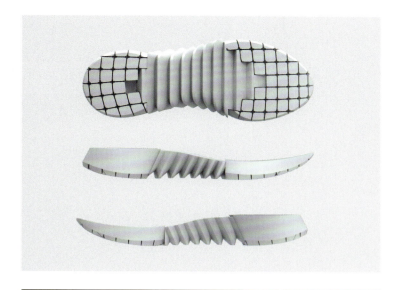

Space Hippie 部件概念图	2018 年

Space Hippie logo 概念图	2019 年

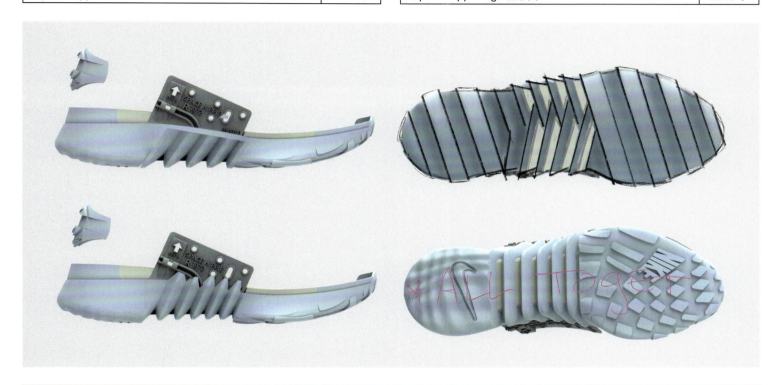

Space Hippie 部件	2019 年

Space Hippie 03 概念设计图	2018 年

Space Hippie 03 样鞋	2018 年

Space Hippie 01	灰 / 深红 – 尚布雷蓝	2020 年

Space Hippie 02	灰 / 深红 – 尚布雷蓝	2020 年

SPACE HIPPIE

SPACE HIPPIE

NIKE

CRATER FOAM   SPACE WASTE YARN   ZOOMX ECO   2020 SUSTAINABILITY MISSION

NIKE TRASH TRANSFORMED

NIKE FROM WASTE TO WEAR

 NIKE SPACE HIPPIE 01 02 03

 SPACE HIPPIE

 NIKE SPACE HIPPIE 01 02 03

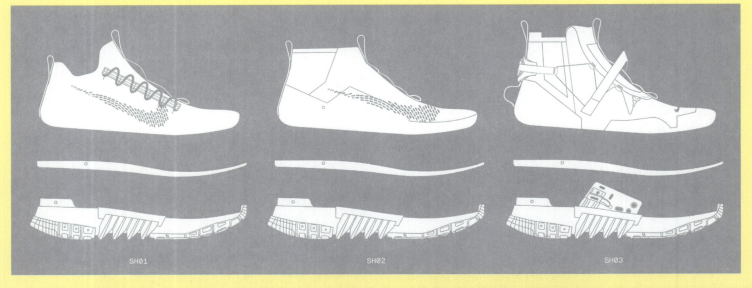

SH01   SH02   SH03

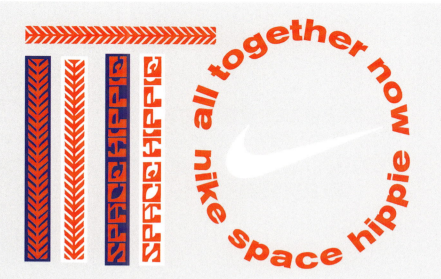

+ Space Hippie
color swatches

space cadmium yellow — (swatch grid)

+ Accent
color swatches

base blue — alarm orange — base green — flat white — black hole (swatch grid)

The [Early] Nike Space Hippie Catalog.
Restricted Distribution. Internal Only

The [Early] Nike Space Hippie Catalog
Restricted Distribution. Internal Or

[Nike] Space Hippie
ARTICLES

Nike's New Radicals
Section 3

[Nike] Space Hippie
ARTICLES

Nike's New Radicals
Section 3

space hippie is from nike's radical design tradition.

"You cannot change how someone thinks, but you can give them a tool to use which will lead them to think differently."

Buckminster Fuller

The Space Hippie Mission:

+ Fundamentally rewire the way we think about responsible production and consumption.

+ Radically transform thinking within Nike, the footwear industry, and the world at large.

+ Encourage divergent thinking, even when that thinking challenges existing Nike practices and accepted norms.

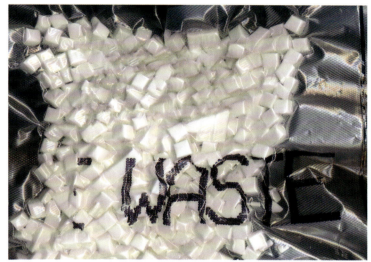

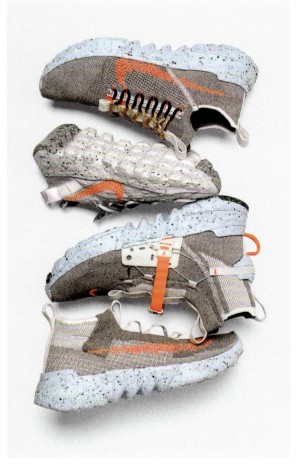

Space Hippie 系列使用的 Grind 材料和生产废料	2019 年	Space Hippie 系列产品	2020 年

Move to Zero* T-shirt	2020 年

Move to Zero 系列	2020 年

美国国家队"奖牌榜"系列	2020 年

与此同时，耐克公司推出了颇具未来感的 Space Hippie 服装设计，作为美国国家队领奖服，首次亮相于 2020 年东京夏季奥运会。

同样，该系列风行者外套秉承了"从摇篮到摇篮"的可持续发展原则，采用 100% 可回收聚酯纤维，结合减少浪费的针织拼接，重塑了风行者外套的标志性设计。

裤子由可回收尼龙材质制成，内衬 100% 为可回收聚酯纤维。抽绳头、

拉链和标志均采用 Grind 材料，同系列 Air VaporMax 鞋款的回收率不低于 50%（按重量计）。

耐克公司 2020 Move to Zero 系列产品采用了相同的原则，它采用再生聚酯纤维和可重复使用的棉料，并采用创新的染色技术，重构了耐克的经典设计。

第 6 章　设计颜色

　　和体育一样，色彩（Color）也是一种通用语言。红色让人心跳加速，蓝色可以抚平心境，黄色引人注目，黑色给人悄悄蔓延的感觉。科学研究曾证明，每种色调有着各不相同的作用，同时也会与人产生深度情感联系。在耐克公司，这些凭经验确定且非常有趣的色彩细微差别，都会得到色彩设计团队（Color Design Team）认真仔细的分析与评估，而这个团队的任务就是根据季节提供不同的色彩方案，让耐克公司未来 6 个月的设计具有鲜明的色彩特点。这个团队的专业设计师背景各异，横跨建筑、平面设计、艺术创作、工业设计、时装设计等多个领域。在色彩方案最终进入门店执行前的 2 年多时间里，这个团队就会进入这项工作流程。

　　根据观察与实验，这些设计师会前往全球各地进行调研，研究自然界的配色，重点关注体育界的颜色搭配。蓝带工作室（Blue Ribbon Studio, BRS）是耐克公司的内部工艺实验室，设计师们身处其中动手实验并尝试使用各种前沿科技。他们将实验发现与最新色彩理论、技术等专业知识结合在一起，同时考虑当时的政治因素、社会环境及文化趋势，进而预测并塑造出流行色彩。

　　一旦确定了每季的主色调，设计师们就会打造出三维色彩集合方案，系统性地平衡色调、质地、比例和最终成品。随后，每种颜色会转换为耐克专属的色彩标准，并为其独立命名，比如粉色细语（Whisper Pink）、均值绿（Mean Green）、运动橙（Sport Spice）和狼灰色（Wolf Grey）。耐克公司将这些色彩适配于不同的材料和季节，这些颜色既有可能立刻派上用场，也有可能用在 10 年后上市的运动鞋上。

　　最终，这些样本都会进入耐克的色彩材料库。这里存放着数千个样本，既有标志性的耐克橙色，也有为了快速适应数字时代的需求而研发出来的高饱和度色彩。最新进入资料库的样本，既能反映出耐克公司极其丰富的创新制造方法，比如无水印染、激光打印和材料回收循环，也暗示着耐克团队正不断探索 3D 量子工艺（Quantum Craft），这方面的技术发展，有可能极大地改变我们对色彩的概念与定义。

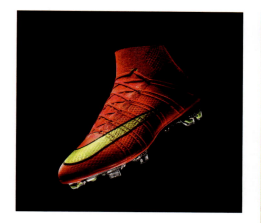

| Hyper Punch | 2014 年 |

| Volt | 2012 年 |

| Space Hippie | 2020 年 |

| Flyprint | 2017 年 |

从 1984 年因为违反 NBA 配色规定而被禁的红黑色 Air Jordan 1，到 1996 年迈克尔·约翰逊脚上的金色跑鞋，再到 2012 年夏天推出了具有颠覆性意义的 Volt，我们可以从耐克公司的企业历史中找到大量与色彩运用策略有关的案例。耐克公司在每一款田径鞋和领奖鞋上都使用了亮眼的荧光黄，用这种方式向运动鞋需要反映自然色调的传统观念发出挑战。除了考虑到容易识别的色彩外，Volt 还能让耐克公司赞助的运动员产生看上去速度更快的感觉，同时还将各个国家、各种项目的运动员团结在一起。鲜艳的颜色也在提醒粉丝关注耐克公司最新的 Flyknit 编织技术。2014 年，耐克公司在世界杯前对足球鞋采用了相似的色彩策略，设计师使用了 Hyper Punch 配色，这是一种专门设计的荧光红色，能和绿色的草坪形成区分，也能与队服颜色形成对比，从而吸引在电视机前观看比赛的观众。

4 年后，一项新技术让耐克团队在色彩上的尝试如虎添翼。Flyprint 是耐克首个 3D 打印纺织鞋面，设计师凭借这个技术可以设计出前所未见的色彩效果和创新产品。为埃鲁德·基普乔格设计的 Zoom Vaporfly Elite Flyprint 是首次使用这个技术的跑鞋，我们在这双鞋上可以看到透镜式的闪光效果。这种设计的灵感来自基普乔格的祖国，这双跑鞋的配色让人想起了泥土路、草地和基普乔格在肯尼亚训练基地周边的森林。

耐克团队对先进制造方法的追求，也在不断推动产品色彩方案的发展，就像 2020 年随 Space Hippie 系列一同推出的坑状泡棉一样。这种泡棉含有回收利用的多余生产材料制成的 Grind 材料，这决定了每一个鞋底都会拥有独特的多种色彩。尽管使用这种技术可能导致成品色彩与耐克传统的色彩配套方案出现巨大偏离，但这也表明了耐克公司致力于保护体育未来发展的决心。

用于确定每季主色调的色彩样本（上图）　用于打造色彩方案的耐克色彩标准样本（下图）

　　耐克色彩设计团队打造出的三维色彩集合方案，正是工艺驱动、手工技术流程与应用尖端数字技术辅助进行前瞻性工作相结合的最佳案例。从每季的理论主色调入手，结合源自经验和直觉的外部与内部观点，色彩设计团队与工作室合作，就能将理论上的色彩进行实际测试。不管是废弃的包装标签，还是干枯的植物，抑或复古的扣子或工业橡胶手套，耐克团队将找到的各种材料与色彩材料库中的已有库存结合在一起，设计师就能确定哪些颜色应该成为主色调，哪些是主推色。团队也可以在此过程中推断出可以满足所有鞋类、服装和装备需求的色系，从而得到一个拥有近 200 种色调，能够传达出统一色彩风格的季节性色彩工具箱。

编织线圈（上图）　色彩设计团队将找到的面料进行手工染色后的结果（下图）

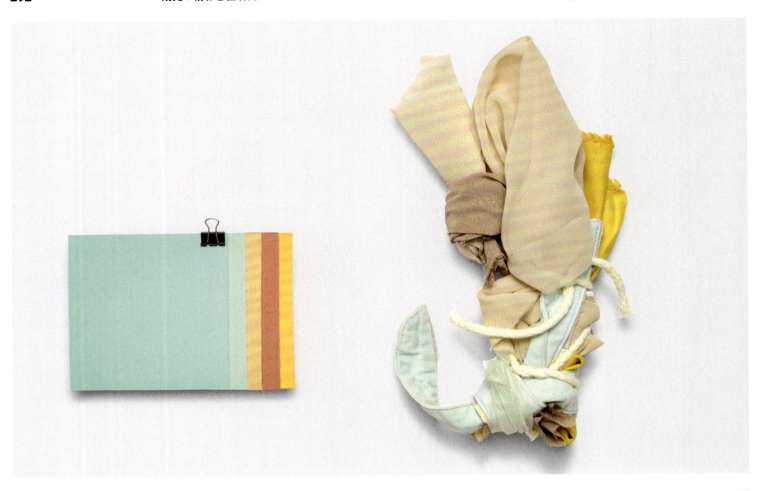

热带混合色 / 绿光 / 芝麻色 / 土地红 / 太阳光

深紫 / 苍灰 / 深红极乐 / 亮芒果色 / 绿色冲击

大学金 / 亮柠檬 / 帆白 / 白 / 绿色冲击 / 海王星绿

紫红光 / 橙色动力 / 磨砺橙

黑蓝 / 苍灰 / 智利红 / 赛博 / 深红极乐

黑色 / 沙尘 / 帆白 / 光学黄 / 亮香橼色 / 亮柠檬色

暗硫黄色 / 谷物色 / 火星日出 / 橙色珍珠 / 苍白象牙色

紫色脉络 / 深宝蓝色 / 黑 / 赛博 / 泥煤橙色 / 土棕色 / 烟灰

绿黄光 / 银河玉 / 芝麻色 / 绿光 / 淡北极粉 / 紫色星云

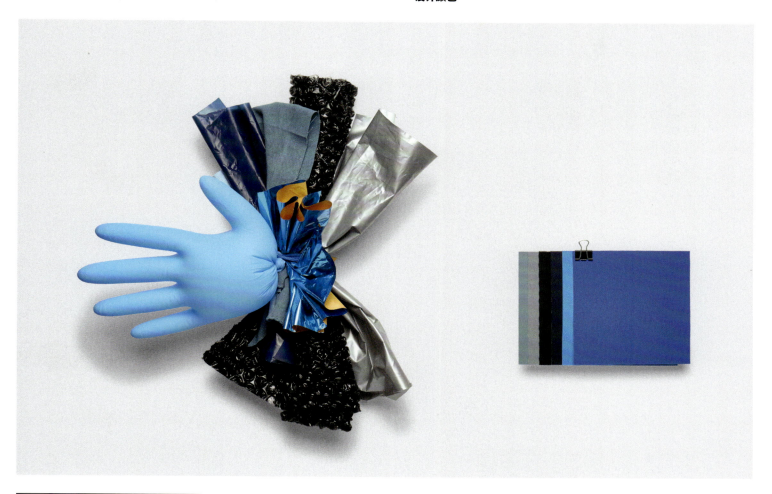

苍灰 / 颗粒灰 / 黑 / 黑蓝 / 淡蓝光 / 超宝蓝色

超粉 / 超深红 / 赛事宝蓝 / 绿色冲击 / 烟灰 / 丝绒棕

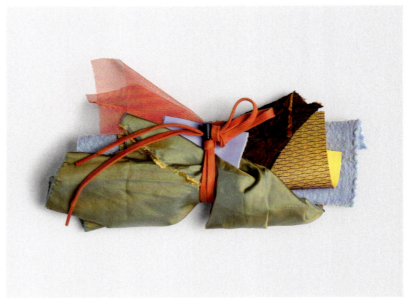

深夜海军蓝 / 暗紫 / 超自然蓝 / 香橼脉动 / 种群棕 / 亮赭色 / 紫色脉动 / 蒸汽

橙 / 海蓝色 / 信号蓝 / 白 / 铁灰

芝麻色 / 橙色动力 / 北极橙

黑 / 绿色深渊 / 亮蓝色光 / 赛博 / 黑蓝

红褐色 / 瓦特色 / 和谐灰 / 泥煤橙色 / 靛蓝烟雾

大学灰 / 珍珠白 / 泥煤橙色 / 激光橙 / 巴洛克棕 / 磨砺橙

绿色冲击 / 赛博 / 瓦特色 / 靛蓝烟雾

1971 年一个星期日的早上，比尔·鲍尔曼在餐桌边的一个俯身彻底改变了历史。他从桌上抓起妻子芭芭拉（Barbara Bowerman）做饭用的松饼机，带着这台还冒着热气的机器赶到工作室，很快找到了一批聚氨酯并将之倒进了松饼机。匆忙中的鲍尔曼忘记添加不沾涂料了，导致这台机器再也无法打开、制作松饼，但新型橡胶鞋底的创意却因此诞生。这种鞋底抓地力更强，也能适应各种地面。30 多年后，耐克公司的首席设计师约翰·霍克和几个同事一起前去拜访鲍尔曼，他们发现他还在那间工作室里动手维修一个旧架子。鲍尔曼曾将一块旧牌子做成支架，经过几十年的使用，这个支架终于用坏了。当霍克取下这个支架并掰回原始形状后，他注意到上面写的是 "Nike-R"，于是他问退休教授鲍尔曼这是什么意思。"意思是耐克研究室（Nike Research），"鲍尔曼回答道，"永远不要忘记我们研究的是运动员，所有研究都会转变为创新。"霍克将这块牌子当作宝贵的纪念品，对他来说，这依然可以为耐克公司指明前行方向。

"归根结底，如果我们不能解决问题，不能让人们变得更好，不能创造出更多让人们接触体育、获得勇气和信心的机会，我们就无法实现鲍尔曼曾做出的承诺，"霍克表示，"创新可以承诺行动但不能保证结果。我们承诺去学习，去倾听，但这永远无法保证一定会取得成功，诸如今天看到的产品、平台或者其他东西。创新的重点在于建立永无止境的好奇心与动力，持续不断改进。"

近 50 年来，耐克公司已经探索、开发、改进并重新建立了运动研究与创新所必需的制度与流程。全新的勒布朗·詹姆斯大楼和耐克运动研究实验室就是这些努力的最好证明。毫无疑问，这会成为功能最先进的运动研究场所，让耐克的研究人员可以从多种运动及角度收集并分析大量数据。这样做的目的是把数据转换为可行动的方案。团队也认为，和过去一样，如果能用前所未有的先进方式分析人体和性能，新创意自然就会出现。即便投入了大量资金与众多资源，我们也无法保证那些方案一定能够成为现实，或者一定能在商业世界得到人们的接受。唯一可行的是，认可并继承鲍尔曼倾听运动员的声音这种理念，正是这种理念，帮助耐克公司发展至今。虽然过程并不总是清晰明确，但就像耐克创新部总裁托马斯·克拉克博士说的那样："你必须创造一个可以接受失败的环境，我认为这样的环境才能让人们更专注地工作并最终获得成功。"换句话说，在耐克公司，创新不是一个固定的终点，而是抵达终点前的旅程。在这样的旅程中，公司下一步走向何方没有确定的答案，但我们却能找到一些暗示着未来方向的信号。

　　其中一个方向被霍克及其同事称为量子工艺，通过计算设计提升运动性能并推动全新美学设计，由此产生的巨大作用得到了设计团队的认可。霍克表示："鲍尔曼修补运动鞋时，他都是亲自动手画图，而且需要几个月才能做好。现在我们只需要设置参数，输入数据，同时运行 10 亿个算法，1 分钟后，我们就能得到结果。归根结底，我觉得这赋予了设计师和创新人员自由，让他们可以真正打开视野，探索一切可能。"尽管数字化工具越来越先进，但耐克设计团队的管理人员却意识到，屏幕另一端的人同样需要培养。蓝带工作室是耐克公司内部的工艺实验室，设计团队因此可获得大量机会，通过亲自动手学习和探索的方式，唤醒并发挥自身创造力。各种各样的活动，比如丝网印刷、缝纫、园艺等，都能鼓励设计人员进行非线性思考，这与业内普遍使用主流软硬件进行工作形成对比。量子工艺生长于朦胧的沃土之中，霍克说："以想象为动力，以计算为助力。"

　　对于一家每年生产几百万件产品的公司来说，改进产品生产方法是重中之重。耐克公司愿意从子孙后代的利益出发，保护体育运动的未来，公司也正确地认识到，想要拥有这样的未来，还需要对生产制造方法和服务做出大幅度改变。像 Space Hippie 一样的项目似乎表明，这样的目标即刻就能实现，但在幕后，耐克团队却在集中精力寻找新方法，以消除废弃物、黏合剂、染料和不利于回收及再利用的材料。"如果说，可供我们使用的材料都已存在于现有的衬衫与鞋子中，没有更多的材料可供使用，那将会怎样？"耐克创新部副总裁迈克尔·多纳休表示，"这变成了物理问题。多么神奇的限制条件！"

　　在那些远大设想的指挥下，设计和创新团队从独特的角度开始探索，寻找替代性材料、应用和制造方法。随着耐克公司开始大规模尝试循环利用的理念，他们的最终目标不只是减少伤害，而是帮助改善身边的世界。"假如产品用完后，可以自动分解，直接将其埋在地里，或者因为这些产品可以成为我们正在种植的某种产品的养料而寄还给我们，这个主意如何？"霍克沉思道。

　　被耐克公司提上日程的还有一项议题，那就是与消费者之间减少纯商业性的关系，增加更深度的现实联结。尽管最早期的耐克品牌带有"专为世界各地冠军运动员设计和制造"的明确标签，但未来的耐克品牌却会根据普通人的尺寸进行定制及改进。Nike By You 和 Adapt 平台这些项目已经播下了种子，但霍克和他的同事却为耐克公司设想出了一种更为灵活且强大的能力，让公司可以调动硬件、软件、服务和社区的一切力量，为消费者提供全新种类的产品与服务。以鼓励更多的人参与体育运动为目标，耐克公司希望其产品能帮助每一个人突破个人生理极限。实现这个目标不仅需要新的生产和设计方法，还需要不断更新发展的智能科技，去监控、辅导、提高并强化性能表现。有了 Adapt 平台，在系紧鞋带时，设计和创新团队可以调查用户的触觉反应。霍克表示："我们了解到系鞋带和解鞋带的过程中会带来挤压感，而挤压感为摩斯密码的设计带来灵感。"以此概念为起点，霍克想到打造一种全新的感应设备，既可以用于户外跑步时定位寻路，也可用于教练在训练或比赛中进行实时矫正及指导。

由于耐克团队持之以恒的创新努力，有些设想可能在未来几年就会变为现实，而有些则依然停留在设想阶段。不确定性和风险是每一家以研发与创新为驱动力的企业面临的核心问题，耐克公司也不例外。尽管积极的计划有助于减少这样的风险，但毫无疑问，2020 年的情况已经超出了所有人的预想。全球疫情让几十亿人的生活陷入动荡，也给原本应成为体育盛事的 2020 年东京夏季奥运会带来一系列不确定因素，工作人员为此进行的多年努力遭到重创。一个没有运动的世界，几个月前看起来还只是一个反乌托邦式的科幻小说情节，而如今却成为不断发展的新常态。耐克团队无法为运动员争夺参赛资格而欢呼喝彩，取而代之的是，公司开始思考没有观众的运动概念。耐克公司灵活地将重点转向了训练和居家健身，还将 Air 气垫生产创新中心生产设备转而用来生产 TPU 口罩，以此表明即便处于危机中，耐克品牌的精神仍坚不可摧。"我们真正关注的问题就是保护体育的未来，也深刻地了解这意味着什么，"霍克表示，"作为创意人员及设计师，我们在做出选择及解决问题时，如何做到更加深思熟虑？我们怎样才能保证，未来的很多代人还能继续参与体育运动？只要有人参与体育运动，那些运动和行为就会为我们带来新的问题，这也意味着'下一步是什么？我们能做什么？'这样的问题拥有无限可能性。"在 2020 年全球疫情的大背景下，这些问题变得越发重要且更有急迫性。

尽管这些问题回答起来并不容易，但无论耐克团队选择什么方向，公司的选择均源自自身的核心理念。"我们会一直坚持这个理念，"霍克表示，"我认为体育运动一直都是这样一种活动，人们聚集在一起挑战彼此、推动彼此、观察彼此，大家共同参与一项活动，如同一个社区。耐克作为一家公司，可以此为平台，更加深入广泛地搭建这些社区。如果这样做能帮助人类增加彼此之间的联结，那真是太棒了！"

在成立后的头 50 年里，耐克公司帮助运动员跑得更快、跳得更高、动作更敏捷，最重要的是，帮助运动员们赢得了胜利。"这很纯粹，"克拉克表示，"可随着公司不断发展，你会发现人们想在生活的方方面面变得更好，他们关注的不只是竞技体育，也是运动生活。"怀着不断向更多领域拓展的理念，耐克公司将探索和解决一系列内在相互关联的问题，诸如全球气候变化、产品循环利用等。50 年后的耐克公司也许和现在完全是两副模样，当然，Swoosh 对勾标志将始终存在。

对于关注耐克公司的人而言，以上的设想必将实现。耐克公司信奉"今天的成绩明天就会被打破"这种理念，对于其内部负责创新设计的工作人员来说，将"不可能变为可能"不是约束，而是承诺。

未来，属于终身学习者

我们正在亲历前所未有的变革——互联网改变了信息传递的方式，指数级技术快速发展并颠覆商业世界，人工智能正在侵占越来越多的人类领地。

面对这些变化，我们需要问自己：未来需要什么样的人才？

答案是，成为终身学习者。终身学习意味着具备全面的知识结构、强大的逻辑思考能力和敏锐的感知力。这是一套能够在不断变化中随时重建、更新认知体系的能力。阅读，无疑是帮助我们整合这些能力的最佳途径。

在充满不确定性的时代，答案并不总是简单地出现在书本之中。"读万卷书"不仅要亲自阅读、广泛阅读，也需要我们深入探索好书的内部世界，让知识不再局限于书本之中。

湛庐阅读 App: 与最聪明的人共同进化

我们现在推出全新的湛庐阅读 App，它将成为您在书本之外，践行终身学习的场所。

- 不用考虑"读什么"。这里汇集了湛庐所有纸质书、电子书、有声书和各种阅读服务。
- 可以学习"怎么读"。我们提供包括课程、精读班和讲书在内的全方位阅读解决方案。
- 谁来领读？您能最先了解到作者、译者、专家等大咖的前沿洞见，他们是高质量思想的源泉。
- 与谁共读？您将加入优秀的读者和终身学习者的行列，他们对阅读和学习具有持久的热情和源源不断的动力。

在湛庐阅读 App 首页，编辑为您精选了经典书目和优质音视频内容，每天早、中、晚更新，满足您不间断的阅读需求。

【特别专题】【主题书单】【人物特写】等原创专栏，提供专业、深度的解读和选书参考，回应社会议题，是您了解湛庐近千位重要作者思想的独家渠道。

在每本图书的详情页，您将通过深度导读栏目【专家视点】【深度访谈】和【书评】读懂、读透一本好书。

通过这个不设限的学习平台，您在任何时间、任何地点都能获得有价值的思想，并通过阅读实现终身学习。我们邀您共建一个与最聪明的人共同进化的社区，使其成为先进思想交汇的聚集地，这正是我们的使命和价值所在。

CHEERS

湛庐阅读 App
使用指南

读什么
- 纸质书
- 电子书
- 有声书

与谁共读
- 主题书单
- 特别专题
- 人物特写
- 日更专栏
- 编辑推荐

怎么读
- 课程
- 精读班
- 讲书
- 测一测
- 参考文献
- 图片资料

谁来领读
- 专家视点
- 深度访谈
- 书评
- 精彩视频

HERE COMES EVERYBODY

下载湛庐阅读 App
一站获取阅读服务

图书在版编目（CIP）数据

耐克:精彩总在刷新/（美）山姆·格拉韦
（Sam Grawe）著；程旸，傅婧瑛译 . -- 杭州：浙江教
育出版社，2024.3
　　ISBN 978-7-5722-5959-3

　　Ⅰ . ①耐… Ⅱ . ①山… ②程… ③傅… Ⅲ . ①体育-
品牌 - 广告 - 案例 Ⅳ . ① G80-05 ② F713.80

中国国家版本馆 CIP 数据核字（2023）第 111131 号

浙江省版权局
著作权合同登记号
图字 :11-2023-011号

上架指导 : 体育商业

耐克：精彩总在刷新
Nike: Better is Temporary

［美］山姆·格拉韦（Sam Grawe）　著
程旸　傅婧瑛　译

责任编辑：江　雷
美术编辑：韩　波
责任校对：王方家
责任印务：曹雨辰
封面设计：ablackcover.com

出版发行：浙江教育出版社（杭州市天目山路 40 号）
印　　刷：当纳利（广东）印务有限公司

开　本：787mm ×1092mm　1/8	插　页：24
印　张：40	字　数：400 千字
版　次：2024 年 3 月第 1 版	印　次：2024 年 3 月第 1 次印刷
书　号：ISBN 978-7-5722-5959-3	定　价：599.00 元